리라이팅 클래식 003
니체의 위험한 책, 차라투스트라는 이렇게 말했다

리라이팅
클래식
003

니체의 위험한 책, 차라투스트라는 이렇게 말했다

고병권 지음

그린비

만인을 위한 그러나 그 어느 누구를 위한 것도 아닌 책

| 일러두기 |

1 본문에 『차라투스트라』라고 표기한 것은 니체의 저작 『차라투스트라는 이렇게 말했다』를 가리킨다.
2 『차라투스트라』에서 인용한 경우, 제목은 모두 홑따옴표(' ')로 표시했다. 그밖에 니체의 저작을 포함한 모든 저작이나 단행본은 겹낫쇠(『 』)를, 논문이나 예술작품, 신문, 잡지 등은 홑낫쇠(「 」)를 사용했다.
3 본문에서 인용된 유고는 니체가 『차라투스트라』를 집필하던 당시의 것으로 『유고, 1882~1883/4』로 표기하였다. 단, 1883~1888년의 유고 중 일부도 인용되어 있는데, 이것들은 모두 『권력의지』로 알려진 '선택된 유고 모음집'에 한정된 것들이며, 이를 본문 중에 표시하였다.
4 외래어 표기는 모두 외래어 표기법(1986년 문교부 교시)을 따랐다.

책머리에

'고전을 다시 쓴다'는 이름의 기획이 시작되고, 『차라투스트라』가 하나의 '고전'으로 내게 주어졌을 때, 나는 곧바로 이 말 속에 들어 있는 낡은 냄새를 지우고 싶었다. 정신의 역사가가 아닌 나는 과거의 책에 큰 관심이 없다. 나는 어떤 책이 미래의 책이 될 수 없다면 최소한 현재의 책은 되어야 한다고 믿는다. 하지만 특정 시대를 대표하는 책은 그 시대의 주인이면서 동시에 그 시대의 수인이다. 특정 시대의 습한 공기로부터 충분히 건조되지 않는 책이 자기 시대를 극복하기는 쉽지 않으리라. 책에 대해서 시간의 이빨보다 가혹한 형벌을 내리는 것은 책 속에 숨은 곰팡이다. 그 냄새는 죽음보다 더 불명예스러운 것이다. 영원한 젊음과 건강을 얻고 싶다면, 책은 시간에 속하지 말고 시간과 더불어 와야 한다. 그런 책들이 지금 우리가 다시 읽고 써야 할 고전이 아닌가.

나는 "모든 사상가는 자기 시대의 아들"이라는 말을 좋아하지 않는다. 저기 먼 시대의 감옥에 갇힌 '할아버지들'과 어떻게 참된 대화를 펼칠 수 있는가. 시대를 뛰어넘는 우정의 커뮤니케이션은 그들이 자기 사상의 정점에 서 있던 그런 건강 상태로 다가올 때에야 가능하다. 그들이 우리와 동시대인으로서의 건강을 누릴 수 있을 때, 그들도 '지금-여기'의 삶을 위한 사상을 만드는 데 참여할 수 있을 것이다. 니체와 그의 시대. 나는 그것을 정신의 역사가들을 위한 주제로 영원히 남겨둘 생각이다. 내가 니체를 만난 건 그의 시대가 아니라 우리 시대이기 때문이다. 가령 "현대의 모든 철학적 사유는 정치적이고 경찰적이다"라고 니체가 말할 때, 나는 "당신의 시대에도 그랬어? 우리 시대에도 그런데"라고 하지 않는다. 나는 그냥 "정말 그래!"라고 맞장구 칠 뿐이다. 우리의 대화엔 시차가 존재하지 않는다. 그가 말하는 그 순간에 나도 듣는다.

마찬가지로 나는 오늘날 내게 문제가 되고 있는 주제들에 대해서 차라투스트라와 대화를 나눈다. 그것이 내가 『차라투스트라』를 읽는 방식이다. 어떤 때는 철학이나 도덕, 정치 등 아주 일반적인 주제들에 대해, 또 어떤 때는 시간이나 욕망 같은 특정한 주제들에 대해 우리는 말하고 듣는다. 또 어떤 때는 가족이나 여성을 이야기하고, 기분이 좋으면 사랑과 우정을 예찬하기도 한다. 그렇게 몇 번을 만났고, 그렇게 몇 년을 보냈다. 차라투스트라가 이견을 표할지는 모르겠지만, 나는 우리들의 즐거운 대화를 통해 그를 이해하게 되었고 그의 입장을 지지하게 되었다. 아마 차라투스트라는 얼굴을 찡그리며 말할 것이다. 난 팬클럽이 필요 없어. 네 말에선 벌써부터 신앙의 냄새가 난다구. 차라투스트라의 표정이 눈앞에 있는 듯 선하다.

궁금한 게 있다면, 아니 차라투스트라 그에게 호기심이 생긴다면, 당장 차라투스트라를 찾아가 보시라. 그는 언제 누구라도 기쁘게 맞이할 것이다. 책장만 넘기면 언제든 그에게 가는 문이 열린다. 처음엔 무슨 뜻인지 알 수 없는 이집트 식 상형문자 때문에 그의 동굴을 찾는 데만 며칠을 허비할 수도 있다. 어떤 날은 그와 의견이 갈려 '저 딴 놈과는 다시는 말하지 않겠다'며 문을 박차고 나올 수도 있다. 어떻게 해도 좋다. 며칠을 떨어져서 지내도 좋고 영영 만나지 않아도 좋다. 다만 그 모든 판단을 직접 하시라. 차라투스트라의 동굴을 찾은 이들 중 나귀를 타고 온 자들이 있었는데, 그때 차라투스트라는 화를 내며 말했다. "높이 오르고 싶으면 그대들 자신의 발을 사용하라! 결코 실려서 오르는 일이 있어선 안 된다."

용기. 이것 하나만은 꼭 주문해 두고 싶다. 이야기를 듣다 기분이 상하면 차라투스트라를 내칠 수도 있다. 하지만 겁을 먹으면 이야기 자체를 들을 수가 없다. 분명히 차라투스트라가 그 옛날 에덴 동산의 뱀처럼 다가와, 신의 모든 말씀이 거짓이라고 말할 것이다. 때로는 우리가 도저히 버릴 수 없을 것 같은 가치와 신념들을 조롱하고, 때로는 그것들을 지키려 안간힘을 쓰는 우리 자신을 비웃기도 할 것이다. 차라투스트라의 노래 소리가 울려 퍼질 때 당신은 어떻게 하겠는가. 오디세우스처럼 자신을 묶어 줄 우리 시대의 굳건한 돛대를 찾을 것인가, 아니면 그 부하들처럼 밀랍으로 귀를 막은 채 그저 노만 저을 것인가. 둘 다 아니다. 뛰어들지 않은 채 그저 즐기기만 하는, 행여 끌려 들어갈까 봐 시대의 기둥 하나에 제 몸을 단단히 묶어 두는, 그런 지식인 무리들이 밀랍으로 귀를 막은 자들보다 나을 게 무언가. 용기가 있어야 한다. 귀를 열고 위험에 스스로를 내던져야 한다.

니체는 그와 관계 맺는 모든 이들에게 하나의 위험이다. 니체 주석가들은 걱정스런 목소리로 그것을 말해왔다. 그러나 니체는 웃으며 말한다. "그렇다. 우리는 예외적인 사람들이며 위험인물들이다." 그는 에머슨(Emerson)의 글을 인용하기도 했다. "위대한 신이 우리 행성에 한 사상가를 오게 할 때, 그대들은 조심하라. 그때 모든 것은 위험에 처해진다." 사물들의 질서가 뒤바뀌며 순식간에 인간적 노력의 모든 체계가 전복될 것이다. 니체는 말할 것이다. 난 위험 인물이다. 그러나 나를 두려워할 필요는 없다. 정작 두려운 것은 차라투스트라의 노래가 아니라 당신이 계속 듣고 있으면서도 듣지 못하는 우리 시대의 노래이다. 정작 두려운 것은 저 먼 데서 들려오는 유혹의 노래가 아니라, 너무 중독되어 그 중독성조차 모르는 우리 시대의 소음과 습속들이다. 나 같은 사상가가 두려운가. 당신은 위험하지 않은 사상가들을 찾는가. "우리 대학의 사상가들은 왜 위험하지 않은지 아는가. 그들의 사상은 평온하게 인습적인 것 속에서 만들어졌기 때문이다. 그들에게는 아마 디오게네스의 말이 어울릴 것이다. '오래 철학을 했으면서도 아직 누구도 슬프게 한 적이 없는데 도대체 어떤 위대한 일을 보일 수 있단 말인가.'"

　니체에 관한 책을 낸 이후로 사람들은 종종 내게 묻는다. 니체를 만나기 위해서 어떤 무장을 해야 하느냐고. 그때 나는 말하곤 한다. 필요한 것은 우선 지금의 무장부터 해제하는 것이라고. 용기 하나만 가지고 가라고. 그리고 그것을 방패로 쓰지 말고 꼭 창으로 써달라고. 부디 당신을 지키려 하지 말고, 당신과 니체를 동시에 바꿀 수 있는 훌륭한 전투를 벌여달라고. 언젠가 니체는 자기를 찌르러 오는 사람들에게 하나의 방법을 알려주었다. 그것은 스위스 「분트」지에 비트만 박사가 『선악을 넘어서』를 두고 "니체의 위험한 책"이라는 표제를 단 글을 발표했을 때 이야기다. 니체는 그 논문의 문장이 "우연의 사소한 장난에 의해 거꾸로 뒤집혀진 진리"라고 했다. "나의 정곡을 찌르는 말을 하고 싶을 때 사람들에게 필요한 것은 단지 '모든 가치의 전환' 그것뿐이다."

　필요한 건 단지 생각을 뒤집는 것, 그것뿐이다. 니체는 전체집합 U를 미지수 X로 바꾸는 데 능숙한 사람이다. 적혀 있던 답이 사라지고 그 자리에 미지수가 들어서는 것을 보며 사람들은 '위험하다'고 말한다. 미지수 X 위에서 살아 본 적이 없기 때문에, 사람들은 의문부호를 들고 찾아온 한 사상가로 인해 우리의 삶이 대단한 위험에 빠신 듯 허둥댄다. 그러나 답이 사라질 때 오답도 함께 사라진다는 걸 알아야 한다. 정해진 답에 삶을 꿰맞추는 건 끝났다. 이제 우리 삶을 위해 답이 수정될 것이다. 당신의 삶도, 당신이 사는 세계도 말랑말랑한 진흙덩어리로 당신 앞에 놓여 있다. 니체는 그저 기대에 찬 눈으로 당신 작품을 기다리고 있을 뿐이다.

    책을 내면서 두렵지 않느냐고 말하는 사람도 있다. 그러나 나는 그렇게 나이 들지 않았다. 가끔은 이런 내가 걱정이 되기도 하지만 지금 이 순간에도 내게 떠오르는 독자들의 항의는 전혀 다른 것이다. "당신 머리말 때문에 하마터면 겁 먹을 뻔했잖아. 용기라고? 사실 이런 일로 용기까지 들먹이다니 말야. 난 즐거웠어. 아무래도 당신 머리말은 다시 쓰는 게 좋겠어. 너무 심각해! 니체 사상은 그렇게 심각한 표정으로 오는 게 아니더라구. 당신도 좀 웃지 그래."

2003년 2월, 대학로, 우리들의 아지트에서
고병권

(니체의 위험한 책, 차라투스트라는 이렇게 말했다)

차례

1부 니체와 차라투스트라

1. 니체 - 질병과 치유의 체험 • 19

니체(1844~1900) 19 / 작품과 시간 22 / 젊은 니체의 투쟁 26 / 1877년부터 1881년까지 31 / 질병의 의미 36 / 건강한 사람만이 앓는 병 42 / 질병과 치유의 반복 46 / 위대한 건강 54

2. 차라투스트라 -만인을 위한 그러나 그 누구를 위한 것도 아닌 책 • 60

나는 왜 이렇게 좋은 책을 쓰는가 60 / 차라투스트라 vs 차라투스트라 64 / 『차라투스트라』의 탄생 67 / 만인을 위한, 그러나 그 누구를 위한 것도 아닌 71

3. 니체 이후의 니체 • 76

니체의 정치적 초상화 77 / 새로운 니체 80 / 니체연구자와 니체주의자 84

2부 차라투스트라는 이렇게 말했다

1. 신은 죽었다 • 97

이미 일어난 사건, 아직 알려지지 않은 소식 98 / 신의 죽음이 갖는 의미 101 / 시체로도 사는 신 103 / 교회와 그리스도 108 / 신의 사인 109

2. 너희는 너희 가치를 창조해야 한다 • 114
시장으로부터 멀어져라 115 / 강함과 선함 117 / 선하고 의로운 자들을 조심하라 123

3. 사랑을 가르친다, 벗을 가르친다 • 127
사랑이라 불리지만 사랑이 아닌 것 128 / 제자들이여, 신도가 아니라 친구이다 132 / 친구를 만나기 위해서도 친구를 창조해야 한다 134

4. 삶을 사랑하라 • 137
죽음의 설교자들 138 / 사는 것이 죄? 144 / 삶에 대한 사랑 147

5. 신체야말로 큰 이성이다 • 150
신체를 경멸하는 자들 152 / 자아가 아니라 자기다 156 / 언어적 습관 160 / 창백한 범죄자 163 / 신체는 생성하는 그 무엇이다 166

6. 노동이 아니라 전쟁을 권한다 • 169
개미와 베짱이 170 / 노동에 대한 허영심과 수치심 173 / 노동이 아니라 전쟁이다 176

7. 새로운 우상인 국가를 조심하라 • 181
무시무시한 괴물의 냉혹한 사기 182 / 전쟁을 막는 국가, 국가를 막는 전쟁 187

8. 여자의 해결책은 임신이다 • 192
수수께끼 193/ 바우보(Baubo) 195/ 아리아드네(Ariadne) 201

9. 나는 미래 속으로 날아갔다 • 209

이미 와 있는 미래 210 / 시대정신 vs 비시대정신 212 / 가장 늦게 온 손님 215

10. 순수한 인식을 꿈꾸는 자들은 음탕하다 • 219

음탕한 수코양이 222 / 불임증 224 / 학자들을 위한 사랑학 개론 226

11. 인간만큼 큰 귀를 보았다 • 229

알록달록한 얼굴 230 / 바닥에 붙은 키 233 / 전도된 불구자 237 / 만사 귀찮은 게으름뱅이 241

12. 춤추고 웃는 법을 배워라 • 247

포겔프라이―중력의 정신에 맞서 250 / 댄서의 웃음, 코미디언의 춤 254 / 춤의 신, 웃음의 신 260

13. 세상은 주사위 놀이를 하는 신들의 탁자다 • 264

세계의 어린이 제우스 265 / 우연이라는 귀족 270 / 영원한 돌아옴 274 / 주사위 놀이를 통해 엿볼 수 있는 영원회귀의 비밀들 279

14. 사자가 못한 일을 어린아이가 한다 • 283

세 가지 변신 285 / '예'와 '아니오'를 가르친다 294

15. 위버멘쉬를 가르친다 • 300

하나의 매듭 301 / 인간, 세계의 코미디언 303 / 인간은 짐승과 위버멘쉬 사이의 밧줄이다 307 / 진화와 변신 311 / 인간적인 너무나 인간적인 314 / 모든 익은 것들은 죽기를 원한다 321

3부 『차라투스트라』의 구성과 스타일

1. 『차라투스트라』 여행 가이드북 • 335

고도의 변화 336 / 계절 338 / 하루 중 시간 342 / 동물들 346

2. 차라투스트라 - 질병과 치유의 체험 • 354

차라투스트라 지상으로 내려오다 355 / 차라투스트라 권력의지를 말하다 361 / 차라투스트라 반복 때문에 깊이 병들다 370 / 차라투스트라 권력의지를 묻다 378 / 차라투스트라 반복으로 위대한 건강을 얻다 383

3. 『차라투스트라』의 스타일 • 387

니체의 스타일 387 / 『차라투스트라』의 스타일 391

- 책머리에 7
- 니체를 알고 싶을 때 도움이 되는 책들 401
- 『차라투스트라는 이렇게 말했다』의 원목차 428

1부
니체와 차라투스트라

에드바르트 뭉크(Edvard Munch), 「프리드리히 니체의 초상화」 *Portrait of Friedrich Nietzsche*, 1906년

1. 니체 – 질병과 치유의 체험

니체(1844~1900)

한 작가의 생애를 기술할 때 그가 숨쉬었던 모든 순간들을 동등하게 대우할 수는 없다. 한 시대가 몇 명의 인물과 몇 개의 사건으로 자신을 표현하듯이 한 개인 역시 그 생애의 몇몇 순간들로 자신을 표현한다. 삶을 교향곡에 비유한다면 거기에는 감흥을 최고로 끌어올리는 순간들도 있고 단순한 휴지부에 머무르는 순간들도 있다. 그래서 생애를 기술하려는 사람들은 순간순간 일어나는 리듬이나 조성상의 변화에 민감해야 한다. 생애란 빠르고 느리고 멈추고 비약하는 삶의 운동인 것이다.

    니체의 생애도 마찬가지다. 니체의 경우엔 그 변화가 더욱 심하다. 다시 한 번 음악적 비유를 사용한다면, 우리는 니체라는 곡명을 지닌 이 긴 작품을 하나로 볼 수 있는지조차 의문이다. 그의 생애는 그만큼 이질적인 리듬과 조성을 가진 곡들로 구성되어 있다. 니체 스스로가 그것을 인식하고 있었다. 그의 글을 읽다보면 우리는 종종 이런 표현을 만나게 된다. "그것은 바그너의 모습이며 니체의 모습이다." "내가 '교육자 쇼펜하우어'라고 했지만 사실 '교육자 니체'이다." "나의 에세이들 중 하나에 볼테르라는 이름이 나오는데 그것은 나를 지칭하는 것이다." 바그너나 쇼펜하우어, 볼테르만이 아니다. 우리는 차라투스트라나 비제, 괴테, 스탕달, 심지어 디오니소스와 예수까지도 목록에 추가할 수 있다.

니체의 생애 속에 바그너인 니체, 쇼펜하우어인 니체, 볼테르인 니체, 예수인 니체 등이 들어 있다면 우리는 그것을 과연 한 사람의 생애라고 말할 수 있는 걸까. 어떤 이들은 이를 두고 니체의 과대망상을 보여주는 증거라고 하고, 어떤 이들은 니체의 신비화 전략이라고 한다. 그러나 니체 자신은 이렇게 말할 것이다. 한때 바그너 음악은 내 삶의 리듬이나 조성과 일치했기 때문에 그것을 듣고 즐거워했다. 하지만 지금의 나는 바그너의 음악을 들으면 스텝이 엉키고 신경이 날카로워진다. 그런데도 사람들은 내 이름이 여전히 '니체'라는 이유로 내게 일어난 변신을 알지 못한다. 동일한 이름이 변신을 이해하지 못하게 가로막고 있는 것이다. 따라서 나를 표현하기 위해 동원한 수많은 이름들은 독자들에게 내 변신을 알리기 위한 수단이다.

니체는 자기 생애 동안 숱한 탄생과 죽음을 경험했다고 한다. 만약 우리가 그의 생애에 대해 물으면 그가 오히려 물을 것이다. 당신이 묻고 싶은 니체는 어떤 니체를 말하는가. 만약 바그너인 니체에 대해 묻는 거라면 이렇게 답하겠다. 대학에 다니던 니체는 점차 바그너를 닮아 가더니 마침내 바그너로 태어났다. 그러나 1876년 여름 바이로이트에서 그 니체는 죽고 말았다.

니체의 생애에서 의미를 갖는 건 매번의 탄생과 죽음이지, 사람들이 묘비 같은 데 써두는 연도가 아니다. '프리드리히 니체' (1844~1900). 사실 1844년과 1900년은 니체 생애와 별 관계도 없는 해이다. 그는 자신이 태어난 날을 못마땅해 했다. 1844년 10월 15일. "나는 프로이센의 프리드리히 빌헬름 4세의 생일에 태어났다. 이 때문에 나에게는 한없는 슬픔을 안겨준 사건이 생겼는데, 그것은 바로 아버지가 나에게 '프리드리히' 라는 이름을 안겨준 일이다. 한 가지 좋은 점이 있었다면 생일날이 휴일이었다는 점뿐이다." 태어난 날 그에게 부여된 이름은 그의 것이 아니었다.

그래도 태어남은 죽음보다 덜 비극적이었다. 1900년 8월 25일, 그날은 그가 죽은 날이기보다는 단지 숨을 멈추게 된 날이다. 왜냐하면 그의 삶의 시계는 그전에 이미 멈추어 있었기 때문이다. 니체는 십여 년 전에 있었던 발작으로 의식을 잃었고 1890년대 중반부터는 사실상 식물인간과 같았다. 편지에서 그는 "맑은 정신으로 친구들과 이야기하면서 죽어가고 싶다"고 했다. 그러나 동생 엘리자베스는 숨쉬는 시체 상태였던 그를 방문객의 관심을 끌기 위한 전시물로 내놓곤 했다.

그러나 우리가 니체를 동정할 필요는 없다. 동정을 받아야 할 쪽은 우리들인지도 모른다. 우리들은 시작과 끝만이 아니라 생애의 대부분에서 주인 노릇을 못하고 있기 때문이다. 누가 왜 만들어 놓은지도 모르는 가치와 규범에 복종하고, 미리 정해져 있던 길을 따라 의미없는 생을 이어간다면 그 생은 죽음보다도 비참한 게 아닐까. 그러나 니체는 적어도 자기 삶의 많은 순간들에서 주인이었다.

작품과 시간

니체의 삶은 일상에서 경험하는 연대기적 시간이 아니라 그의 변신을 통해 측정되는 시간, 곧 그가 체험한 시간에 맞추어 기술되어야 한다. 여기서 '체험'(Erlebnis)은 일반적인 '경험'(Erfahrung)과 구분되는 개념이다. 후설(E. Husserl)이나 딜타이(W. Dilthey)에 따르면, 체험은 개개인이 스스로 자기 삶을 형성하는 경험이라고 말할 수 있다. 그래서 한 사람의 체험에는 그의 변신, 다시 말해 그의 시간이 들어 있다.

　니체의 시간. 우리는 그것을 어디서 읽어낼 수 있을까? 제일 좋은 시계는 그의 작품들이다. 하이데거(M. Heidegger) 같은 학자는 "니체 철학은 숨겨져 있다"며, 니체가 공식적으로 출판한 작품들보다는 출판하지 않은 유고들을 중요하게 본다. 딸의 일기를 훔쳐보는 아버지처럼 그도 숨겨진 글들에 니체의 진심이 있다고 믿었던 것일까. 그러나 니체는 그런 믿음을 비웃기라도 하듯 이렇게 말한다. "나는 나 자신을 한 번도 내보이지 않은 적이 없다." 작품은 은폐 수단이기는커녕 표현 수단이다. "내 작품들은 나에 대해 말하고 있다."

그런데 니체는 여기에 흥미로운 언급을 덧붙이고 있다. "내 모든 저서들은 소급되어 날짜가 기입되어야 한다. 내 저서들은 (지금의 나가 아닌) 이전의 나에 대해 말하고 있는 것이다." 니체 말을 따르자면, 그의 작품들은 그에 대해 말하고 있는, 다시 말해 그의 생애를 표현하는 시계이지만, 그 시계가 가리키고 있는 시간은 현재가 아닌 과거이다.

날짜는 왜 소급되는가? 한 삶의 리듬과 조성에 푹 빠져 있을 때 니체는 그것을 기록하지 않는다. 그는 그것을 열렬히 사랑한다. 그러나 사랑이 떠났을 때, 다시 말해 그가 새로운 삶의 리듬과 조성을 갖게 되었을 때, 그는 이전 삶이 이루어진 시간을 기록한다. "사랑하고 있을 때는 초상화를 그릴 필요가 없다. 사랑할 때에는 관찰하지 않는다. 관찰은 일정한 간격을 필요로 하는 것이다."

니체의 작품은 그 자신의 체험 기록이다. '그가 거쳐온 그', 한때 '그였던 그'에 대한 기록인 셈이다. 니체는 "누구도 책으로부터 자신이 체험한 것 이상을 얻을 수 없다"고 말했지만, 우리는 "누구도 자신이 체험한 것 이상을 쓸 수 없다"고 말해야 할 것 같다. 아무리 상상의 나래를 펼쳤다 하더라도 글은 그가 체험한 삶의 다른 표현일 수밖에 없기 때문이다. 체험의 기록이 그 자신의 변화된 신체 상태에 대한 기록이라면 어떤 상상이나 환상도 그것의 표현물이 아닐 수는 없을 것이다. 다시 니체의 말을 인용해 보자.

나의 작품들은 내가 정복한 것만을 말하고 있다. 거기엔 다른 모든 것과 아울러 한때 나의 적이었던 나, 가장 나 자신인 나, …… 가장 특이적 존재로서의 나가 있는 것이다. (『이 사람을 보라』)

우리는 분명 니체의 작품들을 그의 변신에 대한 기록, 그가 극복해 온 그 자신에 대한 기록이라 불러도 좋을 것이다. 그런데 니체의 작품들 속에서 그의 변신을 확인하는 과정에서 새로운 의문이 생겨난다. '바그너인 니체' '쇼펜하우어인 니체' '볼테르인 니체'를 만나다 언제부턴가 우리는 니체 앞에 붙은 가면들이 더 이상 가둬둘 수 없는 '가장 특이적 존재'를 깨닫게 되기 때문이다. 다시 말해 언제부턴가 니체는 다른 어떤 이름과도 혼동할 수 없는 존재로 다가온다.

니체가 생애 내내 숨쉬었던 모든 순간들이 동등하지 않듯이 그의 변신들도 동등하게 취급될 수는 없을 것이다. 일본 애니메이션 「공각기동대」에는 이런 대사가 나온다. "어린아이일 때는 말하는 것도 어린아이처럼, 생각하는 것도 어린아이처럼, 논하는 것도 어린아이처럼이지만, 어른으로 되기에 어린아이인 것을 버리도다." 주인공이 동료에게 자신의 변신을 암시하는 대목이다. 사람이 어느 순간부터 어른이 되듯이 철학자도 어느 순간부터 철학자가 된다. 삶의 시계 바늘이 비약하는 지점이 있는 것이다. 니체 역시 여러 변신을 경험했지만 적어도 어느 순간부터 그는 다른 누구와도 혼동될 수 없는 그 자신을 창조했다. 그게 언제부터였을까? 언제 어떤 방식으로 니체는 진정한 철학자로서 자기 자신을 창조했던 걸까?

니체는 진정한 철학자와 단순히 철학적 노동자에 그치는 사람들을 구분한 적이 있다. 진정한 철학자는 명령하는 사람이며 입법하는 사람이다. 다시 말해서 자신이 사용할 개념을 창조하고 자신에게 맞는 새로운 가치를 창조하는 사람이다. 이에 반해 철학적 노동자들은 진정한 철학자들이 창조한 개념들을 정리하는 사람이고, 기존에 창조된 가치를 내면화하고 그것을 교육시키는 데 그치는 사람이다. 그렇게 보면 우리가 일상에 접하는 다수의 철학자들은 사실상 철학적 노동자라고 할 수 있을 것이다.

니체 역시 처음부터 진정한 철학자일 수는 없었다. 우리가 알고 있는 그의 주요 개념들, 가령 긍정의 권력의지, 영원회귀, 위버멘쉬 등은 모두 1881년 이후에야 제 모습을 갖추기 시작한다. 처음엔 그도 자신을 대변해 줄 다른 예술가와 철학자들을 찾아나섰다. 그는 그들의 작품과 개념을 통해 느끼고 생각하고 행동했다. 그러나 어느 순간부턴가 그는 자신의 생각이 그것들로 표현될 수 없을 만큼 커져 있음을 느꼈다. 이때가 1876년에서 1877년 사이쯤 되는 것 같다. 그러고는 무슨 일이 있었는지 1881년이 지나면서 새로운 개념들이 탄생했고, 경쾌하면서 자유분방한 작품들이 쏟아져 나왔다. 도대체 그에게 무슨 일이 일어났던 것일까? 권력의지, 영원회귀, 위버멘쉬는 어떻게 태어난 것일까? 『차라투스트라』의 집필을 앞두고 그는 어떤 체험을 했던 것일까?

젊은 니체의 투쟁

니체의 도약은 그가 그렇게 하지 않고서는 견딜 수 없었던 그 어떤 벽에서부터 시작된다. 그는 왜 새로운 철학자로서 자기 자신을 창조하지 않으면 안 되었던가? 그가 극복하지 않으면 안 되었던 '그'는 어떤 존재였던가?

니체가 저자로서의 본격적인 활동을 시작한 것은 1860년대 후반——그는 1869년 24세의 나이에 스위스 바젤 대학의 고전문헌학 교수가 되면서 몇 편의 논문을 발표했고, 1872년에 첫 저작인 『비극의 탄생』을 출간했다——이었다. 그의 초기 작품들은 위선과 병적인 징후들로 가득 찬 당시의 부르주아 문화를 겨냥하고 있다. 고대 그리스에 대한 문헌학적 연구 논문들로부터 『반시대적 고찰』(1873~1876)에 이르기까지 당시 부르주아 문화는 그의 노골적인 경멸 대상이 되었다. 클로소프스키(P. Klossowski)는 젊은 니체의 생각을 간명하게 표현했다. '문화에 대한 투쟁!' (P. Klossowski, *Nietzsche et le cercle vicieux*).

독일적 교양은 의미도 없고 실체도 없다. 그것은 단지 여론에 불과하다. …… 비인간적이고 기계적인 톱니바퀴의 회전, 개성을 상실한 노동자, 분업 경제 속에서 병들어 있는 생명을 폭로한다. (『이 사람을 보라』)

니체는 당시 부르주아 문화를 죽음의 문화로 기술하면서 그 핵심에 기독교가 있다고 보았다. 기독교가 죽음을 설교하는 이유에 대해서 그는 이렇게 설명한다. 기독교도들은 사람들에게 '이 세계'가 죄로 가득 차 있고 천국은 오직 '저 세계'에만 있다고 말한다. 그들은 삶이란 괴로운 것이라고 말하고, 그 이유를 오직 우리가 지은 죄 탓으로 돌린다. 우리가 그들의 함정에 말려들어 삶에 대해 불행한 느낌을 크게 가질수록 우리는 더 큰 죄의식에 시달리게 된다. 그렇게 되면 우리는 점점 삶에 대해서 고민하기보다는 죽음에 대해서 고민하게 되고, 죽은 후에 벌어진다는 심판이나 지옥 같은 공상적 이야기에 시달리게 된다. 그리고 결국에 가서는 삶을 죽음을 준비하는 데 쓰는, 이른바 '삶을 배신하는 삶'을 살게 되는 것이다.

기독교만이 아니라 보편적 선악의 잣대로 사람들의 삶을 끊임없이 움츠려 들게 하는 도덕주의자들이나, 영원한 보편적 진리를 들먹이며 이 세계에 일어나고 있는 다양한 변화들의 가치를 무시하는 철학자들도 생을 병들게 하는 사람들이다. 니체는 근대 유럽인들이 자기 삶에 필요한 가치들을 창출하지 못하고 있음을 지적한다. 그들에게는 도덕도 진리도 하나의 보편적 명령으로서 부과되고 있을 뿐이다. 누가 언제 어떻게 만들었는지도 모르는 도덕과 진리를 모두가 떠받들고 있다. 삶을 비난하는 기독교, 삶과 무관하게 정립된 보편적인 도덕과 진리. 이 점에서 근대 서구 문화는 구체적 체험으로서 삶을 다루는 문화가 아니었다. 문화 자체가 현실적 힘들에 대한 체험을 기초로 세워지지 않고, 공상적인 힘들을 현실에서 체험하도록 강제함으로써 세워졌다. 맑스의 표현을 사용하자면 천상의 힘으로 지상을 지배하고 있었던 것이다.

젊은 니체는 고대 그리스 문화로 관심을 돌렸다. 고대 그리스 문화에는 삶에 대한 놀라운 긍정이 들어 있었다. 삶에 대한 그리스인들의 해석은 '삶-고통-죄-심판'으로 연결된 기독교도들의 해석과 대비되었다. 그들은 고통의 원인을 삶에서 찾지 않았다. 고통은 오히려 삶에서 이탈함으로써, 즉 죽음에서 오는 것이다. 더욱이 그들은 삶 속에 죄를 끌어들이지 않았다. 그들에게 삶이란 그 자체로 순진무구한 것이었다. 그들은 오히려 죄를 신들에게 돌렸다. "그것은 내 탓이 아니다. 어떤 신이 나에게 들어와 그렇게 하였던 것이다." 엉뚱한 사랑에 빠진 것은 에로스의 화살 탓이고, 적에게 패한 이유는 여신 아테네가 그 적을 도왔기 때문이다. 심지어 그리스인들의 신화 속에서 신들은 시기와 질투, 도둑질, 간통과 강간까지 일삼는 존재들이다. 니체는 그들이 지상의 긍지를 위해서 천상조차 모독할 준비가 되어 있었다고 생각했다.

젊은 니체가 보기에 그리스 문화를 지배했던 것은 지상의 정신이었고, 그리스인들이 중시했던 것은 구체적 체험이었다. 그들에겐 초월적인 도덕이나 진리가 서 있을 자리가 없었다. 도덕이나 진리는 그들 스스로의 긍지 속에서 창조되었으므로, 그들 각자가 그 주인이었다. 그래서 그들은 항상 그 덕의 주인이 누구인지, 어떤 사람인지를 묻곤 했고, 그 덕이 누구에게 이롭고 누구에게 해로울 수 있는지를 생각했다.

이와는 반대로 근대 부르주아 문화는 구체적 체험의 영역을 교묘히 은폐한다. 부르주아 문화는 사실상 특정한 계급을 위한 문화이고 특정한 계급을 억압함으로써 얻는 문화임에도, 스스로 보편적이고 초월적인 것인 양 행세하는 문화다. 문화 자체의 범죄성! 젊은 니체는 그것을 고민하기 시작했다. 1871년에 일어난 파리 튈르리 궁의 화재 사건에 대한 그의 언급은 그것의 일단을 보여준다. 그는 한편으로 위대한 예술 작품의 손실에 분개하면서 예술의 형이상학적 가치에 대한 열정을 내비친다. 그러나 다른 한편으로 문화 자체에 어떤 범죄성은 없는 것인지 고민한다. 클로소프스키에 따르면 니체는 문화에 대한 범죄에서 문화 자체의 범죄를 문제 삼는 쪽으로 나아간다. "가난한 계급을 착취하고 있는 부르주아 문화를 향유하는 것은 범죄가 아닌가?"

니체는 부르주아 문화의 피상성과 위선을 넘어서는 어떤 진정한 가치를 예술에서 발견했다. "예술이야말로 삶의 최고 과제이며, 진정한 형이상학적 행위이다." 그는 특히 음악에서 삶의 위안을 발견했다. 그에게 음악은 언어나 몸짓보다도 깊은 곳에 있는 '의지 그 자체' '사물 그 자체'였다. 그것은 부르주아 문화의 피상성으로는 이해할 수 없는 진정성의 영역이었다. 그는 자신의 생각을 쇼펜하우어의 철학과 바그너의 음악에서 발견했다. 그들은 특히 독일 부르주아 문화의 흉측한 측면들을 적나라하게 폭로하고 있다는 점에서 니체를 매혹시켰다. 헤겔 철학이 니체에게 적대자로 포착된 것도 이때쯤이었을 것이다. 헤겔은 니체가 혐오한 독일 부르주아지의 문화를 이성적인 것으로 합리화했으며, 무엇보다도 자기 감정을 포기하고 복종을 선택한 노예를 문화의 주인공으로 내세웠기 때문이다.

쇼펜하우어와 바그너는 한동안 니체에게 독일 문화의 늪에서 벗어날 수 있는 희망이었다. 그러나 이것도 오래가지는 못했다. 현실에 대한 쇼펜하우어의 부정은 희망보다는 절망을 향하고 있었다. 그의 목소리는 건강하고 용기있는 자가 내지르는 진격의 목소리이기보다는 극도로 피로한 자가 삶을 포기하면서 내뱉는 신음소리에 가까웠다. 니체는 그리스 철학에서 볼 수 있는 삶에 대한 긍정이 쇼펜하우어에게는 전혀 없음을 깨닫기 시작했다.

바그너와의 결별은 쇼펜하우어와의 결별보다도 훨씬 구체적이고 명확한 시점에 이루어졌다. 니체는 1876년 여름 바이로이트에서의 축제 때 바그너와의 결별을 결심했다고 밝히고 있다. 그때 그는 바그너 음악이 그 숭배자들에게 하나의 우상으로 등장하고 있음을 보았다. 그것은 새로운 제국의 탄생과도 같았다. 평등이라는 이름으로 사람들을 특징없는 노예로 만든 부르주아 문화처럼 바그너 음악은 "사람들을 하나의 평준화된 무리로 만들었다". 바그너는 점차 독일 제국의 정신을 대변하고 있었다. "바그너는 완전히 독일어로 번역되었다."

나는 바그너를 모든 독일적 미덕에 항거하는 외국이요, 하나의 대립이며, 하나의 저항의 화신으로 존경했다. …… 그런데 나는 왜 바그너를 용서하지 않게 되었는가? 그것은 그가 독일인에게 굴복했다는 점 때문이다. 그는 독일제국적으로 되었다. (『이 사람을 보라』)

어느덧 그는 혼자가 되었다. 이제 누군가에게 의지해 부르주아 문화를 비판하는 것은 근본적으로 불가능해 보였다. 부르주아 문화도 병들었고, 그것에 대한 비판도 병들어 있었다. 왜 부르주아 문화에 대한 비판은 '인간적인 너무나 인간적인' 형태로 그것을 반복하게 되는가? 왜 한 우상의 파괴가 다른 우상의 설립으로 귀착되는가?

1877년부터 1881년까지

바그너와의 결별은 결코 바그너 개인과의 결별을 의미하지 않는다. 그것은 바그너의 이름을 빌려 전개된 니체 자신의 사유 전체와의 결별을 의미한다. 그는 바그너와 결별한 것이 아니라 이전의 그 자신과 결별하고 있었던 것이다. 1876년 여름 이후 니체의 탈선을 보여주는 징후들이 곳곳에서 나타나기 시작한다.

당시 나에게 있어 하나의 결정적 사건이란 바그너와의 마찰이 아니었다. 나는 나의 본능이 전체적으로 탈선하고 있다는 것에 주목했으며 바그너와의 마찰, 바젤 대학 교수직 사임 등 각각의 실수들은 그 징후에 지나지 않았다. 나 자신을 더 이상 참을 수 없다는 생각이 나를 압도했다. (『이 사람을 보라』)

1877년부터 시작된 그의 운명은 하나의 영토를 떠났으나 도달할 곳은 모르는 배와 같았다. 새로운 희망을 가질 수도 없었고, 진부한 세계와 낡은 문화로 돌아갈 수도 없었다. 이때 쓰여진 『인간적인 너무나 인간적인』에는 '절망적인 진보에 대한 위로의 말'이라는 제목의 아포리즘이 있는데, 이는 마치 니체 자신에 대한 위로의 말처럼 들린다.

우리는 동요하고 있다. 하지만 그것 때문에 불안해 하거나 새로 얻은 것을 포기할 필요는 없다. 게다가 우리는 낡은 것으로 되돌아갈 수도 없다. 우리는 이미 배를 불태워 버리고 말았다. 용감해지는 수밖에 없다. (『인간적인 너무나 인간적인』)

그는 매우 급진적으로 되었다. 그는 자신이 의지했던 모든 것에 대해 의문부호를 달기 시작했다. 심지어는 스스로를 '악마의 옹호자'라고까지 불렀다. 자신의 시대가 선하고 올바르다고 말하는 모든 것들에 의문부호를 던지기 위해서 그는 그런 이름조차 감수할 생각이었다.

모든 가치를 뒤바꿔 버릴 수는 없을까? 혹시 선이란 악이 아닐까? 신이란 단지 악마의 발명품이거나 악마를 더욱 정교하게 해놓은 것은 아닐까? 모든 것들은 궁극적으로 거짓이 아닐까? (『인간적인 너무나 인간적인』 서문)

이때 쓴 『인간적인 너무나 인간적인』을 그는 '자유정신을 위한 책'이라고 불렀고 프랑스의 계몽 철학자 볼테르에게 헌정했다. 자유정신이란 무엇인가? 그것은 자신을 길들여 온 모든 이념과 습속으로부터 자유로워지려는 정신이다. 그가 이 책을 볼테르에게 헌정한 것은 이 책이 출간된 1878년이 볼테르 사후 100년이 되던 해였기 때문이기도 했지만, 무엇보다도 자기 시대의 일반화된 미신과 싸웠던 볼테르의 정신이 이 책이 표현하고자 했던 자유정신과 맞아 떨어졌기 때문이었다.

그는 자기 시대에 보편적 진리로 간주되던 모든 것들을 재검토하기 시작했다. 마치 쟁기를 든 사람처럼 그는 자신이 믿어 왔고 교육받았던 모든 가치들의 토대를 파헤쳐 갔다. 선과 악에 대한 도덕적 판단, 신에 대한 종교적 믿음, 영원성에 대한 예술적 갈망, 정의의 수호자인 척하는 국가에 대한 숭배, 이상적인 제도로서의 민주주의에 대한 찬양 등 어느 것 하나 예외를 두지 않았다.

그는 이 과정에서 너무 자명해서 증명조차 필요 없을 것 같았던 자기 시대의 보편적 가치들이 실제로는 어떤 토대도 가지고 있지 못함을 발견했다. 선악의 기준은 '도덕적 감각'이 변화하는 것에 따라 계속 변해 왔으며, 신의 존재는 인간 존재로서만 설명할 수 있는 것이었고("신이 인간의 창조주인가, 인간이 신의 창조주인가"), 예술이 찾는 영원성은 그 자체가 하나의 이념에 불과했다. 또 국가는 사람들에게 복종을 요구하는 새로운 신과 다를 바가 없었으며, 민주주의는 가치 창조 능력을 상실한 사람들이 평등으로 위안을 삼는 나약한 제도에 불과했다. 니체는 진리처럼 주장되어 온 것들을 모두 파헤쳐 보면 단순한 맹목이나 독단에 불과함을 알게 된다고 말했다.

아주 근엄하고 단정적인 냄새를 풍긴다고 해도 그것은 단지 겉보기에만 그런 것이고, 사실은 온갖 미숙함으로 둘러싸여 있다. …… 지금까지 독단론자들이 구축해 놓은 철학적 건물들이 실제로는 정말로 빈약한 것들이라는 사실이 머지 않아 밝혀질 것이다. (『선악을 넘어서』 서문)

그렇다면 사람들은 확고한 토대도 없는 이상들을 왜 그렇게 쉽게 믿으려 하는 것일까? 확고하지도 않은 토대에 대한 믿음이 왜 그렇게 확고한 것일까? 니체는 사람들이 그런 이상들을 자신들의 생존 조건으로 삼고 있기 때문이라고 생각했다. 다시 말해서 그들은 무언가 확고한 도덕, 무언가 확실한 진리가 없으면 살아갈 수 없다고 생각한다. 그렇기 때문에 잘 따져보지도 않고 쉽게 믿어 버린다. 대개

제 스스로 서지 못하는 사람들은 자신이 의지할 것을 찾는 데 지나치게 서두르는 법이다.

니체는 영원한 진리를 찾아나서는 철학에서만이 아니라 도덕, 종교, 예술, 정치 등에서도 형이상학적 열정을 똑같이 발견했다. 영원한 보편적 이상에 대한 믿음은 어디에도 있었다. 사실 그런 믿음은 젊은 니체에게도 있었다. 합리성을 가장한 부르주아 문화에 맞서 그는 예술에서의 형이상학적 가치를 주장했었다. 그 역시 문화의 심층에 존재하는 어떤 진정성을 믿었던 것이다.

이런 점에서 『인간적인 너무나 인간적인』은 형이상학에 대한 전쟁을 선포하고 있다. 그것은 부르주아 문화에 대한 전쟁일 뿐 아니라 그것의 비판자였던 바그너와 쇼펜하우어에 대한 전쟁이기도 했다. 또한 그것은 형이상학에 의지하고 있었던 니체 자신에 대한 전쟁이기도 했다. 『이 사람을 보라』에서 그는 이때의 전쟁을 이렇게 기록하고 있다.

좀더 자세히 살펴본다면 사람들은 여기에 모든 이상들의 은신처를 알고 있는 무자비한 정신을 발견하게 될 것이다. 그 정신은 이상들이 은밀하게 성을 쌓은 곳, 다시 말해서 그것들이 최후의 은신처로 삼고 있는 지하 세계에 횃불을 들고 뛰어든다. 이것은 하나의 전쟁이다. 그러나 화약도 연기도 나지 않는 전쟁이다. 전투 자세도 없고, 연민도 없고, 비틀어진 불구도 없는 전쟁이다. 수많은 오류들이 하나씩 찬 얼음 위에 놓여진다. 그것들은 반박되는 것이 아니라 얼어 죽는 것이다. (『이 사람을 보라』)

얼음 위에서의 전쟁, "이 사상가는 얼음보다도 차다"(『유고 1882~1883/4』). 사람들이 떠받들고 있는 모든 형이상학적 가치에 대한 냉소! 니체는 부르주아 문화에 대해서만이 아니라 인간적인 가치들 모두에 대해 싸늘해졌다. '인간적인 너무나 인간적인' 모든 것들에 대한 염증!

그러나 그가 이 차가운 전쟁으로 인해 허무주의자가 된 것은 아니었다. 오히려 그는 '화약 냄새'를 '사랑스러운 향기'로 바꾸었고, 부정이 아닌 긍정의 정신을 획득했다. 바로 이 점이 그를 다른 어떤 철학자보다도 위대하게 만들었다. 그러나 그것이 어떻게 가능했을까? 용기가 있었기 때문일까? 용기만으로 전쟁에 뛰어들 수는 있었겠지만 거기서 생겨난 냉소를 막아낼 수는 없었을 것이다. 그에겐 그것을 극복하게 해준 무언가가 있었음에 틀림없다. 1877년부터 1881년까지 그에겐 무엇이 있었던 것일까?

질병의 의미

니체가 용기만으로 모험을 시작한 것 같지는 않다. 1882년에 쓴 『유고』에서 그는 신대륙을 향한 자신의 여정이 용기만으로 이루어진 것이 아님을 내비치고 있다. "그곳에 가고자 한다. 난 나를 계속 믿는다. 내 항해술도." 거친 파도를 다룰 줄 아는 항해술에 대한 믿음. 그것이 없었다면 그는 감히 떠날 엄두도 못 내었을 것이다. 과연 그를 허무주의로 빠져들지 않게 만들어 준 항해술이란 어떤 것일까? 자신에게 익숙했던 낡은 영토를 떠나자마자 앓았던 병마로부터 그를 구원해 준, 그리고 그에게 누구도 가보지 못했던 신선한 대륙을 선사한 그 항해술의 정체는 무엇일까? 이때의 체험에 대한 니체의 흥미로운 언급이 있다.

> 자유정신의 방식으로 병에 걸려 오랜 세월을 앓다가 그후에 더욱 건강하게 되는 것이 모든 염세주의에 대한 근본적 치료법이다. (『인간적인 너무나 인간적인』 서문)

두 가지 사실에 주목하자. 하나는 '자유정신의 방식으로 병에 걸렸다'는 것이고, 다른 하나는 '병을 염세주의에 대한 치료법으로 사용했다'는 것이다. '병을 치료하기 위해 병에 걸리는 독특한 삶의 지혜.' 1877년부터 1881년까지의 체험을 이해하기 위해서 우리는 이 수수께끼 같은 말을 풀어내지 않으면 안 될 것 같다. 이 시기의 체험에서 질병은 왜 특별한가? 그것은 평생 그를 괴롭혔던 질병과는 어떻게 다른가?

사실 이 시기에 그가 병을 앓고 있었다는 것 자체는 그리 특별한 일이 아니다. 그의 병력을 살펴보면 도대체 병이 없던 시기가 한 때라도 있었는지 의심스러울 정도다. 그는 열두 살이던 1856년에 머리와 눈의 통증을 호소하며 김나지움을 휴학했다. 또 1862년 포르타 학교의 병상 기록에 따르면 두통과 근시가 아주 심했다고 한다. 군복무 중이던 1868년에는 말에서 떨어져 가슴을 다쳤고, 1870년에는 이질과 목 디프테리아를 앓기도 했다. 두통과 심한 근시는 이후에도 계속 그를 괴롭혔다. 신체상의 통증이 없었던 경우에도 그는 자주 우울증을 겪곤 했다. 1888년 말부터는 정신장애가 아주 심해졌고, 1889년 1월에 투린에서 마부로부터 매 맞는 말을 구하려다 쓰러진 이후 거듭된 발작이 있었다. 그러고는 그의 실질적인 생애도 마감되었다.

우리가 관심을 갖고 있는 1877년부터 1881년까지의 병은 다른 시기에 비해 그 정도가 더욱 심했다. 1876년 이전에도 두통과 우울증, 소화장애 등으로 대학강의를 중단하는 일은 가끔 있었다. 그러나 바그너와의 결별 직후인 1876년 가을 그는 대학에 1년의 병가를 제출했다. 우울증만 하더라도 열흘 안팎 동안 지속되던 것이 1878년에는 5개월을 넘겼다. 대학강의를 중단하는 일은 갈수록 잦았고 그는 결국 1878년 5월 교수직 사퇴서를 제출할 수밖에 없었다(대학에서는 1879년 6월 30일자로 사퇴가 받아들여졌다). 그리고 악화된 병세는 1879년에 극에 달했다.

1879년은 그의 생애에서 가장 고통스럽고 절망스런 기간 중의 하나가 되었다. 한마디로 '니체 신드롬'이 최고조에 달한 때였다. 구토 증세가 있었고 때로는 의식을 잃게 할 정도의 편두통이 이어졌다. 니체는 무기력하고 탈진한 상태로 그 순간들이 지나가기만을 기다려야 할 정도였다. (자크 로제J. Rogé, 『니체 신드롬』)

이때의 편지들, 그리고 이후의 회상들은 이때의 질병이 얼마나 극심한 것이었는지를 보여준다. "어떤 날에는 밤이 지나면 더 이상 살아 있을 것 같지 않은 생각이 들었다"(1879년 3월 9일자 편지). "내 상태는 그 어떤 때보다 끔찍하고 걱정스럽다네. 나는 내가 지난 4주를 어떻게 보내고 살아남았는지 이해가 안 될 지경이네"(1879년 12월 28일자 편지). 그는 하루에도 몇 번씩 일어나는 발작과 마비를 겪었고, 심지어 "죽는 게 낫다"는 생각을 자주 할 정도였다. 대학에 사직서를 낸 그는 치료를 위한 여행에 나선다. 1879년 3월부터 9월까지 6개월 동안 바젤과 제네바, 그리고 취리히, 비셴, 엔가딘, 생 모리츠, 라이프치히, 나움부르크 등 무려 열여섯 번이나 거주지를 바꾸었다. 이때의 그는 자신이 썼던 글의 제목처럼 한 사람의 '방랑자'였다 (「방랑자와 그의 그림자」).

여행을 하면서 그가 무엇을 어떻게 치료했는지 그 구체적 내막을 알 수는 없다. 다만 1880년에 접어들면서 건강상에 큰 변화가 일어난 것은 분명하다. 1880년 1월 그는 친구 오버베크에게 보내는 편지에서 끔찍했던 지난 해를 장난기어린 목소리로 회고하고 있다. "너무 멋진 겨울이야. 지난 해에는 118일 동안이나 심한 발작을 겪었지. 가벼운 발작은 세어 넣지도 않았네." 철학자 야스퍼스는 1880년의 니체에 대해 이렇게 말했다. "무언가 새로운 것이 니체에게 일어난 것으로 보인다. 그것이 무엇인지는 알 수 없지만 생체적 요소와 관련된 것은 확실해 보인다." 『니체 신드롬』을 쓴 의사 자크 로제는 1880년을 기점으로 니체가 울증이 지배하는 조울증에서 조증이 지배하는 조울증의 만성적 단계로 변화했다고 말한다.

> 1880년부터 니체가 앓는 병의 성질에 근본적이라 할 만한 변화가 일어난다. 근본적이라고 말한 이유는 그 변화가 단지 그의 기분에만 영향을 미친 게 아니라 성격, 행동, 표현, 문체, 작품에 이르기까지 광범위하게 영향을 미치고 있기 때문이다. 1880년에 과연 무슨 일이 일어난 것인가? 그의 울증과 조증의 교대가 1879년까지는 울증이 조금 우세한 만성적 형태로 발전되어 온 반면, 1880년부터는 조증이 우세한 만성적 형태로 돌변하고 있다. (로제, 『니체 신드롬』)

이러한 변화는 안과 진찰기록만 봐도 알 수가 있다. 니체는 1873년과 1876년, 그리고 1877년, 1879년 안과 진찰을 받았다. 하지만 다음 진찰기록은 작가로서의 니체의 생애를 마무리 지은 발작이 있었던 1889년에야 나타난다.

변화는 병원의 진찰기록만이 아니라 그의 작품에서도 나타난다. 우리는 그의 작품이 그가 체험한 변신의 기록임을 다시 확인할 수 있다. "전투에서는 더 이상 화약 냄새가 나지 않는다. 자신의 후각이 예민하다고 생각하는 독자라면 그것과는 다른 훨씬 사랑스러운 향기를 맡을 수 있을 것이다"(『이 사람을 보라』). 니체가 1881년과 1882년에 나온 자신의 책 『서광』과 『즐거운 지식』에 보내는 찬사이다. 니체의 문투는 이때부터 한결 경쾌한 것이 되었고, 그의 책에서는 밝은 긍정의 정신이 느껴진다.

우리는 이러한 변화를 어떻게 이해해야 할까? 과연 이 변화는 의사들의 말처럼 조증과 울증이 반복되는 조울증의 전형적인 사례에 불과할까? 니체가 긍정의 권력의지, 영원회귀, 위버멘쉬 등의 개념을 생산하고 인류에게 '가장 특이적 존재로서의 니체'를 선사하기 시작한 그 놀라운 해들이 단지 병의 순환에 의한 것일까? 그렇다면 『차라투스트라』를 비롯한 니체의 놀라운 저서들은 그것이 결과적으로 인류에게 대단한 기여를 했든 그렇지 못했든 질병을 표현하고 있다고 보아야 할까?

그러나 니체는 자기 저서들이 질병은커녕 놀라운 건강, 그 자신의 표현을 빌리자면 '위대한 건강'의 표현물이라고 말한다. 그는 1877년부터 1881년까지 자신을 괴롭혔던 질병에 대해 "가장 건강한 자만이 시도할 수 있는 모험"이었다고 말하고 있다. "나는 중병을 앓고 있었던 때도 결코 병적이지 않았다." 니체의 말은 우리가 앞서 확인했던 흥미로운 언급, 즉 "나는 자유정신의 방식으로 병에 걸렸다"는 말을 떠올리게 한다. 건강한 자만이 시도할 수 있는 모험, 병적이지 않은 방식으로 병을 앓는 것, 자유정신의 방식으로 병에 걸리는 것. 1877년부터 1881년 사이에 체험한 질병과 그 치유에 대한 니체의 수수께끼 같은 문장들을 의사들의 해석에만 맡겨 놓을 수는 없을 것 같다.

건강한 사람만이 앓는 병

도대체 건강한 자의 모험으로서의 질병이란 어떤 것일까? 1877년의 상황으로 다시 돌아가 보자. 바그너와의 결별 이후 그는 이렇게 말했다. "나는 나의 본능이 전체적으로 탈선하고 있음을 느낀다. …… 나 자신을 더 이상 참을 수 없다는 생각이 나를 압도했다. 이때가 바로 나를 돌아볼 기회였다."

　니체는 생의 결핍 때문에 겪는 고통과 생의 과잉 때문에 겪는 고통을 혼동하지 말라는 말을 자주 했다. 마찬가지로 우리는 건강한 자가 겪는 고통과 병약한 자가 겪는 고통을 구분할 필요가 있을 듯싶다. 건강이 넘치는 자는 획일적으로 규격화된 생을 견디지 못한다. 그는 보통 사람들이 아무렇지도 않아 하는 낡은 습속을 견딜 수 없어 한다. 그의 신체는 둔감한 신체들이 느끼지 못하는 것을 느낀다. 그래서 그는 고통스럽다.

그렇다면 하나의 모험으로서 시도된 병이란 익숙한 영토인 낡은 습속에서 떠나는 일일 수 있다. 병은 자신에게 익숙했던 영토를 낯설게 만든다. 병은 자기의 낡은 습속을 바꿀 기회를 제공한다. 니체는 병을 앓다 죽은 아버지의 유전까지 들먹이며 병의 중요성에 대해 말한다.

정말로 알맞은 때에 아버지의 사악한 유전이 나를 도왔다. …… 병이 나를 서서히 해방시켜 준 것이다. …… 병은 내 모든 습속을 바꿀 권리를 나에게 부여했다. 병은 나에게 망각을 허용했고 또 그것을 명령했다. 병은 나에게 조용히 누워 있을 것을, 여가를 가질 것과 기다림과 인내가 필요함을 일깨워 주었다. …… 나는 내 생애에서 병 속에서 시달리고 고통스러웠던 순간보다 더 큰 기쁨을 느껴보지 못했다. (『이 사람을 보라』)

그러나 건강한 자만이 앓는 병이라 해도 아주 고통스러운 것이기는 마찬가지다. 왜냐하면 그것은 사실상 우리 자신의 정체성을 구성하고 있고, 우리 판단의 기준이 되고 있는, 지배 정서(affectus)에 대한 우리 자신의 항거이기 때문이다. 우리는 이때의 병을 우리 안에 있던 정서들 사이의 전쟁이라고 불러도 좋을 것이다. 더욱이 그 전쟁이 니체의 경우처럼 수천 년 동안 지속된 인류의 습속에 대한 것이라면 고통은 상상할 수도 없을 만큼 커진다. 그것은 『즐거운 지식』에서

'신의 죽음'을 전하는 광인이 느꼈던 공포와 같지 않을까. 그 광인은 이렇게 말했다. 태양으로부터 풀려난 지구는 그 자신이 어디로 가고 있는지, 계속 추락하는 것은 아닌지, 그 무한한 무(無)의 공간에서 영원히 헤매는 것은 아닌지 아무 것도 알지 못한다.

그러나 어떻든 니체는 그 위험스러워 보이는 항해를 시작하고 말았다. 그는 자기 안에서 본성처럼 자리하고 있던 지배적 정서를 공격하도록, 억눌려 있던 다른 정서들을 부추겼다. '나' 아닌 또다른 '나'들을 나서게 만드는 분열증! '나'와 '나'의 전쟁! 그는 자기의 건강을 믿지 못하면 도저히 감행할 수 없는 모험을 감행한 것이다.

물론 의사들은 그것을 인정하지 않을 것이다. 니체는 큰 병에 걸렸을 뿐이고 그의 새로운 작품들이 보여주는 유쾌함들은 울증에서 조증으로 전환되는, 조울증의 전형적인 사례일 뿐이다. 과연 누구의 말이 옳을까. 1877년 이후 니체는 의사들의 말처럼 병의 지배를 받아 꼼짝도 할 수 없는 중증 환자였는가, 아니면 니체 자신의 말처럼 병을 지배하고, 자기 생을 위해 병을 활용하는 탁월한 건강의 소유자였는가.

대체로 나는 건강하였다. 어느 특정한 시각에서 보거나 어느 특정한 부분만 보면 나는 데카당이었다. 절대적인 고독을 선택하려고 한다든지, 나 자신의 생을 이제까지 적응해 온 환경에서 일탈시키려 하는 저 열정을 보면, 그리고 나 자신을 더 이상 돌보거나 치료하지 않으려는 저 고집만을 본다면 확실히 그렇다. [그러나] 그것들은 당시 내가 나 자신에게 필요했던 것에 관해 본능적으로 잘 알고 있었음을 나타낸다. 나는 스스로를 책임졌다. 나는 스스로를 다시 건강하게 만들었다. 물론 모든 생리학자들이 인정하듯 이것을 할 수 있으려면 사람이 기본적으로 건강해야 한다. 병약한 사람은 [좀처럼] 건강해질 수 없으며 애써 자신을 건강하게 만들 수도 없다. 전형적으로 건강한 사람만이 병을 풍요로운 삶을 위한 적극적 자극으로 수용할 수 있다. (『이 사람을 보라』)

니체의 말에 따르자면 이때 그가 앓았던 병은 그를 지배하고 그의 작품을 그런 식으로 생산케 한 원인이기보다는 그가 얻고자 하는 건강, 그가 얻고자 하는 철학을 위한 수단으로 보인다. 유감스럽게도 많은 의사들이 이 시기의 니체의 병을 그의 생애 내내 지속되었던 병의 연장선상에서만 이해하고 있다. 그들은 니체가 말하고 있는 건강한 자의 모험으로서의 병과 병약한 자의 쇠락으로서의 병을 구분하지 않는다. 그러나 이렇게 해서는 변화된 증상만을 기술할 수 있을 뿐, 니체에게 일어난 변신의 어떤 긍정성도 포착할 수가 없다. 이때의 체험 이후 니체가 어떻게 진정한 철학자로 탄생할 수 있었는지, 어떻게 자기 개념을 만들어낼 수 있었는지, 조울증이 말해 줄 수 있는 것은 아무 것도 없다.

질병과 치유의 반복

그렇다면 니체는 이 시기를 소급해서 적고 있는 저서들에서 어떻게 말하고 있는가. 그는 의사들이 울증과 조증의 반복적 출현이라고 부른 것을 '질병과 치유에 대한 반복적 체험'이라고 부른다. 그는 그것을 고급 항해술이나 뛰어난 예술적 수완처럼 말한다. 건강한 사람은 풍요로운 삶을 위해 병을 활용할 수 있으며, 그것은 더 큰 건강을 얻기 위한 수단이라는 것이다. 물론 그가 말한 체험의 메커니즘이 어떻게 되는지를 정확히 알 수는 없다. 그러나 그의 작품들을 통해 질병과 치유의 반복 과정을 재구성해 볼 수는 있을 것이다.

우리는 질병이라는 모험의 첫 단계를 망각에서 시작할 수 있을 것 같다. 앞에서 니체는 이렇게 말한 바 있다. "병은 나에게 망각을 허용했고 그것을 명령했다." 니체는 『도덕의 계보학』에서 망각이 대단한 능력 중의 하나임을 지적한 바 있다. 나쁜 기억을 잊을 수 있다는 것은 건강을 위해 매우 좋은 일이다. 망각은 건강을 향한 첫걸음이다.

A : 나는 병이 난 걸까? 회복될 수 있을까? …….
　　오! 내 기억은 썩어버렸다.
B : 지금의 너야말로 건강하다. 잊는 자는 건강한 것이다.
(『즐거운 지식』)

망각은 무언가를 단순히 잊어버리는 부정적인 작업이 아니다. 니체에게 망각은 하나를 지우는 일이 아니라 수만 개를 만드는 일이다. 그것은 마치 자기 안에 카오스를 만드는 것과 같다. 카오스란 길의 사라짐이 아니라 길의 과잉이다. 그것은 한 개의 시각이 갖는 특권을 제거하는 대신 수만 개의 시각이 가능함을 보이는 것이다. 니체는 자신이 질병과 치유를 반복함으로써 무엇보다도 '하나의 시각(퍼스펙티브)만을 갖는 맹목성에서 벗어나고자 했다'고 말한다. 또한 니체는 이 과정을 '수많은 대립적 사유 방법에 길을 내주는 것'이라고 표현하기도 했다. "너는 너 자신을 멸망시킬 태풍을 네 안에 가지고 있는가?"

이 과정이 진행되면 그 동안 자연스러움을 판단했던 지배적 정서는 다른 정서들의 공격을 받기 시작한다. 니체는 독특한 방식으로 자연스러움이나 올바름의 기준들을 공격해서 지배적 정서의 특권을 사라지게 만든다. 특권이 사라지면 수많은 정서들의 전쟁이 벌어진다. 그 동안 억눌려 있던 모든 충동들이 경쟁적으로 신체의 장에 등장하는 것이다. 니체는 이것을 '힘들의 과잉 상태'라고 불렀다. 이 '힘들의 과잉 상태'는 다양한 자아의 출현을 가능케 하는 조건이다.

인간 속에는 바다 속 동물처럼 많은 정신들이 거주하고 있다. 이 정신들은 '자아'라는 정신을 얻으려고 싸운다. 그들은 자아를 사랑하며, 자아가 자신들의 등 위에 앉기를 원한다. (『권력의지』)

자아는 정서들의 전쟁에 따라, 다시 말해서 우리 안에 있는 힘들의 전쟁에 따라 전혀 다른 모습을 하게 된다. 중요한 것은 어떤 힘이 어떤 방식으로 지배력을 획득하느냐이다. 힘들의 배치가 바뀌면 자아도 달라진다. 니체는 '권력의지'라는 제목으로 묶인 유고집에서 "주관(주체)의 영역은 계속해서 증대하거나 감소하며 그 중심점 역시 계속해서 변동한다"고 말한 바 있다. 따라서 자신의 신체에서 힘들의 과잉 상태를 만들 수 있는 사람은 다양한 자아를 갖는 것도 가능할 것이다.

그렇다면 우리는 왜 하나의 자아, 하나의 주체성에 그토록 익숙한 것일까? 어쩌면 그것은 영혼의 단일성을 가정하는 기독교식의 사고 방식 때문일 수도 있고, 모든 술어에다 주어를 쓰는 언어적 습관 ('번개가 친다'는 말에서처럼, 섬광이나 소리를 숨어 있는 번개라는 주체의 행위인 듯 묘사하는 언어습관) 때문일 수도 있다. 그것은 또한 다양하게 나타나는 행동들을 단일한 자아, 단일한 주체로 환원시킴으로써 행동에 대한 책임을 환기시키려는 도덕적 의지에서 나온 것일 수도 있다.

그러나 어떤 경우든 모든 행동들이 한 자아로 묶일 수 있을 만큼 충분히 단순해진다면, 하나의 자아, 하나의 주체성은 그대로 현실이 되고 만다. 그리고 이러한 현실은 대중들을 노예화해서 쉽게 통치하려는 전제 권력(부정의 권력의지)에게는 최고의 선물로 받아들여질 것이다. 전제 권력은 결코 사회적 힘들의 배치가 바뀌는 것을 원치 않는다. 그것은 동일한 배치가 반복되길 원한다. 때문에 그것은 잠재적으로 배치를 뒤흔들 위험이 있는 힘들의 과잉 상태보다는 과소 상태를 선호한다. 그러나 힘들의 과소 상태는 전제 권력을 강화시킬 수는 있어도 사회를 강화시키지는 못한다. 고대 그리스 정치가들의 생각처럼, 전제 권력의 탄생과 정치적 힘들의 과소 상태화는 국가를 약화시키는 주범이다. 힘들의 과소 상태는 변화된 상황에 능동적으로 대처할 수 있는 변신의 잠재력을 감퇴시키기 때문이다.

사정은 한 개인 안에서도 마찬가지다. 한 정서의 특권적 지배는 그 신체의 변신 능력을 떨어뜨린다. 불행히도 우리를 둘러싸고 있는 많은 제도나 장치들이 힘들의 동일한 배치를 습속화 하도록 만들고 있으며, 힘들을 점차 과소 상태로 만들고 있다. 니체가 관습이나 제도, 법 등에 그토록 적대적 태도를 보였던 것도 그것들이 우리에게 동일한 행동을 반복하게 하고 우리 자신을 표현할 수 있는 양식을 제한하기 때문이다. 또 니체가 서구의 민주주의를 "힘의 해방이 아닌 피로함의 해방"이라고 불렀던 것도, 정치적 힘들의 과소 상태를 지적하기 위해서였다. 다양한 정치적 힘들을 투표 용지에 흡수함으로써(정치 행위는 투표 행위로 축소되고, 다양성은 나열된 항을 선택하는 문제로 제한됨으로써), 민주주의는 "미래를 낳는 능력을 상실한다".

힘들의 과잉 상태(힘의 해방)와 과소 상태(피로의 해방)에 대한 분석은 나중에 힘들에 대한 유형학으로 발전한다. 어떤 힘들은 새로운 힘들을 더 많이 발생시키고 그 능력을 확장시키지만, 또다른 힘들은 힘들의 과소 상태를 만드는 데 동원되어 다양성을 감소시키고 그 능력도 축소시킨다. 니체는 전자를 능동적(작용적)인 힘으로, 후자를 반동적(반작용적)인 힘으로 분류했다. 그리고 그런 힘들이 표현하고 있는 상이한 의지(힘들에 내재해 있는 상이한 명령)를 권력의지로 개념화했다. 물론 이때의 의지는 정신의 한 기능이 아니다. 그것은 정신으로 표현되기 이전인 정서나 힘들 사이에서 작동하며, 인간한테만 나타나는 게 아니라 힘이 작동하는 모든 곳에서 나타난다.

아마도 이 시기의 니체가 이렇게 정교한 개념화에 성공한 것은 아닐 것이다. 하지만 분명한 건 그가 어떤 이유에서든 힘들의 과잉 상태를 만들려고 노력했으며 그 방안으로 질병을 활용했다는 사실이다. 또한 그는 힘들의 과잉 상태를 관리한다는 것이 얼마나 어려운 일인지를 잘 알고 있었다. 마치 폴리스 안에서의 경쟁[Agon ; 아곤]을 유지하기 위해 초월적인 독재자의 출현을 막았던 고대 그리스의 위대한 정치가들처럼, 니체는 자신이 "정서들을 대립시키지 않으면서도 서로의 거리를 유지시키는 예술적 수완"을 갖고 있었다고 자랑했다.

니체 같은 예술적 수완을 갖지 못한 사람들에겐 주의가 필요하다. 이 과정은 자칫 심각한 자아 분열증으로 이어질 수 있다. 니체조차 자신의 수완을 "매우 위험스러운 특권"이라고 불렀고, 그렇게 "시험삼아 목숨을 걸 정도의 위험한 특권이 발휘되기 위해서는" 먼저 충분히 건강해져야 한다고 강조하고 있다. 그는 항상 지나치지 않도록 관리했다. 한번 병에 뛰어들면 항상 일정 기간의 회복기를 가졌다. 기력이 다하면 그는 허무주의에 빠져들지 않도록 재빨리 자기 삶에 대한 복구 본능을 가동시켰다. 그는 스스로 환자이면서 의사였다.

나는 내 시선을 변화시키고 있었다. 어느 때든 다시 비관론자로 될 수 있도록. 갱신의 목적을 지닌 낙관론자라는 것 ─ 그대들이 이것을 이해할까? 마치 의사가 환자에게 그 전체의 과거, 그의 근심, 친구, 소식, 의무, 어리석음, 추억의 고통을 제거할 목적으로, 그리고 손이며 다른 감각 기관들이 새로운 양식, 새로운 태양, 새로운 미래를 향해 뻗을 수 있도록 환자를 아주 낯선 환경에 처하도록 하는 것과 마찬가지로, 의사이면서 환자인 나는 그렇게 했던 것이다." (『인간적인 너무나 인간적인』 II권 서문)

질병과 치유를 반복하면서 그는 새로운 감각을 자주 경험했다. 우리는 그가 이 시기를 회고하면서 사물을 거꾸로 보는 것(사람들과 다르게 보는 것)에 능통했다고 자랑하는 모습을 자주 보게 된다. 그는 질병과 치유의 반복으로 생겨난 힘들의 과잉 상태를 이용해서 다양한 해석을 시도할 수 있었을 것이다. 1880년대 중반에 쓴 『즐거운 지식』의 제2판 서문에서 그가 "수많은 건강 상태만큼이나 다양한 철학이 존재한다"고 말할 수 있었던 것도 같은 이유로 보인다.

그는 힘들의 배치에 따라 수백 명의 자신이 있을 수 있음을 깨달게 되었다. 나중에 그가 수많은 이름들로 자기 자신을 나타냈던 것도 과대망상에 빠져 있었기 때문이 아니라 이와 같은 철학적 깨달음을 얻었기 때문이다. 발라디에(P. Valadier)의 지적처럼 니체는 "개인이 계속되는 변화를 통해 하나의 정체성을 잃어버림으로써 새로운 자기를 생성시킨다"는 사실을 이해했다. 그것은 여러 번 죽음으로써 영원히 살아났던 디오니소스의 모습이기도 했다. 영원회귀에 대한 암시!

힘들을 과잉 상태로 만들면서도, 그것들을 서로 화해시키지도 대립시키지도 않는 기술을 이해하면서, 니체는 과거에 니체일 수 있었던 수많은 니체들, 그리고 앞으로 니체일 수 있는 수많은 니체들이 바로 지금 가능하다는 것도 알게 되었다. 1881년 3월 질스 마리아에서 영원회귀 사상이 그의 머리를 강타했다("사상은 내가 원할 때가 아니라 그것이 원할 때 찾아온다"). 영원회귀는 힘들의 과잉 상태, 힘들의 놀이에 자신을 개방함으로써 새로운 자신을 생성시킨 체험의 결과물로 보인다. "나는 항상 나로 머물러 있었지만 그것은 항상 다른 내가 되어 있는 방식으로 그랬다." '동일한 것'의 영원회귀! 그러나 이때 '동일한 것'은 힘들의 과잉을 원하는 권력의지[긍정]뿐이며, 반복의 결과는 항상 '차이'와 '다양성'으로 나타난다.

1881년과 1882년에 출판된 『서광』과 『즐거운 지식』에서 우리는 깨달음을 향해 급속히 고양되는 니체를 만날 수 있다. 그는 이 책들이 "바로 긍정의 책이며, 심오하면서도 밝고 우아하다"고 말한다. 특히 『즐거운 지식』에서는 1876에서 1877년 사이에 시작된 그의 병이 끝나고 있음을 보여주는 장난기와 자유로움이 묻어난다. 이 책에서는 무엇보다도 신의 죽음이 선포되고 있고, 긍정의 권력의지와 부정의 권력의지가 선명하게 대비되며, 영원회귀가 나타나고, 새로운 여행을 시작하려는 차라투스트라의 모습이 등장한다(『즐거운 지식』의 제1판은 4부로 구성되어 있었는데, 그 마지막이 차라투스트라가 동굴에서 하산하는 내용을 담고 있어 『차라투스트라』의 머리말과 겹쳐진다). 1877년부터 1881년까지의 체험은 그로 하여금 바로 『차라투스트라』를 쓰지 않을 수 없게 만들었을 것이다.

흥미로운 사실은 그가 질병과 치유를 반복하면서 점차 '건강을 위해 질병을 필요로 하는 단계'에서 벗어나고 있다는 점이다. 질병과 치유의 반복, 그리고 영원회귀의 깨우침은 그에게 세계와 삶에 대한 긍정을 가르쳤다. "한 걸음 더 회복이 진행되면, 자유정신은 또 다시 삶에 접근한다." 그런 식으로 반복하고 나면 "사물들은 점차 부드러운 솜털과 불가사의한 매력을 풍기기 시작한다".

세계와 삶을 긍정하는 자에게는 더 이상 고통스러운 병이 나타나지 않는다. 병이 나타나지 않으므로 치유의 필요성도 제기되지 않는다. 그렇다면 이제 그는 무엇을 반복하게 되는가? 고통과 치유의 반복을 끝낸 후, 그는 놀이의 반복, 유희의 반복을 시작한다. 반복의 성격이 바뀐 것이다. 반복은 더 이상 거대한 집념과 자유정신의 산물이 아니다. 반복은 그에게 즐거움을 주며, 그 즐거움이 다른 반복을 불러온다. 그는 세상과 자신의 운명을 바꾸는 그 어떤 실천 속에서도 고통을 느끼지 않는다. 그에게는 그 모든 실천들이 놀이처럼 즐겁고, 즐겁기 때문에 자꾸 반복하게 된다. "나는 유희보다 위대한 과업을 연상시키는 다른 방법을 알지 못한다. 유희는 하나의 위대함의 징후이며 필수적인 전제 조건이다."

니체는 자신이 더 이상 병들 수 없음을 알게 되었다. 어떤 죽음의 문화도 그를 병들게 할 수 없음을 알게 되었다. 앞으로 "그 어떤 중병을 앓는다 해도", 그는 결코 "병적이지 않을 수 있었다". 니체는 이 놀라운 신체 상태를 '위대한 건강'이라고 부른다. 위대한 건강은 '인간적인' 질병들을 앓지 않는 초인간적이고 비인간적인 신체 상태이다. 그런 점에서 그것은 위버멘쉬의 것이다. 만약 니체가 위대한 건강을 체험했다면, 그는 바로 위버멘쉬로의 변신을 체험한 셈이다.

위대한 건강

니체는 『즐거운 지식』(제2판부터 추가된 제5부)의 마지막을 '위대한 건강'이라는 제목의 글로 맺고 있다. 이는 매우 상징적인 끝맺음으로 보인다. 우리가 규정했던 대로 이 시기의 체험 구조가 '질병과 치유의 반복'이었다면 그것을 마무리 하는 책의 마지막이 '위대한 건강'으로 귀결되는 것이 당연하기 때문이다. 더구나 니체는 『차라투스트라』를 이해하기 위한 생리학적 전제가 위대한 건강이라고 했다.

위대한 건강은 『차라투스트라』를 이해하기 위한 전제로서만이 아니라 니체의 철학을 이해하는 데도 핵심적이다. 그는 위대한 건강을 얻는 과정에서 긍정의 권력의지, 영원회귀, 위버멘쉬 등의 개념도 얻었다. 위대한 건강은 위대한 철학의 탄생을 의미한다. 니체가 새로 태어난 것이다. 이때부터 니체는 전혀 새로운 자이며, 그 누구와도 혼동할 수 없는 자이다.

> 우리 새로운 자, 이름이 없는 자, 이해하기 힘들며 정해져 있지도 않은 자, 미래의 조숙아인 자들은 새로운 목적을 위해 새로운 수단을 필요로 한다. 그것은 바로 새로운 건강이다. 종래의 어떤 건강보다도 더 강하고 빈틈없고 거칠고 대담하고 즐거운 건강. …… 이 건강은 단지 보유하는 것만이 아니라 끊임없이 새롭게 획득하는 것이고 또 획득해야 하는 것이다. 이 건강은 끊임없이 포기해야 하므로 또한 획득해야 하는 것이다. (『즐거운 지식』)

위대한 건강이란 하나의 건강이 아니라 수백 개의 건강이다. 그것은 하나의 신, 하나의 진리, 하나의 이상을 찾는 고단한 수행의 과정이 아니라 수백 개의 건강을 즐겁게 횡단하는 변모의 예술이다. 위대한 건강을 지닌 자는 자기 안에 수백 개의 힘들을 갖는, 이른바 '힘들의 과잉 상태'를 즐기는 사람이다. 그는 항상 새로운 가치를 창조함으로써 낡은 가치를 소멸시키고, 새로운 세계를 창조함으로써 낡은 세계를 소멸시키는 사람이다. 이후 니체의 작품들은 위대한 건강이 어떤 것인지를 분명히 보여주고 있다. 그는 『차라투스트라』에 대해서 이렇게 말한다.

이제까지 '예'라고 말해진 모든 것에 대해 전혀 들어보지 못했을 정도의 '아니오'를 말하고 그것을 '행동'하는 차라투스트라가 그럼에도 어떻게 부정의 정신의 반대일 수 있는가. (『이 사람을 보라』)

그는 낡은 세계를 가차없이 깨부순다. 그러나 그것은 세계에 대한 분노나 원한의 표현이 아니다. 오히려 그것은 세계에 대한 선물이다. 그는 새로운 세계를 창조하기 위해 낡은 세계를 부수는 것이다. 그래서 부정을 행하는 그의 정신은 부정이 아니라 긍정이다. 그의 후기 작품들이 부정과 파괴를 행하면서도 심각한 고통을 수반하지 않는 이유가 여기에 있다. 부정은 항상 웃음과 춤과 놀이의 형태로 이루어진다. 근대성에 대한 종합 비판의 성격을 띠고 있는 『선악을 넘어서』가 비슷한 성격의 『인간적인 너무나 인간적인』과 전혀 다른 분위기를 풍기는 것도 이 때문이다. 그는 『선악을 넘어서』를 이렇게 평가한다.

'모든 가치의 전환.' 이것이 인류에 있어 최고의 자기 성찰을 위한 정식이고, 나의 삶이고, 나의 천재성이다. …… 이전의 누구보다도 나는 크게 거부한다. 그럼에도 나는 부정적 정신의 소유자완 반대다. 나는 기쁜 소식을 전달하는 복음의 사자다. (『이 사람을 보라』)

'모든 가치의 전환'은 『선악을 넘어서』만이 아니라 곧이어 나온 『도덕의 계보학』의 부제에도 사용되고 있다. 니체는 『도덕의 계보학』을 "모든 가치 전환을 위해 한 심리학자가 쓴 예비 연구서"라고 부른다. 세계의 모든 가치를 전환시키는 즐거운 혁명에 돌입하려 했던 것일까? '모든 가치의 전환'이 언제부턴가 니체의 슬로건이 되었다. 1888년 봄부터 그는 '모든 가치의 전환'이라는 부제를 단 '권력의지'라는 제목의 책을 기획하기도 했다. 이 기획은 건강상의 이유 때문에 중도에 포기되었지만, 조금 지나서 '가치의 전환'이라는 제목의 새로운 기획으로 다시 태어났다. 불과 몇 개월 사이에 그는 미친 듯이 여러 권의 책들을 써나갔다. 『반그리스도』, 『바그너의 경우』, 『우상의 황혼』, 『이 사람을 보라』, 『디오니소스 찬가』 등이 이때 쓰여지고 출판되었다.

그러나 근대적 가치들을 가차없이 비판하고 있는 이 모든 저서들을 압도하고 있는 것 역시 긍정의 정신이다. 그는 『우상의 황혼』을 쓴 자신을 "쾌활하면서도 전조적인 미소를 짓는 악마"로 묘사하고 있다. 그는 자신의 철학을 모든 우상들에 대한 망치질이라고 표현했지만 우리는 그 망치가 파괴의 도구가 아닌 창조의 도구임을 이해한다. 그것은 우리가 『반그리스도』를 읽으면서 그리스도에 대한 최고의 찬사를 발견하게 되는 것과 마찬가지다. 천국이란 사후의 어떤 세계도 아니고 믿음으로 도달할 수 있는 세계도 아니다. 그것은 자신의 삶을 바꾸는 실천 속에 있는 것이다. 니체가 디오니소스와 그리스도를 함께 이해하고, 그들의 이름으로 자신의 서명을 대신했을 때, 그는 과대망상증에 걸린 것이 아니라 위대한 건강을 획득한 것이다.

　니체 —— 질병과 치유의 체험. 우리는 그의 건강이 가장 악화된 시기에 그 소중한 체험을 발견해냈다. 니체가 그 같은 체험을 통해 자신의 삶을 치유하고 세계의 운명을 치유하는 철학적 원리들을 발전시킨 것은 놀라운 일이 아닐 수 없다. 그것은 니체 자신의 말처럼 병약한 자가 할 수 있는 게 아니다. 그것은 건강한 자만이 수행할 수 있는 모험이다. 물론 우리는 1889년 1월 어느 날 그를 덮친 후 마침내 죽음으로 몰고 간 병을 부인하지 않는다. 또한 어린 시절부터 계속된 눈과 머리의 통증을 부인하지 않으며 그가 그것 때문에 얼마나 괴로워했는지도 잘 알고 있다. 그러나 그런 것들과는 다른 의미에서 그 자신을 괴롭혔던, 그리고 모두가 걸려 있지만 예민했던 그만이 크게 앓았던 그 어떤 병을 그가 치유했다는 것, 그런 점에서 병으로 쓰러지기 훨씬 전에 이미 '위대한 건강'이라고 불러도 좋을 어떤 신체를 그가 갖게 되었다는 것 또한 잘 알게 되었다. 예민하고 섬세한 자들은 니체로부터 분명히 읽어낼 수 있을 것이다. 자신들이 걸린 병과 그 치유법을.

질병과 치유의 역사. 나의 체험은 그저 나의 사적인 체험에 지나지 않았던 것일까? 바로 나의 인간적인 너무나 인간적인 체험에 지나지 않았을까? 지금 나는 그 정반대라고 믿고 싶다. 내 방랑의 책은 간혹 그런 외양을 띠고 있던 것처럼 그저 나만을 위해 쓰여 있지 않다는 확신이 거듭들기 때문이다. (『인간적인 너무나 인간적인』 II권)

2. 차라투스트라-만인을 위한 그러나 그 누구를 위한 것도 아닌 책

나는 왜 이렇게 좋은 책을 쓰는가

세상에 자기 작품을 사랑하지 않는 작가가 얼마나 될까마는 니체만큼 자기 작품과 그 속에 표현된 작가로서의 자신을 사랑하는 작가는 없을 것이다. 오죽하면 자기가 써 온 작품들을 쭉 리뷰하면서 '나는 왜 이렇게 좋은 책을 쓰는가' 라는 낯 뜨거운 제목을 달았을까. 심지어 그는 자기 책을 읽는 사람은 대단한 일을 하고 있는 거라며 이렇게 말하기도 했다. "누군가 내 책 중의 하나를 손으로 받쳐들고 있다면 그것은 인간이 할 수 있는 가장 드문 존경의 하나다"(「나는 왜 이렇게 좋은 책을 쓰는가」).

하지만 니체가 이런 낯 뜨거운 이야기를 스스럼없이 하는 것은 남들보다 두꺼운 얼굴을 가졌기 때문이 아니다. '나는 왜 이렇게 좋은 책을 쓰는가' 라는 제목의 글을 그는 이렇게 시작하고 있다. "나와 내 작품은 별개다. …… 나는 내가 다른 사람들과 혼동되는 것을 원치 않는다. 심지어 내 자신에 의해서도." 니체는 자신과 자신이 쓴 작품을, 그리고 각 작품의 작가로서의 니체와 그에 대해 논평하고 있는 니체를 혼동할 위험에 대해 말하는 것이다.

니체가 자기 생애와 작품들에 대해 말하는 『이 사람을 보라』는 이 점에서 매우 흥미로운 책이다. 그는 자기 생애를 이야기하면서 마치 남 이야기하듯 한다. '니체'라는 작가는 어떻게 자라 왔고, 누구의 책을 많이 읽었으며, 어떤 날씨와 음식을 즐겼고, 어떤 스타일로 글을 썼는지. 그가 자기 생애를 또 하나의 책으로 묶었다는 것은 그것을 다른 작품들의 근원이나 배경으로 생각하지 않고 자신의 또 다른 작품으로 간주한다는 증거이다.

니체라면 이렇게 말할 것이다. 내 생애를 전혀 모른다 해도 『차라투스트라』를 읽는 데 아무런 문제가 없을 것이다. 당신이 내 생애에 대해 들었다면 그것은 내 작품 하나를 더 읽은 셈일 뿐이다. 더구나 당신은 좋은 책을 쓴 '나'와 그 '나'에 대해 말하고 있는 '나'를 혼동해서는 안 된다. 책을 쓴 나는 항상 그 책을 통해 자신을 표현한다. 나는 한때 바그너와 쇼펜하우어였듯이 차라투스트라이다. 그때의 '나'에 대해 말하고 있는 지금의 '나'는 다른 사람이다. 지금 나는 낯 뜨거운 자화자찬을 하는 게 아니라 내가 잘 알고 있는 어떤 작가와 작품을 칭찬하고 있는 것이다.

물론 우리는 '나는 왜 이렇게 좋은 책을 쓰는가'라고 말하고 있는 니체와 '좋은 책을 쓴' 니체가 무관한 사람이 아님을 알고 있다. 자신이 '좋은 책을 썼다'고 평가하는 니체는 한때 그 책을 쓴 니체이며, 그의 이름이 적혀 있는 여러 작품들은 그가 체험하고 표현해 온 그 자신의 변신 기록이기 때문이다. 따라서 그는 각각의 작품의 작가인 '니체'와 다름에도 불구하고 '그'를 체험한 사람이며, 세상의 그 누구보다도 '그'와 '작품들'에 대해 많이 알고 있는 사람이다.

니체와 차라투스트라! 니체가 그 자신과 맺고 있는 이 독특한 관계를 우리는 그렇게 표현할 수 있을 것이다. 차라투스트라는『차라투스트라』를 비롯해 니체의 여러 작품 속에서 니체의 분신처럼 등장하는 캐릭터이다. 그는 니체이면서 동시에 니체가 아니다. 니체는 차라투스트라에 '대해서' 말하면서 동시에 차라투스트라를 '통해서' 말한다. 니체는 때때로 차라투스트라를 잘 아는 친구이고, 때때로 차라투스트라 그 자신이다. 차라투스트라가 뱉은 말들의 주인은 차라투스트라이자 니체이다. "나는 여기서 차라투스트라의 입을 통해 하지 않은 말은 한 마디도 하지 않았다."

그래서인지 니체의『차라투스트라』에 대한 자부심은 그 어떤 책에 대해서보다도 컸다. 그는『차라투스트라』에 최고의 찬사를 보냈다. "나의 작품 중에『차라투스트라』는 나에게 있어 특별한 의미가 있다. 그것으로 나는 인류 역사상 가장 위대한 선물을 안겨주었다"(『이 사람을 보라』서문). 니체가『차라투스트라』를 가장 위대한 선물이라 부른 것은 그 책이 인류의 구원에 대해 말하고 있기 때문이다.

그는 『차라투스트라』를 '제5의 복음서'라고도 했다. 인류의 구원에 관한 기쁜 소식을 담고 있다는 뜻에서였다. 차라투스트라의 말은 신이나 진리, 도덕이라는 깊은 잠으로부터 인간을 구원해 줄 것이다. 이제 인간은 자신을 구원하기 위해 더이상 신이나 진리, 도덕에 의존할 필요가 없다. 인간은 스스로를 극복하고 스스로를 구원할 수 있다. 차라투스트라는 그러한 운명을 일깨워 주러 온 '복음의 사자'다.

그러나 '신의 죽음'이라는 복음을 선물로 들고 왔다가 사람들로부터 비웃음만 산 차라투스트라처럼, 니체 역시 자기 말을 들어줄 '귀'를 기다리며 고독한 시간을 보내야 했다. '그럼에도 불구하고'(trotzdem) ─ 니체는 이 말을 너무나 사랑한다 ─ 그는 몇 백 년 정도는 기다릴 수 있다고 생각했다. 그만큼 자긍심이 있었다. 하인리히 폰 슈타인 박사로부터 『차라투스트라』의 단 한마디도 이해하지 못하겠다는 불평을 들었을 때 그는 이렇게 대꾸했다. "그것은 지극히 당연하다. 『차라투스트라』의 여섯 문장을 이해했다는 것 ─ 즉 그것을 진정으로 체험했다는 것 ─ 은 현대인이 도달할 수 있는 최고의 수준에까지 올라간 것을 의미한다."

"언젠가는 차라투스트라의 해석을 위한 강좌가 개설될 날도 오겠지만", 또 "언젠가는 천지가 진동하고 폭풍이 몰아칠 것이지만" 아직은 그 '때'가 오지 않았다. 만약 그 '때'가 오면 "우리는 대격변과 지진, 산과 계곡의 이동, 그리고 전에 결코 꿈꾸지도 못했던 사태를 맞이하게 될 것이다. …… 지상에는 미증유의 전쟁이 시작될 것이다". 니체는 그것을 추호도 의심하지 않았다. 그러나 니체는 『차라투스트라』가 무시무시한 종교적 계시록이 아니라 고요하고 평화로운 걸음걸이로 다가온 기쁜 소식, 즉 복음임을 분명히 했다.

이 책 『차라투스트라』에는 어떤 예언자도 없으며, 종교의 창시자라고 불리는 질병과 권력에 대한 욕구, 그리고 이 양자가 합쳐진 혼혈아도 없다. …… 폭풍을 일으킬 수 있는 것은 바로 가장 조용한 말이다. 비둘기 걸음으로 오는 사고만이 세계를 이끈다. (『이 사람을 보라』 서문)

차라투스트라 vs 차라투스트라

차라투스트라는 본래 페르시아 예언자로서 '조로아스터교'(배화교)의 창시자이다. '조로아스터'는 차라투스트라의 영어식 표기다. 니체가 차라투스트라를 자기 책의 주인공으로 삼은 것은 정말 의아한 일이다. 왜냐하면 니체의 차라투스트라와 고대 페르시아의 예언자 차라투스트라는 아주 상반된 가르침을 전하고 있기 때문이다. 조로아스터교는 이원론적인 세계관으로 유명한 종교다. 유대-기독교를 비롯해 서구의 몇몇 종교에 나타나고 있는 선과 악, 신과 악마의 강력한 대립은 조로아스터교의 영향으로 간주되고 있을 정도다. 그러나 니체의 차라투스트라는 선악이라는 도덕적 세계관을 극복할 것을 설파하고 있다. 그렇다면 니체는 무엇 때문에 고대 페르시아의 예언가를 끌어들인 것일까? 그는 그런 물음을 기다리고 있었음에 틀림없다.

최초의 비도덕주의자인 내 입에서 차라투스트라의 이름이 나왔을 때, 사람들은 내게 그것이 무엇을 의미하느냐고 물었어야 했지만 아무도 묻지 않았다. 저 페르시아 사람들의 무서운 역사적 특성을 구성하는 것이 비도덕주의자인 나와는 정반대인데도 말이다. (「왜 나는 하나의 운명인가?」)

니체에게 차라투스트라는 특별한 인물이다. 그는 "가장 불행한 오류인 도덕을 창조했다". 그러나 그는 그 누구보다도 진실하고 정직한 사람이다. 진실하고 정직하다는 것은 도덕을 극복하게 하는 존재의 출현, 즉 차라투스트라를 극복한 차라투스트라, 차라투스트라 정반대 편에 서 있는 차라투스트라의 출현을 가능케 한다.

차라투스트라는 선과 악의 투쟁을 사물들의 운행에 있어 본래의 톱니바퀴로 본 최초의 사람이다 ; 도덕을 힘이나 원인, 목적 그 자체와 같은 형이상학적 영역으로 전환시키는 것이 그의 과제였다. 그러나 답은 질문 자체에 내포되어 있었다. 차라투스트라는 이 가장 불행한 오류인 도덕을 창조했다 ; 따라서 그는 그 오류를 인식한 최초의 사람임에도 틀림없다. 그는 이 문제에 대해서 다른 어떤 사상가보다도 오랫동안 더 많은 경험을 했을 뿐 아니라······ 더욱 중요한 것은 차라투스트라가 다른 어떤 사상가보다도 더 진실한 사람이라는 사실이다. ······ 진실함에서 나오는 도덕의 자기극복 ; 도덕주의자가 자신의 반대편 ── 나에게 ── 으로 자기를 극복하는 것, 그것이 내 입에서 차라투스트라의 이름이 의미하는 바이다. (「왜 나는 하나의 운명인가」)

니체의 차라투스트라는 정직을 '젊은 덕'이라 칭찬하고 신을 찾는 자들로부터 미움을 받는 것이라고 말했다('저편의 또다른 세계를 신봉하고 있는 사람들에 대하여'). 또 니체는 『도덕의 계보학』과 『즐거운 지식』에서 기독교의 정직과 진실성에 대한 강조가 기독교의 신을 정복하게 할 것이라고 말하기도 했다. 오늘날과 같은 과학의 시대에 꾸며낸 이야기들을 믿는 것은 비과학적이며 비양심적이다. 그러나 정직한 양심을 강조해 온 것은 기독교 자신이다. "삶은 필연적으로 자기극복의 법칙을 가지고 있다." 정직하고 진실한 우리의 진리의지는 신성화된 도덕의 발생과 유래에 대해 집요하게 물고 늘어질 것이다. 자명하고 확고한 것처럼 보였던 모든 것들은 그렇게 자명하고 확고하지 않다.

진리의지가 이처럼 자기의식에 이를 때 도덕은 점차 몰락할 것이다. 나는 이를 조금도 의심치 않는다. 이것이야말로 유럽의 다음 두 세기를 위해서 유보된 저 100막으로 이루어진 위대한 연극이며, 모든 연극 중에서도 가장 무섭고 가장 문제적인, 아마도 가장 희망적인 연극일 것이다. (『도덕의 계보학』)

페르시아의 차라투스트라는 니체의 차라투스트라에 와서 완전히 다른 존재로 변신했다. 페르시아의 차라투스트라가 도덕적 세계의 탄생을 의미한다면 니체의 차라투스트라는 도덕적 세계의 몰락과 새로운 세계의 시작을 의미한다. 따라서 니체의 차라투스트라는 페르시아의 차라투스트라의 몰락이자 자기극복이며, 새로운 변신이라고 할 수 있다.

『차라투스트라』의 탄생

니체가 『차라투스트라』를 쓰기 시작한 것은 1883년 2월이다. 하지만 그가 그것을 임신한 것은 훨씬 이전이다. 니체는 자신이 『차라투스트라』의 기본 개념인 '영원회귀'를 최고의 '긍정의 형식'으로 떠올린 게 1881년 8월이며, 그로부터 18개월의 임신 기간을 거쳐 그것을 낳았다고 말하고 있다.

이 작품의 기본 개념인 영원회귀의 사상은 이제까지 도달될 수 있는 최고의 긍정 형식으로 그 기원이 1881년 8월로 거슬러 올라간다. 이 사상의 윤곽은 '인간과 시간을 초월한 6천 피트'라는 주석을 단 채로 한 장의 종이 위에 기록되었다. 나는 그날 실바플라나(Silvaplana) 호숫가 숲 속을 거닐고 있었다. 수를라이(Surlei) 근처의 피라미드같이 솟아 있는 거대한 바위 옆에서 나는 발을 멈추었다. 바로 그때 나에게 이 사상이 떠오른 것이다. …… 그날로부터 거슬러 1883년 2월의 그 믿기 어려운 상황 속에서의 탄생을 생각해본다면 이 책의 수태 기간은 18개월에 이른다는 결론에 도달한다. (「나는 왜 이렇게 좋은 책을 쓰는가」)

『차라투스트라』의 수태 기간에 쓰여진 책 『즐거운 지식』을 보면 여러 곳에서 『차라투스트라』의 탄생을 예고하는 흔적들을 찾아볼 수 있다. 제목부터가 말해주듯이 이 책은 니체가 영원회귀를 담을 수 있는 유일한 형식인 '긍정'을 발견했음을 보여준다. "이 책의 거의 모든 문장들은 심오함과 함께 장난기어린 정신들을 가지고 있다." 더구나 『즐거운 지식』에는 '신의 죽음', '영원회귀'에 관한 언급들이 나오고, 마지막(초판의 마지막)을 행복한 차라투스트라의 하산(인간 세계로의 몰락)으로 맺고 있다.

니체가 1879년을 정점으로 한 병적 상태를 극복한 것은 이때 깨달은 긍정의 정신 때문이었을 것이다. 비록 이후에도 눈과 머리의 고통은 계속되었지만 그 고통은 이전의 것과는 질적으로 다른 것이었다. 긍정의 정신을 획득한 그는 그 고통을 다룰 수 있었고, 때로는 그것을 새로운 인식을 얻는 수단으로 사용하기도 했다. 1881년 무렵에 일어난 변화는 니체 스스로의 표현처럼 '믿기 어려운 상황 속에서도'『차라투스트라』의 탄생을 가능케 했다.

나는 그 겨울을 매력적이고 조용한 라팔로만에서 보냈다. …… 거기서 내 건강은 그리 좋은 편이 못 되었다. 겨울엔 춥고 비가 많이 왔다. 내가 투숙했던 호텔은 바다에 인접해 있었는데 그 바다는 밤에 내 잠을 항상 방해했다. …… 그럼에도 불구하고 모든 결정적인 것은 '그럼에도 불구하고' 오고야 만다는 것을 증명이라도 하듯이 나의『차라투스트라』가 완성된 것이다. 바로 그 겨울에 그런 악조건에서 말이다. (「나는 왜 이렇게 좋은 책을 쓰는가」)

1883년 2월 니체는 18개월 전 질스마리아에서 체험했던 황홀감을 다시 경험한다. 그때부터 그는 미친 듯이 글을 썼고『차라투스트라』의 제1부를 완성했다. 단 열흘밖에 걸리지 않았다. 그는 '차라투스트라'라는 제목만을 달았을 뿐 '제1부'라는 말을 쓰지 않았다. 즉『차라투스트라』는 처음에 제1부만으로 기획된 책이었던 것 같다. 그러나 그는 같은 해 여름에 제2부를, 겨울에 제3부를 썼다. 제2부와 제3부를 쓰면서 걸린 시간도 단 열흘이었다.

학자들 중에는 제3부를『차라투스트라』의 피날레로 보는 사람들이 많다. '신의 죽음/위버멘쉬'의 가르침과 '동일한 것의 반복'이라는 시간의 강제가 제3부에서 변증법적으로 종합되고 있다는 생각에서다. '크나큰 동경에 대하여'와 '일곱 개의 봉인'에 나타나는 영원회귀를 향한 극적인 고양은 『차라투스트라』의 피날레로 손색이 없다는 것이다. 그러나 니체는 분명히 이야기를 더 전개시켜야 한다고 생각했다. 제3부를 변증법의 제3항처럼 간주하고 싶었던 학자들의 기대와는 반대로 니체는 '인간적 본질'을 폭로하고 '인간의 몰락과 변신'을 다룬 제4부를 구상했다. 1884년 반 년 동안 그의 작업은 계속되었고, 여러 번 중단하긴 했지만 1885년에 제4부가 출판되었다.

일부 학자들은 위버멘쉬의 시간인 '위대한 정오'에 대한 자세한 기술이 없다는 점에서 『차라투스트라』가 미완의 저작이라고 주장한다. 그러나 니체는 처음부터 완결된 멜로디를 구사할 생각이 없었는지도 모른다. 그는 영국 작가 로렌스 스턴을 칭찬하면서 그 작품의 위대함이 "완결된 멜로디를 구사하는 게 아니라 끊임없는 멜로디를 구사하는 데 있다"고 했기 때문이다. 더구나 영원회귀와 위버멘쉬가 인간의 영원한 자기극복을 지칭하는 것이라면 위버멘쉬에게 완성된 시간과 장소가 있다는 것 자체가 문제일 수 있을 것이다.

어떻든 『차라투스트라』를 쓰던 당시 니체는 최고의 행복을 체험했다. 그는 『차라투스트라』가 내용면에서나 표현면에서 모두 인류에게 보내는 최고의 선물이라고 생각했다. "나는 『차라투스트라』로서 독일어를 완성에 이르게 했다고 자부하네. 그것은 루터와 괴테의 뒤를 이은 제3의 발전이었네」(「로데에게 보내는 편지」).

『차라투스트라』가 나왔을 때 그것을 이해할 수 있는 독자는 거의 없었다. 출판업자들은 니체를 괴롭혔다. 니체는 결국 제4부를 자비로 출판해야 했고, 그 부수도 40부에 지나지 않았다. 그는 자주 고독해 했다. "나의 고독은 일곱 겹이나 되었다." 그러나 그는 자신의 친구들을 기다렸다. "최소한 300년을 기다리지 못한다면 내 책이 무슨 의미가 있겠는가?"

만인을 위한, 그러나 그 누구를 위한 것도 아닌

『차라투스트라』를 이해할 친구를 만날 수 없었다는 건 니체에게 분명 고통스러운 일이었을 것이다. 그러나 니체는 아무나 『차라투스트라』를 읽을 수 있다고 생각지 않았다. 또 누구라도 『차라투스트라』를 읽어주길 소망하지도 않았다. 그는 자기 책의 운명을 독자들의 손에 맡겨 놓는 그런 작가가 아니었다. 선물은 아무에게나 주는 게 아니다. 그것은 친구에게 주는 것이다. 차라투스트라의 말은 차라투스트라의 친구들에게 전해져야 한다. 니체는 자기 책이 자신과 동류의 정신에게 읽히기를 바랐다.

오늘날 니체처럼 독자를 선택할 배짱을 가진 작가가 몇이나 될까. 어떻든 그는 낚싯대를 드리우고 기다린다. "나의 모든 작품은 낚시 바늘이다. 나는 그 누구보다도 낚시하는 법을 잘 알고 있다. 하지만 아무 것도 잡히지 않는다 해도 내 잘못은 아니다. '왜냐하면 거기에 물고기가 없는 것이기 때문이다'"(「나는 왜 이렇게 좋은 책을 쓰는가」). 차라투스트라의 말이 들리는 자, 차라투스트라의 노래에 매혹된 자들은 틀림없이 미끼로 던져진 작품들을 물 것이다. 차라투스트라는 그것을 물지 않는 물고기를 필요로 하지 않는다.

물론 작품은 만인을 위해 던져졌다. 그는 누군가를 위해 『차라투스트라』를 쓴 게 아니다. "나의 고귀하고 미묘한 세계로 들어간다는 것은 비할 데 없는 영예이다. 이것은 결국 모든 사람이 얻었어야 하는 영예이다." 그러나 그런 영예를 얻으려면 차라투스트라의 높이에 도달해야 한다. "내 저서의 공기를 마실 수 있는 사람은 그것이 높은 산에 있는 공기이며 강렬한 공기임을 알 것이다. 독자는 그렇게 되어야 한다. 그렇지 않으면 그 공기에 감기 걸릴 수도 있다"(『이 사람을 보라』 서문).

『차라투스트라』를 읽기 위해 필요한 것은 높은 긍지만이 아니다. 섬세한 감수성, 대단한 용기, 놀라운 소화 능력, 그리고 무엇보다도 복수나 원한 따위를 모르는 즐거운 긍정의 정신. 이 모든 것이 필요하다.

사람들이 내 저서를 소유하기 위해서는 가장 부드러운 손가락과 함께 가장 용감한 주먹을 지녀야 한다. 정신에 조금의 결함이 있어서도 안 된다. 심지어 소화불량을 겪어서도 안 된다. 신경이 약해서도 안 되며 즐거운 소화가 필요하다. 영혼의 빈곤이나 영혼의 구석에 공기가 들어 있어도 안 된다. 어떤 비겁이나 불결, 내장 속에 들어 있는 비밀스런 복수심은 더더욱 안 된다. …… 나의 완벽한 독자를 상상해 보면 그는 항상 용기와 호기심이 어우러진 하나의 괴물이다. 그는 순종적이면서도 교활하고 또한 조심스럽다. 그는 타고난 모험가요 발견자다. (「나는 왜 이렇게 좋은 책을 쓰는가」)

『차라투스트라』를 읽을 능력이 있는 자들만이 그것을 읽을 수 있는 권리가 있다. 니체에게 능력은 권리와 같은 말이다. 물론 여기서의 권리나 능력은 돈이나 '빽', 혹은 전문적인 학식을 의미하는 게 아니다. 어떻게 보면 니체의 이야기는 당연한 것이다. 읽을 능력이 없는 사람은 아무리 보아도 읽은 게 아니니까. 니체가 독자를 선택하는 것은 『차라투스트라』를 읽는 행위와 동시에 진행된다. 미리부터 누구를 선택하고 배제하는 것이 아니라 책을 읽는 과정이 선택하고 배제하는 과정이다. 『차라투스트라』를 읽고는 아무 것도 느끼지 못했으면서 뭔가 한마디 해야 된다고 생각하는 학자들에게 니체는 말했다. 당신들은 내 독자가 아니며 '실험실의 돼지'나 '우둔한 소'일 뿐이라고.

실험실 돼지들. …… 그들은 내가 '그 정도까지' 도달한 것에 대해 축하한다느니 혹은 더 쾌활한 논조 속에서 어떤 진보를 발견했다느니 하고 말한다. …… 또 철두철미하게 허위에 가득 찬 '아름다운 영혼'들은 내 저서를 어떻게 보아야 할지 모르기 때문에 내 저서가 자기들보다 '낮다'고 생각한다. 내가 아는 사람 중에 우둔한 소들은 항상 '내 의견과 일치하지 않지만 때로는 일치하는 면도 있다'고 넌지시 말하곤 한다. (「나는 왜 이렇게 좋은 책을 쓰는가」)

책을 읽으며 영혼을 소진한 사람들보다는 오히려 『차라투스트라』를 자기 방식대로 소화하면서 매혹을 느끼고 그것을 삶에 유용하게 쓰는 사람, 심지어 그것을 전혀 읽지 않았음에도 삶을 잘 가꿀 줄 아는 사람이 훌륭한 독자일 것이다. 그래서 니체는 자신의 독자가 아닌 사람들, 자기 이름을 들어보지도 않았을 사람들이 자기를 더욱 기쁘게 한다고 말하기도 했다.

나의 독자가 아닌 사람들 — 내 이름을 들어보지도 못했거나 심지어 '철학'이라는 말조차도 모르는 사람들 — 이 나를 더 기쁘게 한다는 사실을 고백해야겠다. …… 이제까지 나를 가장 즐겁게 만든 사람은 내가 과일을 사려 할 때 가장 달콤한 포도를 찾아주지 못해서 안절부절 못하는 나이든 과일 행상 할머니들이었다. 철학자라면 이 정도는 되어야 하는 것이다. (「나는 왜 이렇게 좋은 책을 쓰는가」)

좋은 것과 나쁜 것을 구별할 줄 아는, 그리고 좋은 것을 누군가에게 골라주려 노력하는 과일 행상 할머니가 철학자들보다 낫다! 니체는 그런 독자들을 원한다. 그리고 그 역시 그런 심정에서 『차라투스트라』를 썼을 것이다. 니체는 『차라투스트라』의 부제로 '만인을 위한, 그러나 그 누구를 위한 것도 아닌'이라는 말을 달았다. 만인을 위한 책, 그러나 아무나 읽을 수는 없는 책. 만인을 친구로 삼고 싶지만 아무나 친구로 삼지는 않는 책. 『차라투스트라』는 그런 책이다.

3. 니체 이후의 니체

"내가 누구인지를 알아차리기는 어려울 것이다. 나의 출현은 아직 그 때가 오지 않았다." 니체는 자신이 쉽사리 이해되지 않으리라는 것을 알고 있었고, 어떤 면에서는 그것을 자랑스러워 했다. 그러나 그가 일부러 글을 모호하거나 어렵게 쓴 것은 아니었다. "심오한 척 하는 사람들만이 모호함을 위해 애쓰며, 실제로 심오한 사람은 명료함을 위해 애쓴다." 문제는 풍성함이다. 니체가 자신을 알아차리기 어려울 것이라고 말한 것은 자신이 무언가를 감추고 너무 적게 드러내서가 아니다. "사람들은 내가 누구인지를 알고 있어야 한다. 왜냐하면 나는 나를 스스로 입증하지 않은 적이 없기 때문이다." 문제는 오히려 그가 사람들이 감당할 수 없을 만큼 너무 많이 내놓아서 생긴다. 원인은 "내 과업의 위대성과 현대인의 부족함 사이에 생긴 불균형"에 있다. 니체는 자신만큼 풍성한 정신의 소유자가 출현하지 않는다면 자신은 계속해서 무덤 속에 누워 있을 것이라고 생각했다.

니체의 말처럼 어떤 사람은 죽어서야 태어난다. 이제 그가 죽은

지 백 년이 조금 넘었다. "백 년만 기다려 보자. 아마도 그때까지는 인간을 탁월하게 이해하는 천재가 나타나서 니체라는 이를 무덤에서 발굴하지 않을까." 그러나 그의 바람처럼 그를 무덤에서 일깨울 천재가 나타났는지는 확실치 않다. 오히려 확실해진 것은 그의 우려였다. 지난 백 년 동안 니체는 우리에게 정말로 이해하기 힘든 인물이었다. 서로 다른 모습을 한 니체의 초상화들이 수없이 그려져 왔다. 그 중 어떤 것들은 서로 심각한 모순 관계에 있는 것들도 있었다. 강력한 국가주의자와 아나키스트, 모더니즘의 완성자와 포스트모더니즘의 선구자, 근대 부르주아 문화의 옹호자와 그것의 경멸자. 이런 문제들에 대한 논의가 꽤 정리된 것처럼 보이는 오늘날에도 니체의 초상화는 여전히 모순적이다. 자유주의에 대한 옹호자로서 혹은 비판자로서, 여성 혐오주의자로서 혹은 여성주의 철학자로서.

니체의 정치적 초상화

니체 사상에 대한 정치적 독해는 현실 운동과 맞물리면서 그 긴장이 특히 심했다. 니체가 그의 실질적인 저술 활동을 끝마친 1890년대부터 메링(F. Mehring)을 비롯한 사회주의자들은 니체를 '자본주의의 옹호자' '대자본의 철학자'로 불렀다. 그리고 이러한 흐름은 니체를 '자본주의와 제국주의 및 파시즘의 옹호자'로 부른 1960년대의 루카치(G. Lukàcs)로까지 이어졌다.

그러나 "니체의 문화 개념은 때때로 강력한 사회주의적 색채를 가질지언정 부르주아 계급의 색채는 가지고 있지 않다"(토마스 만, 「우리의 경험에 비추어 본 니체 철학」)는 주장도 있었고, 1960년대 이후의 프랑스 학자들 사이에서는 니체와 맑스를 결합시켜 보려는 시도조차 있었다. 리오타르(J-F. Lyotard)는 니체에 근거해서 맑스의 『자본』을 새롭게 해석하려 했고, 클로소프스키(P. Klossowski)는 맑스와 니체 사이의 차이에도 불구하고 그들의 사회 비판에는 상당한 유사성이 있음을 지적하기도 했다. 또 아도르노(Th. Adorno)나 블로흐(E. Bloch), 알튀세(L. Althusser) 같은 학자들도 맑스와 니체가 직접 결합하기는 힘들겠지만 함께 할 수는 있으며 또 그것이 중요한 의미를 갖는다고 생각했다.

사회주의에 대해서만큼은 아니었지만 이러한 논쟁은 자유주의나 민주주의를 둘러싸고도 벌어졌다. 국가나 사회주의에 대한 비판, 그리고 투시법(Perspektivismus ; 관점주의)적 진리관을 근거로 니체를 자유주의에 대한 옹호자로 간주하는 사람도 있었고, 자유주의와 원자화된 개인에 대한 비판을 근거로 그것을 부정하는 사람도 있었다. 또 민주주의와 평등에 대한 비판과 전쟁에 대한 찬양 때문에 니체를 민주주의의 적으로 간주하는 사람들이 있는가 하면, 형식화된 민주주의를 비판하고 실질적인 민주주의를 추구했던 인물로 니체를 평가하는 사람들도 있었다.

그러나 뭐니뭐니 해도 니체의 정치적 해석 자체를 심각한 위기로 몰아넣은 것은 나치즘과의 연관성 문제였다. 나치주의자들은 니체를 자신들의 이론적 선구자로 받아들였다. 죽은 지 30년도 더 되어 자기가 그토록 싫어했던 독일의 파시스트들에 의해 우상으로 숭배된 걸 알았다면 무덤 속 니체는 어떤 표정을 지었을까. 더욱 기가 막힌 것은 그런 일이 여동생 엘리자베스(Elisabeth)와 이종 사촌 욀러(R. Oehler), 제자이자 친구였던 가스트(P. Gast) 등 그의 가족이나 가까운 지인들에 의해 추진되었다는 사실이다. 어떻든 니체는 보이믈러(A. Bäumler)와 로젠베르크(A. Rosenberg) 등의 해석을 거쳐 사실상 나치즘의 선전도구로 전락했다. 때문에 2차 대전을 거친 사람들은 '사상가 니체, 행동가 히틀러' 라는 등식을 자연스럽게 받아들였다. 특히 영미 쪽에서는 1960년대까지 니체를 정치적으로 읽는 것이 사실상 불가능했다. 니체가 그 쪽에서 다시 읽히기 시작한 것은 '비정치 철학자' '개인의 실존을 고민한 은둔의 철학자' 라는 이름을 달고 나서였다.

물론 나치즘이 극성을 부리던 1930년대에도 니체를 비정치적으로 읽는 시도들이 없었던 것은 아니다. 특히 야스퍼스(K. Jaspers)나 뢰비트(K. Löwith), 하이데거(M. Heidegger) 등은 상당한 체계를 갖추어 니체를 해석했고, 니체의 정치적 측면보다는 실존주의적 측면을 강하게 부각시켰다.

그러나 니체를 나치즘으로부터 완전히 구원한 곳은 프랑스였다. 바타유(G. Bataille)나 카뮈(A. Camus) 등은 파시스트나 반유태주의자들에 대한 니체의 비판을 소개하고 그를 나치즘의 선구자로 읽는 것이 얼마나 부당한가를 지적했다. 프랑스 사상가들은 2차 대전의 원죄 때문에 소극적일 수밖에 없었던 독일과 달리 아주 자유롭게 니체를 읽어 나갔다. 특히 1960년대의 프랑스는 니체를 맑스, 프로이트와 함께 완전히 새로운 얼굴로 부활시켰다. 이후 니체는 자유주의나 사회주의, 나치즘의 정치적 논쟁과는 아무런 상관도 없는 사람이 되었다. 그런 논쟁 자체가 별 부담을 주지 못했다. 왜냐하면 니체가 문제 삼았던 것은 그런 개개의 사상이나 운동이 아니라 그것이 일어났던 '근대'라고 하는 지반 자체였기 때문이다. 더구나 니체의 문제 제기는 정치에만 국한된 것도 아니었다. 문학, 역사, 철학, 예술 등 인문사회 과학 전반이 새롭게 부활된 니체의 문제 제기에서 자유롭지 않았다. 니체와 더불어 수행된 근대성에 대한 비판으로 프랑스 학자들은 자기 철학을 만들기 시작했다. 특히 그들은 기호(sign)에 대한 믿음을 포기하고 그것을 끊임없는 해석활동으로 간주했으며, 자유의지를 갖춘 근대적 주체를 해체하고, 동일화될 수 없는 차이와 다양성에 대해 사고하기 시작했다.

새로운 니체

오늘날 니체에 관한 논의는 1960년대 시작된 이 '새로운 니체'를 중심으로 이루어지고 있다고 해도 과언이 아니다. 이렇게 니체에 대한 새로운 해석과 평가가 이루어질 수 있었던 데는 니체 연구를 진척시킨 다음의 중요한 계기들이 있었기 때문이다(김상환 외, 『니체가 뒤흔든 철학 100년』). 이 계기들은 오늘날에도 여전히 니체를 해석하는 기본적인 좌표 구실을 하고 있다.

첫번째 계기는 1961년에 출간된 하이데거의 『니체』였다. 하이데거는 엄밀하고 체계적인 해석을 통해 니체 사상을 서구 형이상학 전체를 극복하기 위한 시도로 평가했다. 그는 니체가 '신의 죽음'과 '허무주의'라는 말로 근대 사회의 위기를 표현한 것이 그 자신이 '존재 망각'으로 불러온 근대 서구의 위기에 대한 인식과 통한다고 보았다. 그러나 근대를 어떻게 극복할 것인가에서 그는 니체와 다른 길을 갔다. 가령 신의 죽음과 가치 상실에 직면한 근대 세계에 대한 니체의 처방이 인간의 강화와 극복이었다면 하이데거의 전략은 인간의 유한성에 대한 자각이었다. 그리고 니체가 위버멘쉬가 느끼는 긍정의 권력의지와 자긍심을 강조했다면, 하이데거는 그것이 세계와 존재에 대한 또다른 망각이라며, 결국 인간은 세계에 대해 감사와 경외심을 가져야 한다고 생각했다.

두번째 계기는 1962년에 나온 들뢰즈(G. Deleuze)의 『니체와 철학』이었다. 들뢰즈는 헤겔의 변증법을 극복한 차이의 철학자로서의 니체 이미지를 강하게 부각시켰다. 그는 스스럼없이 "헤겔적 테마들은 니체의 저작 속에서 그것이 투쟁하는 적으로 설정되어 있다"고 말했다. 헤겔의 변증법은 차이를 모순으로 해석하고 결국에 그것을 동일자로 환원시킨다. 그러나 들뢰즈는 그것이 동일화할 수 없는 다양한 힘들의 차이를 무화하려는 부정의 권력의지라고 이해한다. 그는 헤겔의 '부정의 부정'과 대비되는 니체의 '긍정의 긍정'을 발견한다. 긍정의 긍정이란 차이 자체를 긍정할 뿐 아니라 그 차이를 산출하는 실천을 긍정하는 것이다. 들뢰즈는 이것을 영원회귀와도 연관시킨다. 영원회귀란 동일한 것의 반복이 아니라 차이를 만들어 내는 실천의 반복, 즉 '차이의 반복'이라는 것이다. 이로써 들뢰즈는 니체를 다양성과 차이의 철학자로 만든다.

세번째 계기는 데리다(J. Derrida), 푸코(M. Foucault) 등의 후기 구조주의적 독해이다. 니체에 대한 이들의 해석은 이후 영미의 포스트모더니즘의 열풍에도 많은 영향을 미쳤다. 우선 데리다는 어떤 텍스트에 대해서도 총체적 해석이 불가능하다고 주장한다. 그것은 마치 니체가 세계를 총체적으로 근거짓는 궁극적 진리를 찾으려 한 형이상학자들의 불가능한 시도를 지적하며 그 불가능성에도 불구하고 미련을 버리지 못하는 그들의 병을 비판한 것과 통한다. 니체에게 그리고 데리다에게 총체적 해석이 불가능하다는 것은 결코 불행한 일이 아니다. 왜냐하면 그것은 어떤 권위나 중심도 없는 수많은 해석의 놀이를 가능하게 하기 때문이다. 데리다는 오히려 니체의 텍스트를 총체적으로 해석하려 하고, 존재에 부합하는 고유의 말을 찾으려 했던 하이데거야말로 형이상학자라고 주장한다. 그는 서구 형이상학이 총체적 해석의 기반으로 삼는 어떤 진리나 근원, 중심의 현존을 증명하기 위해 선/악, 정상/광기, 저자/독자, 남자/여자, 서양/동양 등의 이항대립들을 만들고 있다고 비판한 뒤, 니체를 동반자로 삼아 그것들을 해체한다.

푸코는 니체의 주장을 근대성에 대한 중요한 돌파로 받아들였다. 그는 특히 니체가 말한 '신의 죽음'과 '위버멘쉬'로부터 근대적 인식틀의 특권적 지위를 차지해 온 '인간 존재'의 사멸을 읽어냈다. 인간의 극복은 그것을 중심에 두고 형성되어 온 근대적 인식틀 자체의 극복을 의미하는 것이어서 니체에 관한 탈근대적 독해 가능성을 여는 것이라고 할 수 있다. 푸코는 또한 니체의 계보학을 자신의 역사 연구의 방법론으로 차용했다. 니체의 계보학은 가치의 발생과 유래를 추적함으로써 기원과 목적을 신성화하기 위해 가해진 폭력과 위선을 드러내고 그 동안 잊혀져 온 사건들을 해방시킨다. 니체는 특히 사건들이 새겨지는 장소로서 육체를 주목했다. 이러한 니체의 계보학은 광기나 임상의학, 형벌제도에 대한 푸코의 연구를 통해서 잘 나타나고 있다.

마지막으로 1960년대 후반부터 시작된 『비판적 니체 전집』 *Kritische Gesamtausgabe*의 발간을 중요한 계기로 들 수 있다. 이 『전집』은 니체의 저작과 미간행 유고들을 꼼꼼하게 검토해서 시기순으로 배열한 것이다. 그 전까지 니체 『전집』은 위작 시비가 끊이지 않았기 때문에 니체가 직접 출판한 것을 제외하고는 니체가 말한 것과 하지 않은 것조차 구분할 수 없었다. 새로운 『전집』이 간행되기 시작하면서 니체 연구는 비로소 객관적인 연구의 토대를 확보할 수 있게 된 것이다.

니체연구자와 니체주의자

오늘날 니체에 관한 논의는 이전과는 비교가 되지 않을 정도로 풍성해졌다. 진리에 대한 그의 견해는 형이상학이나 해석학에서 중요한 주제 중 하나이다. 니체의 지적 때문에 철학자들은 진리에 대한 검증에 앞서 진리를 추구하는 태도를 문제 삼지 않을 수 없었다. 하이데거와 가다머(H-G. Gadamer), 하버마스, 데리다 등이 이 분야의 주요 논객들로 참여했다. 또 근대 이성과 합리적 주체에 대한 비판은 지금도 계속되고 있는 '근대/탈근대' 논쟁의 중요한 전선을 형성하고 있다. 하버마스와 데리다, 들뢰즈, 푸코, 리오타르, 로티(R. Roty) 등이 이와 관련되어 있다. 또 희소성이 아닌 증여와 낭비에 기초를 둔 경제에 주목했던 바타유나, 실천을 통한 가치의 창조자로서 인간의 면모에 주목했던 사르트르도 빠질 수 없는 이론가들이다. 뢰비트(Löwith), 핑크(E. Fink), 카울바흐(F. Kaulbach), 클로소프스키, 코프만(S. Kofman), 이리가레(L. Irigaray), 댄토(A. Danto), 카우프만(W. Kaufmann) 등도 자기 색깔을 지닌 연구자들이다.

　니체는 사회학자들에게도 많은 영감을 주었다. 베버(M. Weber)는 자신의 한 제자에게 이런 말을 남긴 적이 있다. "맑스와 니체의 작업이 없었다면 자기 작업의 가장 중요한 성취를 이룰 수 없었으리라는 것을 인정하지 않는 사람은 자기 자신과 다른 사람들을 속이는 것이다. 우리 자신이 정신적으로 실존하고 있는 세계는 대체로 맑스와 니체로부터 각인된 세계다." 베버가 보기에 '신의 죽음'에 대한 니체의 언명은 중세적인 진선미의 조화가 깨졌다는 선언이며, 근대 정신세계가 봉합 불가능한 가치들의 전쟁으로 특징지어질 것이라는 예언이었다. 어떻든 가치의 통일성을 복원하는 게 과학을 통해 가능할지에 대해서는 사회학자들의 논쟁이 계속되고 있다.

또 '앎의 의지'에 관한 니체의 물음은 지식사회학자들에게 중요한 시사점을 주었다. 멀게는 만하임(K. Mannheim)으로부터 가깝게는 푸코에 이르기까지 학자들은 지식의 조건이나 역할, 그것이 표방하는 권력의지를 연구하기 시작했다. 또 신체를 다루는 기술에 대한 니체의 언급은 베버나 푸코 등 근대적 훈육 시스템을 연구한 학자들의 업적에 반영되었다. 그리고 유럽 문명에 대한 니체의 진단(허무주의)은 짐멜(G. Simmel) 같은 학자의 문화론에 깊게 스며들었다.

정신분석학자들 역시 니체의 영향을 강하게 받았다. 특히 프로이트와 융은 니체의 영향을 매우 크게 받은 것으로 보인다(프로이트와 달리 융은 그 사실을 직접 밝혔다). 자아(ego)와 의식을 넘어선 자기(Selbst)와 무의식, 그리고 꿈, 충동, 정서, 양심의 가책, 오이디푸스 신화 등에 관한 니체의 분석들은 정신분석학과 단순한 유비 이상의 관계를 맺고 있다.

작가들은 니체가 그리스 비극을 이해하는 중심축으로 삼았던 '디오니소스적인 것'에 관심을 가졌다. 그들에게 '디오니소스적인 것'은 파편화된 현대 세계에서 잊혀진 생명력 같은 것이었다. 그래서 에즈라 파운드(Ezra Pound) 같은 경우엔 디오니소스적 생명력을 통해 현대 세계를 활력이 넘치는 이상적 세계로 바꾸고자 했다(김달용, 「니체와 에즈라 파운드」, 『니체 이해의 새로운 지평』). 또 '신의 죽음'으로 표현된 절대적 가치의 부재 상황 속에서 인간의 존재 조건을 탐색하고자 하는 사람들도 많았다. 카뮈나 사르트르, 말로(A. Malraux) 등이 그러했다. 그 외에도 작가-작품-독자, 문체에 대한 니체의 독특한 견해(이 책의 제1부 2장, 제3부 3장 참조)가 여러 작가들을 자극했다. 보통 니체의 영향을 받은 것으로 알려진 작가들은 위의 작가들말고도 만(T. Mann), 쇼(B. Shaw), 지드(A. Gide), 예이츠(Yeats), 로렌스(D. H. Lawrence), 조이스(J. Joyce) 등이 있다.

화가들은 니체의 투시법으로부터 많은 영감을 얻었다. 원근법에 대한 니체의 비판 이후, 하나의 소실점이 그림에서 차지하는 패권적 성격을 제거하려는 여러 움직임이 있었다(입체파는 대표적 예 중의 하나이다). 가령 피카소(P. Picasso)는 한 시점에서 동시에 볼 수 없는 여러 면들을 한 화면에 등장시켰다. 피카소만이 아니라 칸딘스키(W. Kandinsky), 클레(P. Klee), 그리고 인상주의와 입체파, 미래파의 상당수 화가들이 니체의 영향을 받은 것으로 알려졌다.

작곡가들은 근대적 화성 체계를 파괴했다. 12음 기법으로 유명한 쇤베르크(A. Schönberg)가 대표적인 예이다. 그 외에도 「차라투스트라는 이렇게 말했다」를 작곡한 슈트라우스(R. Strauss), 베버(C. Weber), 치머만(B. Zimmermann) 등이 니체의 직간접적인 영향을 받은 작곡가들로 알려져 있다(백승영, 「니체 읽기의 방법과 역사」, 『니체가 뒤흔든 철학 100년』).

사실 니체의 영향을 받은 개인이나 사조를 모두 열거하는 것은 불가능하다. 또 구체적인 영향 관계를 규명하는 학술 논문이 아니라면 그렇게 이름을 나열하는 게 별 의미가 있어 보이지도 않는다. 이름은 그저 이름일 뿐이다! 이름들의 목록은 단지 니체의 영향이 얼마나 광범위했는지를 보여주는 시각적 효과만을 갖는다.

더욱이 우리가 니체연구자와 니체주의자를 동일시하지 않는다면, '니체 이후의 니체'를 니체연구자들의 이름을 나열하는 것으로 대체할 수는 없을 것이다. 위에서 언급한 이름들은 니체에 관한 중요한 연구를 한 사람들이거나 니체의 직간접적인 영향을 받은 사람들뿐이다. 그러나 니체주의라는 말 속에는 무엇을 연구하느냐, 누구를 지지하느냐가 아닌 어떻게 사느냐의 문제가 들어 있다. 과연 니체는 자신을 무덤에서 깨울 자가 그를 연구하는 사람이라고 믿었을까? 과연 누가 니체 이후의 니체일까?

사실 니체는 "책을 통해서만 사상을 더듬는 일당들"을 그다지 좋아하지 않았으며, 자신을 이해하려면 우선 "문 밖에서 사유하는 법"부터 배우라고 했다. 그는 위대한 사상가들의 책을 정리하고 주석이나 다는 철학자들을 경멸했다. 왜냐하면 중요한 것은 누구의 생각을 보충하는 것이 아니라 자기 생각을 만드는 것이며, 누구의 삶에 대해 서술하는 것이 아니라 자기 삶을 아름답게 창조하는 것이기 때문이다. 누구든 자기 삶을 아름답게 창조하는 자는 니체를 읽지 않은 채 니체의 독자가 될 수 있으며, 니체를 지지하지 않은 채로 니체주의자가 될 수 있다. 니체 이후의 니체 연구사는 수많은 니체연구자들을 보여주지만 니체를 연구하지 않은 채 니체주의자인 사람들을 보여주지는 않는다. 이것이 우리가 니체 이후의 연구사를 니체주의의 역사와 혼동하지 말아야 하는 이유이다.

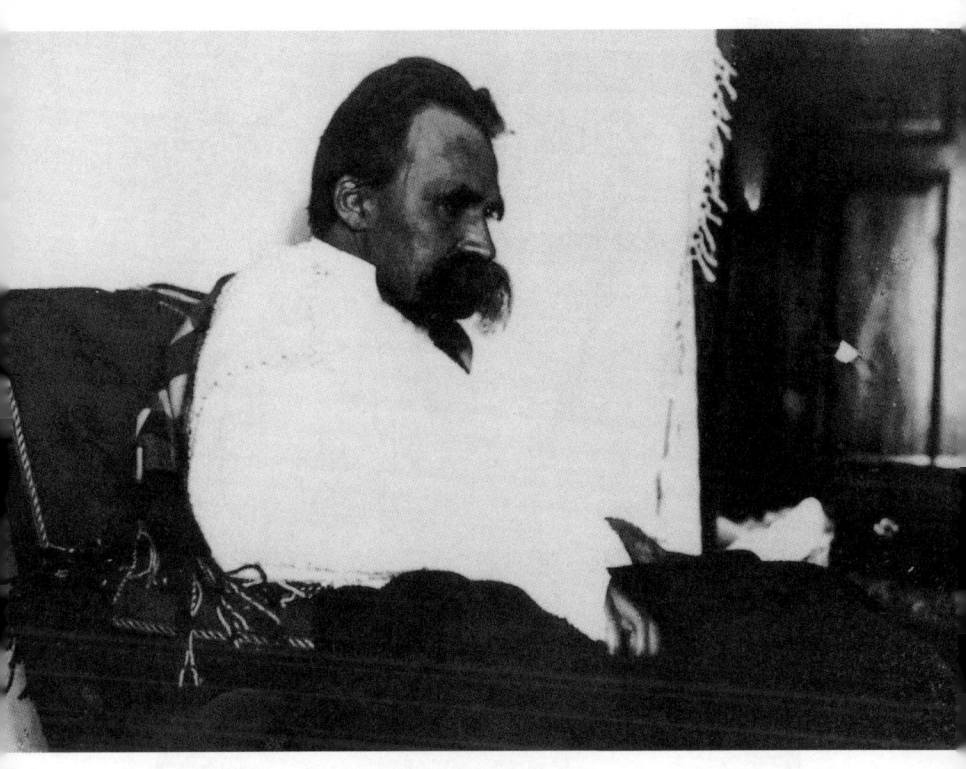

내 침대 위에서 내가 본 것, 그것은 바로 죽어가는 사람이었다.
그는 숨이 찬 듯 그렁그렁거리고 낮은 신음을 냈다. — 니체가
열네 살 되던 해에 쓴 글, '신년의 꿈'에서(사진은 1899년의 니체).

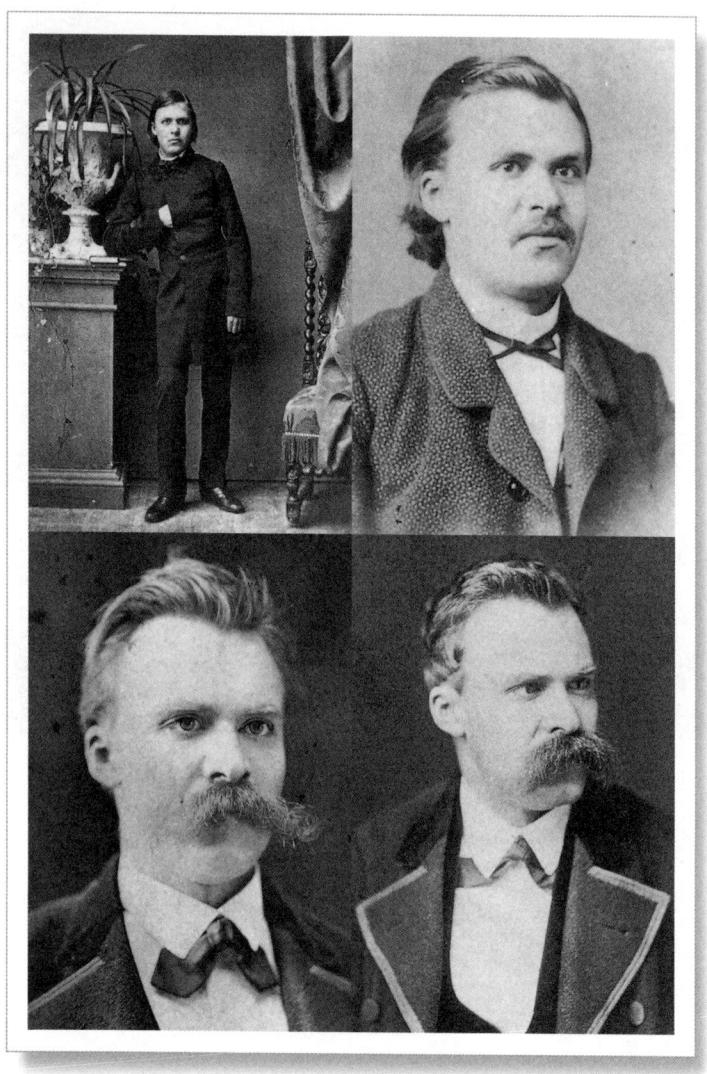

시계 방향으로 각각 포르타 학교 시절(1861년), 라이프치히 대학 시절(1865년), 바젤 대학 교수 시절(1873년, 1876년)의 니체.

수레 앞의 니체. 왼쪽부터 루 살로메, 파울 레, 니체. 채찍을 든 살로메와 말처럼 서 있는 니체와 레의 연출이 흥미롭다(본문 제2부 8장 참조).

니체의 지인들. 누구보다 니체의 천재성을 빨리 깨달았던 거장 야곱 부르크하르트와 친구 프란츠 오버베크. 포르타 시절부터 변함없는 친구였던 파울 도이센. 인도철학에 대한 그의 조예는 니체에게도 일정한 영향을 미쳤다. 니체와 애증관계에 있었던 바그너. 처음엔 니체의 우상이었고 다음엔 우상파괴의 대상이 되었다. (왼쪽 위부터 시계방향으로)

생활과 공부, 그 취향까지 비슷했던 친구 에르빈 로데(왼쪽), 포르타
시절부터 니체의 후원자이자 단짝 친구였던 칼 폰 게르스도르프(가운데)가
니체와 함께 재미있는 포즈를 취하고 있다.

니체의 동생 엘리자베스(위). 오빠를
너무 가까이서 지켜본 게 그 모든
오해의 원인이 아니었을까.
어머니처럼 니체를 돌보았던 말비다
폰 마이젠부크(아래). 전투적인
여성해방론자였고 사회주의
사상에도 심취했었다. 니체와 많은
편지를 주고받았다.

2부
차라투스트라는 이렇게 말했다

1. 신은 죽었다

호세 클레멘테 오로스코, 「신의 현대적 회귀」, 1933년

돌아온 예수는 도끼를 들고 수많은 대포들과 신들을 내치고 마침내 자신을 숭배하는 상징인 십자가마저 찍어냈다. 멕시코 혁명에 많은 영향을 받은 오로스코. 그는 예수를 혁명적 투사로서 귀환시켰다. 회귀한 신은 인간에 대한 연민으로 괴로워하는 늙은 창조주보다 망치를 든 디오니소스를 닮았다. 웃음이 없는 것만 빼고······.

그대들의 단단함이 번쩍이면서 자르지 못하고 산산이 부숴버리지 못한다면 어떻게 나와 함께 창조하겠는가? — 망치는 말한다. (『우상의 황혼』)
우리는 예수를 '자유정신'으로 불러도 좋을 것이다. 그는 고정된 모든 것에 무관심하다. 고정된 것들은 죽음과 관계한다. 그의 체험은 어떤 종류의 말이나 율법, 신앙과도 대립한다. ······ 실천, 그것이 바로 그의 삶이다. (『반그리스도』)

"신은 죽었다!" 니체 하면 떠오르는 말 중 단연 1위가 아닐까. 니체란 이름만큼이나 유명한 말. 하지만 돌아다니는 건 의미를 잃은 말, 살을 잃은 거죽뿐이다. 어느 신이 왜 죽었는지, 누가 그를 죽였는지, 그래서 어떻다는 것인지. 아무 것도 알려진 건 없다. 그 유명한 말은 오늘날 싱거운 웃음을 만들어내는 화장실 낙서를 제외하고는 별다른 거처를 발견하지 못하고 있다. "신은 죽었다(니체), 니체 넌 죽었다(신), 너희 둘 다 죽었다(청소 아줌마)."

인류에게 전하는 위대한 선물인 그 말의 운명에 화장실 낙서도 포함되어 있음을 니체가 알았을까. 니체 역시 자기 선물이 쉽게 이해되지 않으리라고 생각한 건 확실하다. 말을 이해하는 데는 시간이 걸린다. 어떤 말은 몇 개의 시대를 건너뛰어서야 비로소 들리기 시작한다. 니체는 이렇게 생각했다. 사람들이 그 의미를 이해하지 못했다면 그것은 아직 때가 오지 않았기 때문이다. '이미' 일어난 일도 '아직' 알려지지 않을 수 있다.

이미 일어난 사건, 아직 알려지지 않은 소식

차라투스트라가 10년의 내공 수련을 거친 후 처음 만난 사람은 숲속의 성자였다. 차라투스트라가 그를 처음 보았을 때 성자는 신에게 바칠 선물인 찬송가를 만들고 있는 중이었다. 신의 죽음을 인간들에게 줄 선물로 가져온 차라투스트라와 신이 죽은 줄도 모르고 신에게 바칠 선물을 준비하고 있는 성자. 차라투스트라는 선물을 내밀 분위기가 아닌 것을 알고는 말을 바꾼다. 선물이 무엇이냐는 성자의 물음에 그는 이렇게 답한다. "내가 당신들에게 줄 무엇을 가졌으리오. 그러니 내가 당신들에게서 아무 것도 빼앗아가지 않도록 나를 어서 보내주시오!"

한달음에 도시로 달려간 차라투스트라. 그러나 도시에도 그 선물을 받을 사람은 없었다. 시장에 도착한 차라투스트라는 인간들에게 '신이 죽었으므로 이제는 위버멘쉬가 살아야 한다'는 취지의 가르침을 설파한다. 그러나 그의 입은 좋은 귀를 만나지 못했다. "저들이 웃고 있구나. 나는 저 같은 자들의 귀를 위한 입이 아닌가 보다. …… 내가 무얼 말하랴. 아무도 나의 귀를 갖지 않은 곳에서. 여기서 내가 말하기엔 아직 이르다."

우리가 그런 차라투스트라의 모습을 더 자세히 확인할 수 있는 곳은 『즐거운 지식』이다. 여기서 차라투스트라는 광인의 모습을 하고 있다. 그는 대낮에 등불을 들고 나타나 신을 찾는다.

신은 어디로 갔는가? 내가 너희에게 말해주겠다. **우리가 그를 죽였다**— 바로 너희와 내가. 우리 모두는 신의 살해자이다. 하지만 어떻게 우리가 이런 일을 저질렀을까? 어떻게 우리가 대양을 마셔버릴 수 있었을까? 누가 우리에게 모든 지평선을 지워버릴 스펀지를 주었는가? 태양으로부터 이 지구를 풀어놓았을 때 우리는 무엇을 하고 있었는가? 지구는 지금 어디로 가고 있는가? 우리는 어디로 가고 있는가? 모든 태양으로부터 떠나가는가? 우리는 계속해서 추락하고 있는 것은 아닌가? …… 어떻게 우리는 모든 살해자들 중의 살해자들인 우리 자신을 위로할 것인가? 세상에서 가장 성스럽고 강력한 존재가 우리의 칼 아래서 피를 흘리며 죽었다. 누가 우리에게 묻어 있는 이 피를 닦아내 줄 것인가? 어떤 물이 우리를 씻어줄 수 있는가?

그러나 광인의 울부짖음은 사람들의 웃음거리가 되고 말았다. 사람들은 밝은 대낮에 등불을 든 웬 '미친놈'이 별 이상한 말을 지껄이고 있다고 생각했다. 광인은 들고 있던 등불을 내동댕이치며 이렇게 말한다.

나는 너무 일찍 왔다. 나의 때는 아직 오지 않았다. 이 엄청난 사건은 아직도 계속 중이며 방황 중이다. 그것은 아직 인간의 귀에까지 도착하지 못했다. 번개와 천둥도 시간이 필요하다. 별빛도 시간이 있어야 한다.

저 밤하늘에 보이는 별빛이 수천 년 전의 것이듯이 '신의 죽음'도 전달되려면 한참을 기다려야 할지 모른다.

신의 죽음이 갖는 의미

과연 신의 죽음이란 어떤 것일까? 우선 생각해 볼 수 있는 것은 기독교의 유일신에 대한 믿음이 사라졌다는 사실이다. 사람들은 더이상 신의 존재를 진지하게 믿지 않는다. 심지어 교회에 나가는 사람조차 『성경』의 모든 구절을 곧이곧대로 믿지는 않는다. 니체는 기독교 신을 무찌른 것이 기독교에서 강조하는 정직이었는지도 모른다고 말한다. 누가 어떤 위협을 가해도 정직해야 한다는 기독교의 가르침이 과학의 시대에는 기독교 자체를 회의하게 만들었다는 것이다. 과학이 진리의 기준으로 자리한 시대에 진리를 말하겠다며 비과학적인 이야기를 하자니 영 꺼림직하지 않겠는가.

하지만 인간에게 신이 어떤 존재였는지를 생각해 보면 신의 죽음에 훨씬 많은 의미가 숨겨져 있음을 알게 된다. 만물은 신에 의해서 그 존재를 보장받으며, 그 가치는 신의 뜻에 비추어서 평가된다. 다시 말해서 신은 만물이 존재하는 토대이고 그 가치의 기준이다. 그래서 광인은 신의 죽음으로 지평선이 지워졌으며 지구가 태양으로부터 떨어져 나가게 되었다고 말한 것이다. 하늘과 땅을 나누는 경계선이 지워지고, 지구로 하여금 안정적으로 공전하도록 단단히 붙들어 주고 있던 태양이 사라져 버렸다. 이때의 신의 죽음은 만물을 존재하게 해주는 어떤 초월적 실체의 사라짐이자, 선악(善惡)이나 미추(美醜)를 판단케 해주는 절대적 가치 기준의 붕괴를 의미하는 것으로 해석될 수 있다.

형이상학에 대한 니체의 비판은 확대된 의미에서 신의 죽음이 갖는 의미를 잘 보여주고 있다. 형이상학은 우리에게 나타나는 세계──철학자들은 이것을 현상계라고 부른다──를 가능케 해주는 세계, 다시 말해서 우리가 경험하는 세계의 전형이나 본질이 되는 그런 세계──철학자들은 이것을 실재계라고 부른다──를 탐구한다. 형이상학자들은 가변적이고 유한한 우리의 경험 세계('이 세계', '현상계')와는 달리 영원불변하고 순수한 초경험적 세계, 초자연적 세계('저 세계', '실재계')가 있다고 믿으며, 참된 진리나 아름다움이 바로 그 세계에 속한다고 생각한다. 세계에 대한 이러한 이분법적 접근은 역사적으로 수많은 버전들을 가지고 있다. 플라톤이 말하는 '이데아의 세계'가 그렇고, 칸트가 말하는 '물 자체의 세계'가 그렇다. 눈치 빠른 사람들은 알아챘겠지만 이러한 이분법은 기독교의 사고 방식과도 닮았다. 기독교도들도 죄 많은 '이 세계'와 천국이 있는 '저 세계'의 이분법을 가지고 있다.

우리가 경험할 수도 없는 그런 세계가 있든 말든 그게 무슨 상관이냐고 따질 수도 있겠지만 문제는 그리 간단치 않다. '저 세계'는 항상 '이 세계'에 대한 어떤 의지나 명령을 담고 있기 때문에 '저 세계'의 문제도 '이 세계'의 문제인 것이다. 플라톤이 이데아의 세계에 대해서 말할 때, 그는 자신의 여행기를 들려주고 있는 게 아니다. 기독교도가 저 세계에 있는 천국에 대해 말할 때, 그는 우리가 죽고 나서 좋은 일이 있을 거라고 귀띔해 주는 게 아니다. 플라톤은 지금 이 세계가 참된 세계가 아님을 역설하고 있는 것이며, 기독교도는 이 세계가 죄로 타락한 세계라고 말하고 있는 것이다. 또한 니체가 강조하듯이 '저 세계'는 그 존재를 증명할 수 없을 때조차 우리에게 하나의 의무를 부여하고 명령을 내린다. 거기에는 항상 무엇이 선하고 옳은지, 어떻게 살아야 바르게 사는 것인지에 대한 명령이 담겨 있다.

니체는 형이상학자들이 우리가 살고 있는 세계를 다른 어떤 세계, 바로 그들이 참된 세계라고 명명한 그 세계의 관점에서 평가절하하고 있다고 말한다. 그런데 '신의 죽음'은 바로 이 세계를 평가절하하는 기준이 되고 있는 그 영원한 진리나 초월적인 선이 존재하지 않는다는 것, 더 나아가 그런 참된 세계 자체가 존재하지 않는다는 선언인 셈이다.

시체로도 사는 신

여기까지는 신의 죽음에 대해 대부분의 니체 연구자들이 동의하고 있는 부분이다. 하지만 신의 죽음은 유일신의 죽음, 형이상학적 실체나 가치의 소멸만을 의미하는 것일까? 여기 신의 죽음에 관한 흥미로운 언급이 하나 더 있다.

부처가 죽은 후에도 인간들은 수세기 동안 그의 그림자를 동굴에

안치시켰다. 거대하고 섬뜩한 그 그림자를. 신은 죽었다. 그러나 인간이라는 종(種)이 존재하듯이 수천 년에 걸쳐 신의 그림자가 나타나는 동굴이 존재하리라. 그리고 우리는 계속 이들 신의 그림자를 정복해야 한다. (『즐거운 지식』)

이 아포리즘은 니체가 최초로 신의 죽음에 대해 말하는 부분이다. 흥미로운 점은 신이 죽었음에도 그 그림자가 수천 년간 살아 있을 것이라는 사실이다. 신은 시체로도 살 수 있는 것일까?

우리는 『차라투스트라』에 나오는 '보다 높은 인간들'이 벌이는 '나귀제'에서 어떤 힌트를 발견할 수 있다. 신의 죽음 이후 모여든 '보다 높은 인간들'은 변신이 일어나기 전날 밤 '만찬'을 벌이다 나귀를 새로운 신으로 섬기게 된다. 나귀제는 한 신이 죽은 후 어떻게 새로운 신이 등장하는지를 보여준다. 나귀 숭배를 보고 기가 찬 차라투스트라가 하나씩 돌아가며 그 이유를 묻는데, 그 중 교황의 말이 압권이다. 교황이나 되는 사람이 어떻게 우상을 숭배하냐고 차라투스트라가 묻자 그는 이렇게 답한다.

이 지상에 아직도 경배할 것이 있다는 사실에 나의 늙은 마음은 기뻐 날뛴다. 오, 차라투스트라여, 늙고 경건한 교황의 이 심정을 용서하라!

교황에게는 뭔가 특별한 것이 있다! 나귀를 숭상하는 우스꽝스러운 일을 저지르고도 그가 그렇게 기쁨으로 들떴던 이유. 그것은 바로 신앙이다. 신은 죽었지만 신앙이 남았다. 남아 있는 신앙은 계속 경배할 대상을 찾는다. 그것이 나귀이면 어떻고 금송아지면 어떻겠는가.

니체는 우리 시대 형이상학적 건물들이 전혀 단단치 않다고 말한 적이 있다. 우리가 증명도 필요없을 만큼 자명하다고 느끼는 공리들도 따지고 들어가면 그렇게 자명하지가 않다는 것이다. 그는 자신의 철학적 작업을 '망치질'로 표현했는데, 그의 망치에 쓰러지지 않는 형이상학적 건물이 없다. 그렇다면 문제는 허약함이 입증된 형이상학적 건물들이 왜 자꾸 세워지느냐는 점이다. 그것은 바로 그런 형이상학적 토대가 있어야만 우리가 살 수 있다는 어떤 신앙이 우리를 지배하고 있기 때문이다. 영원하고 보편적인 진리가 없으면 살아 갈 수가 없다고 느끼기 때문에, 하나가 무너지면 얼른 다른 하나를 세우는 것이다.

그렇다면 정말로 영원하고 불멸하는 것은 형이상학적 토대가 아니라 우리들의 신앙이 아닐까? 신앙이야말로 인간의 가장 깊은 곳에 위치한 본질이 아닐까? 니체는 신보다 신앙이 더 오래된 것이고 더 오래갈 것이라는 점을 깨달았던 것 같다. 신이 있기 때문에 신앙이 생긴 게 아니라 신앙 때문에 신이 생긴 것인지도 모른다. 그렇다면 신앙이 있는 한 신들은 계속해서 새로 태어날 수밖에 없지 않을까? 신도들의 숭고한 기도가 있는 한 신은 죽어서도 살 수 있는 게 아닐까?

그렇다면 현대 과학은 어떨까. 그것은 정말 신의 죽음을 가져왔을까? 니체는 『도덕의 계보학』에서 현대 과학을 금욕주의의 가장 세련된 형태라고 말한 적이 있다. 과학은 인간으로 하여금 낡은 신학에서 벗어날 수 있게 해주었는지 모르지만, 결코 인간의 자립성마저 키워준 것은 아니었다. 니체는 우리가 스스로의 가치 판단을 포기하고 오로지 과학에 의존함으로써만 진리를 말하려 하는 점에 주목했다. 그가 보기엔 오늘날의 과학만큼 진리에 대한 믿음을 장악하고 있는 것도 없다.

니체는 『차라투스트라』에서 과학 역시 새로운 신학일 수 있음을 멋지게 보여주었다. 앞서 말한 나귀제에 참여한 사람 중에는 정신의 양심가가 있다. 그는 거머리의 두뇌를 연구하는 과학자로, 과학적으로 증명되지 않은 어떤 것도 믿지 않는 사람이다. 그가 거머리 두뇌를 연구하는 것은 거머리 전체만 하더라도 확실하게 말할 수 없는 게 너무 많았기 때문이다. 불행한 사실은 그도 나귀제에 참여했다는 것이다. 역시 기가 찬 차라투스트라가 물었다. "손가락을 코에 얹고 말해보라. 정말 양심에 걸리는 게 없는가?" 정신의 양심가가 답한다.

거기엔 무언가가 있다. 이 연극에는 나를 즐겁게 해주는 무언가가 있다. 아마도 난 신을 믿어서는 안 될지 모른다. 하지만 분명한 것은 이런 모습의 신이 다른 어떤 신보다 믿을 만하다는 사실이다.

그는 바로 눈으로 관찰할 수 있고, 손으로 만질 수 있는 실증적인 사실에 대한 신앙을 지니고 있었던 것이다. 새로운 신은 실험으로 증명될 수 있을지 모른다는 생각이 그를 사로잡은 셈이다.

결국 신의 죽음이란 어떤 것인가? 그것은 신앙의 죽음이고, 신앙으로 존재하는 자인 인간의 죽음일 수밖에 없다. 신앙이 살아 있고, 신앙으로 존재하는 자인 인간이 살아 있는 한, 신의 죽음 소식은 이해될 수가 없는 것이다. 신앙이 남아 있다면 신은 수백 가지 버전으로 출현할 수 있다. 국가와 민족을 섬기는 것으로 나타날 수도 있고, 화폐를 숭배하는 것으로 나타날 수도 있으며, 시장을 우상화하는 것으로 나타날 수도 있다.

따라서 신의 죽음은 인간적 형태의 온갖 우상 숭배의 종식을 의미한다. 차라투스트라가 신의 죽음을 전하는 곳에서 위버멘쉬를 가르치는 것은 이 때문이다. 신의 죽음이란 곧바로 인간의 죽음이며, 위버멘쉬의 탄생이기 때문이다. 인간의 죽음과 위버멘쉬의 탄생에 대해서는 뒤에서 좀더 자세히 알아볼 것이다. 하지만 인간이 위버멘쉬로 변신할 수 있다는 것은 대단한 복음임에 틀림없다. 그것은 항상 자기 바깥에 가치의 기준을 두고 그것에 복종해 온 인간이 드디어 노예적인 생활을 끝내고 자기 가치의 주인이 될 수 있다는 선언이기 때문이다.

교회와 그리스도

시장에서 신의 죽음을 떠들고 다니던 광인은 문득 이런 생각을 한다. "혹시 신을 살해한 우리의 행동이 우리가 감당하지 못할 정도의 위대한 일은 아니었을까?" 무지에서 나온 행동이든, 실수였든 간에 신을 살해한 행동은 인간에게 위대해질 수 있는 찬스가 아닐까? 혹시 '흘러가길 거부하고 스스로 둑을 쌓은 호수'처럼 인간도 신에게로 흘러가지 않을 때 점점 높아지는 게 아닐까?

니체는 신의 죽음이야말로 인간에게 전할 수 있는 최고의 기쁜 소식, 즉 복음이라고 여겼다. 기독교도들은 분노하겠지만 니체는 자신의 복음이 예수 그리스도의 것과 다르지 않다고 느꼈다. 즉 그리스도가 전하려 했던 기쁜 소식이야말로 자신이 말하는 '신의 죽음'에 다름 아니기 때문이다. 그는 『반그리스도』——이 책은 그리스도를 대단히 높이 평가하고 있는 책이니 오해하지 말기를——에서 그리스도야말로 자신을 심판할 어떤 초월적인 법정도, 자신을 보호할 어떤 초월적 실체도 필요로 하지 않았다고 말한다. 그리스도는 심지어 기도조차 필요치 않았다. 왜냐하면 그 자신의 삶의 실천을 통해 입증되지 않은 것이 없었기 때문이다. 천국은 그리스도에게 있어 신앙을 통해 도달할 수 있는 저기 먼 세계가 아니라 바로 이 세계 속에서의 실천을 통해 얻어지는 새로운 삶의 방식이었다. 그래서 니체는 그리스도야말로 유일한 기독교인이었다고 말한다. 대부분의 기독교인들은, 아니 대부분의 인간들은 스스로의 실천을 통해서가 아니라 오로지 신앙을 통해서만 존재하기 때문이다.

 니체가 교회를 신의 무덤이라고 몰아붙인 것도 이와 관련되어 있다. 그가 보기에 교회는 그리스도가 그토록 깨부수려 했던 여러 율법들로 무장하고 있으며, 새로운 실천이 아닌 신앙으로(덧붙이자면 여러 허식들과 돈까지 결합되어) 천국을 찾으려 했기 때문이다. 시장에서 뛰어다니던 광인이 마지막에 신의 진혼곡을 불렀던 곳이 교회라는 사실은 아주 상징적이다. "신의 무덤과 묘비가 아니라면 이 교회들이 대체 무엇이란 말인가?" 니체가 『차라투스트라』를 쓰던 때 작성한 유고에는 이런 말도 있다. "교회는 한 신적인 인간의 무덤가에 있는 비석이다. 그것은 그가 다시 부활하지 않기를 원한다." 교회는 오히려 그리스도의 부활을 막는 관에 박힌 못과 같다는 게 니체 생각이다. "성직자들은 인간을 십자가에 못 박는 것 말고는 자신의 신을 사랑하는 법을 모른다"('성직자들에 대하여').

신의 사인(死因)

지금까지 우리는 신의 죽음이 이해되지 않는 이유, 그것의 다양한 의미, 그리고 신이 죽어서도 사는 이유 등을 살펴보았다. 게다가 니체가 신의 무덤이라고 지목한 곳까지 본 셈이다. 하지만 아직 밝혀지지 않은 게 하나 남았다. 그것은 바로 신의 사인(死因)이다. 인간이 신을 죽였다고 하는데, 대체 그 대단한 신을 어떻게 인간이 죽일 수 있었던 걸까?

『차라투스트라』에는 그 과정이 자세히 나와 있다. '보다 높은 인간들' 중에 '더없이 추악한 자'로 불리는 자가 있다. 얼마나 그 형상이 추악하던지 그를 보는 사람들은 모두 동정심으로 푹푹 쓰러지고 만다. 차라투스트라는 그를 신의 살해자로 지목한다.

그대가 누구인지 나는 알고 있다. 신을 죽인 자가 아닌가! 제발 조용히 지나갈 수 있도록 길을 비켜 달라. 그대 더없이 추악한 자여, 그대는 그대의 모습을 목격한 자를, 그대를 항상 그리고 빈틈없이 보아 온 자를 참고 견디지 못했다! 그대는 이 목격자에게 앙갚음을 하고 말았다.

여기서 목격자는 신을 가리킨다. '더없이 추악한 인간'은 자신을 보는 모든 사람들에게 자기 모습을 보임으로써 공격을 하는데, 불행히도 신은 그의 외면적 추악함은 물론 내면적 추악함까지 보고 말았던 것이다. 신은 자신의 피조물이 그토록 추악하다는 사실에 큰 슬픔에 빠지고 마침내는 그 연민 때문에 죽을 수밖에 없었다. 인간은 어떻게 신을 죽일 수 있었는가? 그것은 자신의 창조주에게 한없이 못난 모습을 보여줌으로써 가능했다. "인간에 대한 사랑이 신에겐 지옥이었다."

그러나 신의 죽음이 단순히 한 우상의 몰락이 아니라 신앙 자체의 몰락이고 위버멘쉬의 탄생을 의미한다면 신의 사인이 달라질 수 있다. 인간의 추악함이 아니라 위버멘쉬의 위대함으로 신을 실해하는 일도 가능하다. 차라투스트라가 이해하고 있듯이 그것은 신을 더 이상 필요로 하지 않을 정도로 인간이 위대해지는 일이다. 그래서 차라투스트라는 위버멘쉬로의 변신을 앞둔 장면에서 신의 진정한 살해자로 등장한다. 그가 신을 살해한 방식은 추악한 인간의 모습과는 전혀 다르다.

차라투스트라가 신을 죽이는 방식을 이해하기 위해서, 우리는 그가 말하는 '다른 신들의 죽음'을 참조할 필요가 있을 것 같다. 차라투스트라에 따르면 유일신의 살해범은 인간이지만 다른 신들의 살해범은 유일신이다. 유일신은 인간이 가한 '연민 공격' 때문에 죽었지만, 다른 신들은 유일신이 가한 '웃음 공격' 때문에 죽었다.

옛 신들은 오래 전에 최후를 마쳤다. 진정 그들은 나무랄 데 없고 즐거운 신들의 종말을 맞이했다. 그들은 황혼 속으로 "서서히 사라져 버린 것"이 아니었다. 그것은 거짓말이다. 그들은 오히려 너무 웃다가 죽고 만 것이다. 이 일은 한 신이 이렇게 말했을 때 일어났다. "신은 유일하다! 너는 나 이외에 다른 신을 섬기지 말라!" ('배신자에 대하여')

차라투스트라는 다른 '신들의 죽음'을 통해 유일신의 존재를 하나의 웃음거리로 만들고 있다. 그는 유일신을 논리적으로 반박하지 않고 그런 말을 하는 사람 앞에서 웃어 버렸다. 언젠가 맑스는 역사가 두 번 반복된다고 말한 적이 있다. 한 번은 비극으로 다른 한 번은 희극으로. 하지만 어떤 역사가 희극으로 반복되고 나면 그것은 다시 돌아오기 힘들어진다. 웃음거리가 된 자는 결코 돌아오고 싶어하지 않기 때문이다.

신의 살해범으로 지목받았던 '더없이 추악한 인간'이 이것을 깨달았다. 그는 나중에 자신의 혐의를 부인하고 차라투스트라를 범인으로 지목한다. 왜냐하면 자신이 비록 신을 죽음에 빠뜨렸다고 해도 근본적으로 신의 부활조차 막은 것은 아니었기 때문이다.

나는 이 하나는 알고 있다. 가장 철저하게 살해하고자 하는 자는 웃는다는 것을. 언젠가 나는 그것을 그대에게서 배웠다. 오, 차라투스트라여. '사람들은 분노가 아닌 웃음으로 살해한다.' 언젠가 그대가 한 말이다. 오, 차라투스트라여. 그대, 숨어 있는 자, 분노하지도 않고서 파괴하는 자. 그대 위험한 성자여, 그대야말로 악당이다!

('나귀제')

만약 차라투스트라의 말처럼 '신의 죽음'을 하나의 선물로서 받아들이고자 한다면, 우리 역시 그 말에 심각해지지 않는 것이 좋겠다. 선물 앞에서 심각해지는 것은 좋은 일이 아니다. 설사 차라투스트라가 신의 죽음을 통해 인류에게 대단한 각성을 촉구하고 있다고 해도, 그것은 먼저 웃음으로 이해되지 않으면 안 된다. 더 이상 초월적인 실체를 필요로 하지 않는 자가 자기 삶의 주인이 되어 환하게 웃을 때, 신의 죽음이 찾아오며, 그때의 죽음은 인간에겐 가장 영예로운 일이 될 것이다.

2. 너희는 너희 가치를 창조해야 한다

오노레 도미에, 「증권 거래소」, 1856년

오늘날과 아무런 차이도 없는(!) 19세기 중엽의 증권 거래소 풍경. 한 푼이라도 더 벌기 위해 '사고 팔고'를 수도 없이 반복한다. 아비규환의 현장에서도 손익계산을 해보고 있는 배불뚝이. 과연 그는 어떤 가치를 얼마나 축적했을까?

부를 축적하지만 이들은 점점 더 가난해진다. 그들은 권력을 원하며, 그 무엇보다도 권력의 지렛대인 많은 돈을 원한다. …… 이들 잽싼 원숭이들이 어떻게 기어오르는가를 보라! 그들은 앞다투어 남을 타고 기어오르다 모두 진흙과 나락으로 떨어진다. (『차라투스트라』)

인간에게 선물을 전하려다 되려 웃음거리만 되고 만 차라투스트라. 그는 생각해야 했다. 왜 인간은 좋은 것을 받고도 그것이 좋은 것임을 알지 못할까? 그들은 과연 좋은 것이 무엇인지는 알고 있을까? 그것을 판단하는 자는 누구일까? 혹시 그들은 자신들을 이끄는 목자를 따라다니는 가축떼가 아닐까?

 차라투스트라는 자기 이야기가 이해되지 않는 이유를 깨닫기 시작한다. 군중들은 제 스스로 좋음이 무엇인지를 판단할 수 있는 자들이 아니다. 그들은 가치를 평가할 수 없는 한 무리의 가축떼이며, 누군가 만들어 놓은 가치 기준을 믿고 떠받들어 온 신도들에 불과하다. 그들에게 신의 죽음을 말하고, 그런 가치의 기준이 없어졌음을 말하는 게 다 무슨 소용이 있겠는가.

시장으로부터 멀어져라

차라투스트라가 사람들의 웃음거리가 된 곳이 시장이라는 사실은 중요하다. 시장은 오늘날 가치가 규정되는 장소이기 때문이다. 여기서 가치는 얼마나 많은 화폐와 교환될 수 있느냐를 의미한다. 원래 고귀하고 가치 있는 것이 시장에서 비싼 값을 받는 것이 아니라 비싼 값을 받았을 때 사람들은 그것이 고귀하고 가치 있다고 생각한다. 누가 왜 그것을 가치 있게 생각하는지는 전혀 고려되지 않는다.

 더구나 가치의 보편적인 척도인 양 제시되는 화폐는 사람들에게 잘못된 환상을 심어준다. 가령 그림과 책은 그 가치를 서로 비교할 수 없는 질적으로 상이한 산물이다. 그러나 그것이 한 폭에 100만 원, 한 권에 1만원 하는 식의 화폐 양으로 표시되면, 그 그림 한 폭은 그 책 한 권의 100배의 가치를 갖는 것처럼 인식된다. 물건만이 아니라 사람들의 활동도 그런 식으로 가치가 매겨진다. 고귀한 활동이든 천박한 활동이든 일단 '노동력'이라는 상품으로 변질되면, 활동의 가치는 화폐 양으로 표시되며, 따라서 판매와 구매가 가능해진다.

시장을 통해 사람들이 추구하는 목표는 한결같다. 그들은 똑같은 행복을 얻고자 한다. 그들이 바라는 것은 더 많은 화폐를 얻는 것이다. 화폐가 모든 가치의 척도이므로 더 많은 화폐를 얻는 것이 곧 더 많은 가치를 얻는 것처럼 보인다. 하지만 정말로 그럴까?

부를 축적하지만 그들은 점점 가난해진다. 그들은 권력을 원하며 그 무엇보다도 먼저 권력의 지렛대인 돈을 원한다. …… 이들 잽싼 원숭이들이 어떻게 기어오르는가를 보라! 그들은 앞을 다투어 남을 타고 넘어 기어오르다가 모두 진흙과 나락으로 떨어진다. 그들은 모두 왕좌에 오르려고 한다. 마치 행복이 그 왕좌에 있기라도 한 것처럼. …… 이들 모두는 미치광이들이요, 기어오르는 원숭이들이자, 너무도 격렬한 자들이다. 여기에서는 악취가 난다. ('새로운 우상에 대하여')

시장은 화폐가 풍기는 악취를 따라 사람들이 파리떼처럼 꼬이는 곳이다('시장터의 파리들에 대하여'). 그들은 스스로 삶의 목표를 정하지도 못하며, 진정한 행복이 어떤 것인지도 모른다. 그들은 남들이 행복이라고 알고 있는 것을 자신들의 행복이라고 여기며, 남들이 가치 있다고 믿는 것을 자신들에게 가치 있다고 생각한다. 그래서 "예로부터 새로운 가치의 발명자들은 시장과 명성으로부터 떨어져서 살았다. 모든 위대한 것들은 시장과 명성으로부터 떨어진 곳에서 생겨난다"('시장터의 파리들에 대하여'). 차라투스트라는 친구들에게 말한다. "참으로 소상인들처럼 소상인들의 돈으로 살 수 있는 귀족이 되어서는 안 된다. 값을 가지고 있는 모든 것은 가치가 적은 것이다"('낡은 서판과 새로운 서판에 대하여').

강함과 선함

니체 철학이 전제 권력을 휘두르는 독재자나 노예들을 부려먹으며 안락한 생활을 누린 귀족들을 정당화해 준 것처럼 말하는 사람들이 있다. 믿기지 않지만 상당수의 학자들이 그런 말을 자신의 철학적 교양을 뽐내는 양 하고 있다. 그러나 니체는 강자나 귀족에 대한 자신의 언급이 오해되는 것을 보며, 말을 이해 못하는 "얼간이들을 위해 내가 말하는 귀족들은 귀족명부에나 나오는 그런 귀족들이 아님을 밝혀둔다"고 했다. 그는 '귀족' 이니 '주인' 이니 하는 말에 전혀 겁먹을 필요가 없다고 말한다. 왜냐하면 자신이 말하는 강자나 귀족의 유형은 "오늘날 우리가 생각하는 것과는 정반대의 것이기 때문"이다. 니체는 정치적·경제적 권력을 틀어쥐고 있는 오늘날의 지배자들은 결코 강자도 귀족도 아니며, 권력과 자본의 노예라고 부르는 편이 맞다고 생각한다. 차라투스트라는 그들을 '천민들'이라고 부른다.

나는 지배자들이 오늘날 무엇을 두고 지배라고 부르는지를 보고는 그들에게서 등을 돌리지 않을 수 없었다. …… 나는 오랫동안 귀가 먹고 눈이 먼, 그리고 벙어리가 된 불구자처럼 살아왔다. 그것은 권력을 추구하는 천민들, 글이나 갈겨 쓰는 천민들, 그리고 쾌락이나 쫓는 천민들과 함께 살지 않기 위해서였다. (『천민들에 대하여』)

그는 권력이나 재산의 양을 두고 강자, 귀족, 주인 등을 유형화하지 않는다. 그가 말하는 '강함'은 가치의 창조와 관련이 있다. 강자는 가치의 기준을 스스로 정하고 그것에 따라 사물과 행동에 가치를 부여하는 사람이다. 그들의 강함은 가치를 창조하고 부여하는 힘을 스스로 가지고 있음으로 설명된다. 약자나 노예는 그런 힘을 가지고 있지 못해서 그저 타인이 평가하는 대로 살아가는 사람들이다.

아득한 옛날부터 모든 형태의 예속적 계층에 속한 사람들은 다만 **타인들이 평가하는 대로 존재하는** 인간에 불과했다. 그리고 그들은 주체적인 가치 부여라는 것에 대해 전혀 알지 못했고 주인이 자신들에게 부여해 준 가치 이외에는 어떤 가치도 자신들에게 부여하지 않았다(가치를 창조하는 것은 전형적인 **주인의 권리**였다). (『선악을 넘어서』)

니체는 『도덕의 계보학』에서 강자와 약자, 혹은 귀족과 노예의 구분이 양적인 것이 아니라 질적인 것임을 보여주었다. 그들은 가치 판단 양식에서 서로 다르다. '좋음'(Gut)과 '나쁨'(Böse)을 지칭하는 말들에 대한 어원학적 분석을 통해 니체는 귀족들의 가치 판단 양식이 노예들과 어떻게 달랐는지를 설명한다.

귀족들은 자신들의 특성들을 가리킬 때 '좋음'이라는 말을 썼다. 가령 그리스인들이 '좋음'을 지칭할 때 쓰는 단어인 '아가토스' (agathos)는 '태생이 훌륭한, 온화한, 용감한, 능력이 있는' 등을 의미한다. 그들은 자신들의 품성이나 헤어 스타일, 피부색, 옷 입는 방식 등에 '좋음'이라는 말을 사용했다. 그리고 그런 품성이나 스타일을 갖추지 못한 사람들, 가령 겁이 많고 소심한 품성을 지녔거나 스타일이 엉망인 사람들에게 '나쁨'이라는 말을 사용했다. 라틴어에서 '나쁨'의 의미를 지닌 '멜라스'(melas)가 이탈리아 토착민의 피부색인 검정색을 뜻하고 있음도 하나의 예가 될 수 있을 것이다. 그러나 귀족들의 '나쁨'이라는 말에는 어떤 악의적 목적도 없었다. 그들의 '나쁨'에는 '어떻게 그렇게 감각이 없을 수 있냐' 든지, '그렇게 소심해서야······.' 하는 식의 연민이 들어 있었다.

그러나 노예들의 판단 양식은 전혀 다르다. 노예들은 자신들의 삶을 고통스럽게 하는 대상을 찾아 비난하는 것에서 시작한다. 그들은 자신들과 대립관계에 있는 것을 우선 '악'(Übel)으로 규정하고, 반대편에 있는 자신들을 '선'(Gut)이라고 부른다. 귀족들이 '좋음'과 '나쁨'으로 불렀던 것을 노예들은 '선'과 '악'으로 부른다. 귀족들이 말하는 '나쁨'에 연민과 동정이 담겼다면, 노예들이 말하는 '악'에는 저주와 원한이 담겨 있다.

귀족의 판단 양식과 노예의 판단 양식 사이에서 눈여겨볼 점은 가치 판단이 어디서 시작되는가이다. 귀족들은 자기 자신이 기준을 갖는다. 그들은 자신들에 대한 긍지로부터 '좋음'의 규정을 끌어낸다. 반면 노예들은 다른 자에 대한 비난으로부터 자신들을 정당화하는 '선'을 끌어낸다. 귀족들이 자신들로부터 시작한다면 노예들은 다른 사람들로부터 시작하는 것이다. 자신들로부터 '좋음'을 규정하다 보니 귀족들의 '좋음'에 대한 규정은 직접적이고 구체적이다. 그들은 스스로 '미덕'이라고 생각되는 것들의 주인이다. 반면에 노예들은 다른 사람들을 비난하는 것에서 시작하다 보니 '선'에 대한 규정이 막연하고 모호하다. 그들은 자신들이 비난받는 특성들을 가지고 있지 않다고 말할 뿐 스스로 무엇을 가지고 있는지에 대해서는 말하지 않는다.

귀족들의 '좋음'에 대한 규정이 얼마나 직접적이고 구체적이었는지는 그리스인들의 언어 생활에서도 잘 드러난다. 고대 그리스에서 '훌륭함'을 의미하는 단어인 '아레테'(arete)는 단독적으로 쓰이지 못했고, 항상 '누구의 아레테인가?', '어떤 것에 대한 아레테인가?' 하는 식으로만 쓰였다. 이는 '훌륭함'에 대한 보편적인 용법이 불가능하며, 미덕에는 항상 그 주인이 있고, 맞는 쓰임새가 각기 따로 있다는 생각에서 나온 것이다. 그래서 고대 그리스인들은 여러 미덕들의 공존을 자연스러운 현상으로 받아들였으며, 그것들이 고유한 매력을 풍기며 경쟁하는 것을 좋은 일이라고 생각했다. 그들은 보편적 선을 가리려는 토너먼트 식 경기에는 관심이 없었다.

보편적인 선에 대한 믿음은 노예의 도덕에서 두드러지게 나타난다. 그들은 귀족들의 개개의 '좋음'들을 악으로 비난하면서 보편적인 선을 정립해 나간다. 다른 사람들을 비난함으로써 자신에 대한 선한 규정을 끌어내듯이, 그들은 개별적인 것을 부정해서 보편적인 것을 얻는다. 그들은 개별적인 인간들의 판단과는 상관없는 보편적인 가치 기준이 존재한다고 생각한다. 보편적인 기준이 없다면 사람들은 자신들의 가치 판단을 멋대로 제시할 것이고, 그렇게 되면 세상은 혼란에 빠질 것이라는 게 그들 생각이다.

그들은 보편적 선이 존재하지 않으면 안 된다는 절박한 필요성을 나타냄으로써 그것의 존재를 증명하는 경향이 있다. '네가 원치 않는 것을 남에게 행해서는 안 된다', '거짓말을 하지 말라', '네 이웃을 사랑하라' 등등 누구든지 따라야 할 보편적인 덕목들을 제시하며, 그것을 '신의 말씀'으로 표현하기도 한다.

니체는 『서광』에서 "도덕 교사들은 너무나 기꺼이 만인에 대한 처방전을 주려한다"고 비꼬면서 "일반화할 수 없는 것들까지 일반화하려 하기 때문에 도덕이 항상 기괴한 모습을 띠는 것"이라고 주장한다. 오히려 도덕의 역사 자체는 그런 보편적이고 초월적인 기준이 존재하지 않음을 보여주고 있다. 시대와 역사, 종족과 문화에 따라 수많은 선악의 기준들이 존재해 왔다. 우리가 보편적 기준으로 제시하는 것들은 보편적인 것이라기보다는 우리 시대, 우리 문화에 한정된 것이다.

가령 '거짓말을 하지 말라'고 하지만 전쟁을 수행하고 있는 어떤 고대 국가들에서는 거짓말을 '적을 속이는 탁월한 기술'로 높이 평가한다. '시기심'을 나쁜 것으로 묘사하고 있는 도덕책이 있는가 하면, 그것이 서로를 발전시키는 원동력이라고 평가하는 경우도 있다. 심지어 신의 말씀이 그대로 새겨졌다고 하는 '십계'만 하더라도, 여성을 집에 있는 가축과 같은 재산으로 다루고 있지 않은가. 하지만 오늘날 여성을 남성의 재산처럼 다루라고 가르칠 수 있을까?

실제 역사를 보면 선악에 관한 수천 개의 도덕적 기준이 존재해 왔고, 오늘날에도 선악에 대한 판단 기준은 엄청나게 많이 존재하고 있다. 역사적으로 존재했던 끔찍한 전쟁들의 대부분이 선악에 대한 보편적 기준이 없었기 때문이 아니라, 보편적 기준을 세워야 한다는 강박에서 나온 것임을 환기할 필요가 있다. 전쟁은 상대방을 '악의 축'으로 규정하고, 그에 맞서는 자신을 '선의 수호자'로 생각하는 잘못된 가치 판단 양식에서 나오는 경우가 훨씬 많다.

선하고 의로운 자들을 조심하라

차라투스트라는 이렇게 말한다. "한 민족에게는 선이라고 불리는 것들 가운데 많은 것이 다른 민족에게는 웃음거리와 모욕으로 간주되는 것을 나는 발견했다. 이곳에서는 악한 것으로 불리는 많은 것들이 저곳에서는 존귀한 영예로 장식되는 경우도 보았다. 일찍이 그 어떤 이웃도 다른 이웃을 이해한 적이 없다. 이웃의 영혼은 언제나 다른 이웃이 갖고 있는 광기와 악의를 괴이하게 생각해 왔다. 저마다의 민족 위에는 저마다의 가치 목록이 걸려 있다"('천 개의 목표와 하나의 목표에 대하여'). 그만큼 많은 선악의 목록들이 존재해 왔다는 것이 역설적으로 보편적인 선악의 기준이 존재할 수 없음을 보여주는 게 아닐까?

물론 그 누구도 가치 판단을 하지 않고서는 살 수가 없다. 인간은 진실로 사물들에 가치를 심으며, 어떤 것이 '좋은' 것인지, 어떤 것이 '나쁜' 것인지를 판단한다. 그러나 인간이 어떤 것을 '선함'과 '악함'으로 판단할 때 그것은 무척 위험하다. 전체를 포괄하는 '선'에 대해 이야기하는 것은 그 기준에 부합하지 않은 것에 대한 철저한 배제를 의미하기 때문이다.

지상에는 '천 개' 나 되는 선악의 기준들이 존재해 왔다. 그 '천 개'의 기준들이 의미하는 것이 무엇이겠는가. 그것은 바로 어떤 절대적 기준도 없다는 게 아닐까? 그것은 그만큼 많은 가치 기준의 창조 행위가 있어 왔음을 의미하는 게 아닐까? '천 개'의 기준들이 보여주고 있는 것은 오히려 단일한 기준에 반기를 들어 온 위대한 창조자들이 존재해 왔다는 게 아닐까? 차라투스트라는 '천 개'의 기준들 속에서 표현되고 있는 이 위대한 '한 가지' 사실을 인간들이 이해하지 못하고 있음에 애석해 한다('천 개의 목표와 하나의 목표에 대하여'). 사람들은 위대한 '가치 창조' 행위에 대해서는 이해하지 못하고 여전히 기존의 가치 기준에 대한 복종만을 훈련받는다.

사람들은 자신들을 신앙으로 인도하는 목자들 때문에 한 무리의 양떼로 전락했다. 목자들은 교묘한 해석의 기술을 발휘해 사람들의 고통을 신이 내린 '시험'이라 칭하며 모든 것을 신에게 맡기라고 말한다. 신이 가치 판단해서 자신들에겐 축복을 내릴 것이고, 저들에게는 무서운 재앙을 내릴 것이라고 한다. 그리고 이러한 신에 대한 종교적 믿음은 곧잘 법에 대한 믿음으로 변환되어 나타난다. 판단은 법에 맡기고 그것에 복종함으로써 선량한 시민으로 살아가라! 신 앞에 영혼이 평등하듯이 법 앞에 만인이 평등할 것이다! 그러나 우리는 법에 대한 복종자이기 이전에 이미 법에 대한 평가자며 창조자가 아닌가?

정말로 문제가 되는 것은 '판단의 포기'다. 판단하기를 포기하는 사람은 복종하는 데 익숙해진다. 스피노자는 사람들의 능력을 키우고 가르쳐 주기보다는 "무엇을 악이라고 비난하는가만 알려주고, 공포를 줌으로써만 악을 피하게 하는" 사람들을 '나쁜 덕의 교사들'이라고 불렀다. 그는 그런 자들이 전제주의적 통치를 가능케 한다고 말했다. 무엇이 좋고 나쁜지를 알지 못하는 사람은 스스로의 자유를 억압하는 일도 기쁘게 원한다는 것이다. 역사는 우리에게 전제 권력을 압도적으로 지지해 온 이른바 '대중들의 배신' 사례들이 수도 없음을 보여주었다.

차라투스트라가 '신의 죽음'을 전하러 왔을 때, 사람들은 목자들의 마법에 빠져 한 무리의 양떼가 되어 있었으며, 이미 '무언가를 판단하는 것'에 대해 대단한 피로감을 느끼고 있었다. 그들은 판단하는 일을 번거롭게 생각했다. 이미 그들은 '깊은 잠의 미덕'을 강의하는 사람 앞에서 고개를 끄덕이며 졸고 있었다(덕의 교사에 대하여). 차라투스트라는 자신의 사명이 "목자들과 그들의 개"가 관리하고 있는 가축떼로부터 일부 가축을 유인해내서 친구로 삼는 것에 있음을 깨달았다. 물론 선하고 의로운 자임을 자처하는 목자들이 그를 가만두지 않겠지만.

나는 그들을 목자라고 부르지만 그들은 자신들을 선한 자, 의로운 자라고 부른다. 나는 그들을 목자라고 부르지만 그들은 자신들을 참 신앙의 신도라고 부른다. 이들, 선한 자와 의로운 자를 보라! 그들은 누구를 가장 미워하는가? 그들이 떠받들어 온 가치를 파괴하는 사람, 바로 파괴자, 범죄자를 가장 미워한다. 그러나 이 같은 사람들이야말로 창조하는 자인 것을. …… 창조하는 자가 찾고 있는 것은 친구다. 무리나 추종자가 아니다. 창조하는 자는 더불어 창조할 자, 새로운 가치를 새로운 판에 써넣을 친구를 찾는다. ('차라투스트라의 머리말')

차라투스트라에겐 친구가 필요했다.

3. 사랑을 가르친다, 벗을 가르친다

스피노자의 초상

자기 시대에서만 친구를 찾는 사람은 위대한 사람이 아니다. 거인들은 발 밑의 난쟁이들 소리를 듣진 못하지만 저기 멀리 떨어져 있는 친구의 목소리는 똑똑히 듣는다. 몇 십 년, 몇 백 년을 넘나드는 우정의 커뮤니케이션. 스피노자는 니체의 그런 친구들 중 하나였다.

나는 정말 놀랐고 완전히 매혹되고 말았다. 나는 선구자, 그것도 진정한 선구자를 만났다. 나는 스피노자를 거의 모르고 있었다. 그의 전체적 경향은 나와 같았고 몇 가지 점에서 나는 그에게서 나를 발견했다 …… 설령 서로의 차이가 크다고 인정되어도 그 차이들은 주로 시대와 문화, 그리고 학문의 차이에서 기인한 것이라고 말할 수 있을 것이다. 이제 나의 고독은 친구를 갖게 되었다. (「오버베크에게 보내는 편지, 1881년 7월 30일」)

차라투스트라가 찾는 자는 군중이 아니라 친구였다. 그는 자신이 친구들만을 사랑하며 친구들의 사랑만을 받겠다고 말한다. 하지만 왜 친구인가? 거기엔 사랑에 대한 중요한 가르침이 들어 있다. 니체는 『즐거운 지식』에서 '사랑이라 불리우는 모든 것'을 소유욕과 연결시켜 분석한 바 있다. 그는 사랑이라는 말과 소유욕이라는 말이 느낌은 아주 다를지라도 동일한 충동의 다른 이름인지 모른다고 말한다. 사랑하는 자를 독점하고자 하는 이성간의 사랑만이 아니라, 이웃에 대한 사랑이나 지식에 대한 사랑, 가난한 자에 대한 동정이나 연민도 새로운 소유욕의 표현일 수 있다는 것이다. 그는 사람들이 사랑을 이타적인 것으로만 간주하는 것에 문제가 있음을 지적한다. 그렇다면 모든 사랑은 이기적인 소유욕에 불과한 것일까? 그러나 그는 글의 끝부분에 다른 종류의 사랑이 있음을 넌지시 내비치고 있다. 서로를 소유하려는 이기적인 사랑 너머에, 사랑을 지속하면서 그 열망을 공유하는 우정이 바로 그것이다.

사랑이라 불리지만 사랑이 아닌 것

사실상 소유와 구속에 지나지 않음에도 사랑이라 불리는 많은 것들이 있다. 어떤 이는 자신이 사랑하는 대상을 우상화해서 스스로 복종하는 노예가 되고, 어떤 이는 사랑이라는 명목으로 그 대상을 구속해서 노예로 삼는다. 이러한 구속은 희생이라는 아름다운 포장지를 뒤집어쓰고, '진정한 사랑'이라는 영예를 얻기도 한다. 우리의 사랑 감별력 수준은 인간적으로 길들인 강아지를 안고 있으면서 그것을 '사랑'이라고 말할 정도다. 그러나 우정은 사랑이 구속이 아닌 자유여야 함을 잘 보여준다. 우정은 노예도 폭군도 필요로 하지 않기 때문이다. 차라투스트라는 이렇게 말한다. "너는 노예인가? 그렇다면 너는 벗이 될 수 없다. 너는 폭군인가? 그렇다면 너는 벗을 가질 수 없다"('벗에 대하여').

사람들은 결혼을 사랑의 결실처럼 말한다. 그러나 여러분들도 사랑을 변질시킨 결혼에 대해서 많이 알고 있으리라. 차라투스트라는 결혼의 위험성을 자주 환기시켰다.

너희의 결혼. 나쁜 결합이 되지 않도록 조심하라! 너희들은 너무 빨리 맺는다. 그 때문에 그것으로부터 결혼 파기가 뒤따르는 것이다. 결혼에서의 왜곡이나 사기보다는 결혼 파괴가 낫다! "나는 나의 결혼을 파괴했다. 그러나 그보다 먼저 결혼이 나를 파괴했다"고 내게 말하는 여인이 있었다. ('낡은 서판과 새로운 서판에 대하여')

언젠가 니체는 바그너의 작품 「방랑하는 네덜란드인」에 대해서 대단한 분노를 표시한 적이 있다. 바그너는 결혼의 구속적 성격을 이해하지 못한 채, 결혼이 방랑자를 구원한 사랑이라도 되는 양 표현했다. 한 여성이 그 방랑자를 숭배하고 사모해서 결혼하는 것을 보고 니체는 이렇게 말했다. "결혼은 무엇을 가져 왔는가? 방랑자가 방랑하기를 멈춘 것이다. 바그너는 그것을 구원이라 했지만, 사실 그는 파멸한 것이다."

결혼이 긍정적 의미를 갖기 위해서는 그때의 사랑이 훨씬 풍만한 것이어야 한다. 차라투스트라는 좋은 결혼을 "본인들보다 더 뛰어난 사람 하나를 산출하기 위해 짝을 이루려는 두 사람의 의지"이며, "더욱 높은 신체를 창조하는, 창조하는 자를 창조하는 것"이라고 표현했다('아이와 결혼에 대하여'). 이때 출산된 아이는 자신들이 만들어낸 창조물이면서 동시에 변신된 그들 자신의 모습이기도 하다. 결혼을 통해 그들은 새롭게 태어나야 한다. 그들 자신이 그들의 아이여야 한다. 그것은 새로운 능력의 확장이며 새로운 변신이다.

좋은 결혼은 서로를 좋은 친구로서 계속 사랑하게 한다. 그러나 보통의 결혼은 이와는 정반대다.

많은 너무도-많은-자들이 결혼이라고 부르는 것, 아, 그것을 나는 어떻게 부를까? 아, 짝을 이루고 싶어하는 영혼의 궁핍함이여! 아, 짝을 이루고 싶어하는 영혼의 더러움이여! 아, 짝을 이루고 싶어하는 영혼의 가엾은 안일함이여! ('아이와 결혼에 대하여')

무언가 서로에게 줄 것이 있어, 자신에게 넘쳐나는 것이 있어 관계를 맺는 것이 아니라, 무언가 받고 싶은 것이 있어, 자신에게 부족한 것이 있어 관계를 맺는 것, 그것이 사람들이 말하는 결혼이다. 풍성한 토양에서 자라는 사랑의 식물은 서로를 선물하는 친구로 만들어주지만, 척박한 토양에서 자라는 사랑의 식물은 상대방을 구속하는 가시 울타리로 자라난다.

'이웃에 대한 사랑'도 사랑을 오해하게 만들 수 있다. 기독교의 가르침을 겨냥한 것으로 보이는 이웃 사랑에 대한 가르침에서 차라투스트라는 "그 타인 지향적인 헌신의 정체를 꿰뚫어라"고 말한다. 차라투스트라는 묻는다. 지금 네가 이웃에게 몰려가는 이유가 무엇이냐고.

너희들은 너희 자신을 견디어내지 못하며 자신을 충분히 사랑하지도 않는다. 그래서 너희들은 너희의 이웃을 유혹하여 사랑하도록 만들고, 그들의 과오로 자신을 미화하려는 것이다. …… 너희는 너희 자신을 예찬하려 할 때 증인을 끌어들인다. 너희들에 대해 좋게 생각하도록 그 증인을 유도하고 나서 너희들 스스로도 그렇게 생각한다. …… 어떤 사람은 자신을 찾기 위해, 어떤 이는 자신을 잊기 위해 이웃에게 달려간다. ('이웃 사랑에 대하여')

이웃 사랑에는 항상 주변의 평가에 귀를 기울이고 주변과 결탁해서 자신의 힘을 과시하려는 생각이 깔려 있다. 그러다 보니 '다섯 사람이 한자리에 모이면 여섯번째 사람은 항상 매장되지 않을 수 없는 것"이다. 이웃을 사랑함으로써 먼 이웃을 '왕따' 시키는 것이 이웃 사랑의 위험이다. 그렇게 패거리를 짜고 군중을 형성하는 것보다는 차라리 고독을 선택하는 편이 나을지도 모른다. 차라투스트라는 이렇게 말한다. "나는 오히려 이웃에 등을 돌리고, 더없이 먼 곳에 있는 사람들을 사랑하라고 권한다. 이웃에 대한 사랑보다 더 숭고한 것은 먼 곳에 있는 사람과 앞으로 오게 될 사람에 대한 사랑이다." 그리고 "너희가 사랑하는 사람이 이웃이 아니라 벗이도록 가르친다".

제자들이여, 신도가 아니라 친구이다

차라투스트라가 가르침을 펴다보니 어느덧 자신을 사랑한다고 따라다니는 '팬클럽'이 생겨났다. 차라투스트라의 제자임을 자처하는 추종 세력들이 나타난 것이다.

"그렇다면 너는 그(차라투스트라)가 진리를 말했다고 믿는가? 너는 왜 그것을 믿는가?" 그 제자가 답했다. "나는 차라투스트라를 믿습니다." 그러자 차라투스트라는 머리를 흔들며 미소를 지었다. "믿음은 나를 행복하게 만들지 않는다. 그 중에서도 나에 대한 믿음은." ('시인에 대하여')

신앙을 신에 대한 사랑이라고 말하는 신도들처럼, 차라투스트라의 제자들도 그에 대한 사랑을 신앙으로 표현한 것이다. 그러나 신앙이란 사랑이 아니다. 우상을 숭배하는 것은 결코 우상을 사랑하는 것이 아니다. 우상을 사랑하려거든 우상을 파괴하라. 차라투스트라가 신에 대한 사랑으로 말했던 것이 무엇이었던가. 그는 신의 죽음을 신에 대한 사랑으로 바치지 않았던가. 그는 비제의 작품 「카르멘」의 돈 호세처럼 외치지 않았던가. "그래! 내가 그녀를 죽였다. 내가 내 우상 카르멘을!" 그런 차라투스트라를 제자들이 우상처럼 떠받든 것이다. 차라투스트라는 도시를 떠나면서 제자들에게 당부한다.

> 나의 제자들이여, 이제 나 홀로 나의 길을 가련다. 너희들도 이제 한 사람 한 사람 제 갈 길을 가라! 내가 바라는 것이 바로 그것이다. 진실로 너희들에게 권하거니와 나를 떠나라. 그리고 차라투스트라에 저항하여 스스로를 지켜라. 더 바람직한 일은 차라투스트라의 존재를 부끄러워하는 일이다! 그가 너희들을 속였을지도 모르지 않는가. ('선사하는 덕에 대하여')

차라투스트라를 믿으려거든 차라투스트를 의심하라. 차라투스트라를 따르려거든 먼저 그에게서 떠나라. 차라투스트라가 구하는 것은 신도가 아니라 친구이다.

영원히 제자로만 머문다면 그것은 선생에 대한 도리가 아니다. 너희들은 어찌하여 내가 쓰고 있는 월계관을 낚아채려 하지 않는가? 너희들은 나를 숭배한다. 그러나 …… 신상에 깔려 죽는 일이 없도록 조심하라. 너희들은 차라투스트라를 믿고 있다고 말하려는가? 그러나 차라투스트라가 도대체 무엇이란 말이냐! 너희들은 나의 신자다. 그러나 신자가 도대체 무엇이란 말이냐. …… 너희들에게 명하노니 이제 나를 버리고 자신을 찾도록 하라. 너희가 모두 나를 부인하고 나서야 나는 다시 너희들에게 돌아오리라. …… 언젠가 너희들은 나의 벗이 되어야 하고 새로운 희망의 자녀들이 되어야 한다. ('선사하는 덕에 대하여')

친구를 만나기 위해서도 친구를 창조해야 한다

우정은 서로에게 선물을 주는 사랑이다. 하지만 그 선물은 기쁨에서 나온 것이어야 한다. 선사함으로써 기쁘고, 받아서도 기쁜 것이어야 한다. 때문에 연민과 동정에서 나오는 것은 선물이 아니다. 차라투스트라는 자신이 '연민의 정이 깊은 자'로 불리는 것을 싫어 했다. 그가 신의 죽음이라는 선물을 들고 온 이유도 결코 인간에 대한 연민 때문이 아니었다. 그는 연민을 느껴 인간을 구원하려 온 자가 아니다. 그는 어느 날 제 몸에서 일어난 충일함을 못 이겨, 저 하늘에 뜬 태양처럼 제 것을 저 모든 것들에게 내놓기 위해 선물을 들고 온 자였다. 『차라투스트라』의 맨 마지막에서도 그는 자신의 구원에 연민이 있으면 안 된다는 것을 깨달으면서 위버멘쉬가 되었다.

왜 연민이 문제일까? "연민은 그것을 받는 자를 부끄럽게 만드는 몹쓸 짓이다"('연민의 정이 깊은 자에 대하여'). 연민이나 동정은 그것을 받는 자를 비참하게 만든다. 물론 그런 몹쓸 짓을 하고도 창피한 줄 모르는 박애주의자들이 널려 있고, 그런 몹쓸 짓을 당하고도 여전히 손을 내미는 빈곤한 영혼들이 널려 있다. 차라투스트라는 고결한 자의 선물이 어떻게 다른지를 설명한다. "고결한 사람은 그 때문에 다른 사람들이 수치심을 갖지 않도록 배려한다."

나는 친구가 친구에게 베풀 듯 즐겨 베푼다. 낯선 사람들과 가난한 사람들은 내 나무에 달려 있는 열매를 직접 따도 좋다. 그들은 덜 부끄러울 것이다. 다만 거지만은 남김없이 몰아내라! 참으로 그들에게는 줘도 화가 나고 주지 않아도 화가 난다. ('연민의 정이 깊은 자에 대하여')

연민이나 동정을 보이는 자는 친구를 만드는 게 아니라 거지를 만든다. "위대한 사랑은 한결같이 연민 이상의 것이다. 위대한 사랑은 그 자신이 사랑할 자까지 창조하기 때문이다"('연민의 정이 깊은 자에 대하여'). 위대한 사랑은 그 자신이 사랑할 친구를 창조한다. 선물은 군주도, 노예도, 거지도 만들지 않으며 오직 친구를 만든다. 그것이 위대한 사랑을 '창조'라고 부르는 이유이다.

그러나 '창조'라는 속성 때문에 위대한 사랑에는 가혹한 요소가 들어 있다. 차라투스트라는 벗에 대해 가르치며, "벗을 원한다면 그를 위해서 (그와) 기꺼이 전쟁을 일으킬 각오라도 해야 한다"고 말한다('벗에 대하여'). 진정 벗을 사랑한다면 벗과의 전쟁을 통해 그를 아름답게 만들어 주어야 한다. 선물은 못난이들을 동정하는 데 쓰이는 게 아니라 파괴하는 데 쓰인다. 못난이들이 완전히 새로운 자들로 거듭날 수 있도록 그들을 공격한다.

사랑을 잘 이해하는 사람은 세계와 진리도 잘 이해할 수 있다. 돌을 사랑하는 조각가가 망치를 들고 가 그 속에 숨은 위대한 형상을 끄집어내듯, 세계를 사랑하고 진리를 사랑하는 사람들도 위대한 형상을 끄집어낼 선물을 들고 가야 한다. 차라투스트라는 세계와 친구가 되고 싶어하는 자들에게 말한다. "너희들이 세계라고 불러 온 것, 그것을 너희들은 먼저 창조해야 하리라"('지복의 섬에서'). 진리를 찾아 헤매는 철학자들도 새겨들을 필요가 있을 것이다. '필로-소포스'는 진리 숭배가 아니라 '지혜의 친구'를 의미한다. 그리고 친구가 된다는 건 그 진리를 섬기는 일이 아니라 새롭게 창조하는 일이다.

4. 삶을 사랑하라

쾰른 시청의 의뢰를 받은 로호너는 과거 성채의 몰락과 새로운 도시 시대의 도래를 은유적으로 알리기 위해, 축복과 저주의 이분법이 선명한 테마 '최후의 심판'을 이용했다. 선한 자들은 축복을 받아 활짝 열린 도시의 성문으로 들어가고, 악한 자들은 저주를 받아 불타는 성채 쪽으로 끌려간다. 성채는 저주받은 자들을 응징하기 위해 벌겋게 타오르고 있다. 니체는 심판의 날에 대한 어린 양들의 상상이 결코 착한 것만은 아니라고 말한다. 아래 말은 그날 벌어질 장관에 대한 대주교 테르툴리아누스(Tertullianus)의 묘사다.

그리스도가 재림하는 그 승리의 날이 오면 또 하나의 구경거리가 있다. 저 최후의 심판의 날 이교도 늘의 웃음거리가 될 것이고, 낡은 세계와 그 세계의 소산은 송두리째 불타오를 것이다. 얼마나 대단한 장관이 펼쳐질 것인가! …… 주의 이름을 학대한 자들이 그리스도를 따르는 자를 불태워던 늑욕의 불길보다 더 흉포한 불길에 휩싸인 꼴을 볼 때! (『도덕의 계보학』)

| 137

차라투스트라가 사람들 사는 것을 보니, 그 삶이 완전히 '가상 현실 체험하기'였다. 살아 있는 자들은 죽은 뒤에 벌어질 일에 관한 이야기로 삶을 탕진하고, 대지에 발 붙인 자들은 대지에 관해서는 아무것도 모른 채 '천국' 이야기로 날밤을 세운다. 물론 그런 이야기들이 인간들에게 꿈과 희망(?)을 주는 판타지 소설이라면 사는 데 재미라도 보태주겠지만, 상황이 심각해서, 천국 이야기를 어떻게 각색하느냐에 따라서 피비린내 나는 전쟁이 벌어지기도 하고, 마녀라는 이름으로 동료 인간을 화형시키기도 하며, 천국의 주인이 다르다는 이유로 대규모 정벌을 벌이기도 한다. 그 존재가 증명되지도 않은 세계에 관한 이야기들이 '이 세계'의 삶을 완전히 망쳐놓고 있는 것이다. 고대 철학자 에피쿠로스는 사람들에게 '삶에 신경 좀 쓰라'며 이런 말을 한 적이 있다. "그대 살았으면 죽지 않았고, 죽었으면 존재하지 않거늘 죽음이 뭐 그리 두려운가." "혹시 가지고 있지 않은 것을 쳐다보다가 가지고 있는 것마저 망치고 있지는 않은가. 우리가 가지고 있는 것들이 행운의 선물임을 기억하라."

죽음의 설교자들

그렇다고 차라투스트라가 '가상 현실' 자체를 문제 삼은 것 같지는 않다. 지금의 세계를 바꾸고자 하는 자는 먼저 '가상 현실'로써 새로운 세계를 체험할 수밖에 없기 때문이다. 더구나 삶을 풍성하게 만들기 위해서라면 '거짓' 조차 활용되어야 한다는 게 차라투스트라의 평소 지론이었다. 문제는 어디에 있는가? 그것은 '가상 현실'이 삶을 새롭고 풍성하게 만드는 데 활용되는 게 아니라, 삶을 비난하고 삶으로부터 도피하는 데 활용된다는 점에 있다. 차라투스트라로서는 스스로 만든 가상 현실에 주눅들어 떨고 있는 인간의 꼬락서니가 영 못마땅한 것이다.

차라투스트라는 '이 세계' 아닌 '저 세계'를 신봉하는 사람들에게서 세계 창조의 의지보다는 세계에 대한 원한과 도피의 심리를 읽었다. 그들은 이 세계 속에서의 삶을 고통스러워한다. 능력이 있다면 이 세계를 아름답게 재창조하면 되겠지만 그럴 능력도 의지도 없다. 그래서 그들은 망상을 택했다. 이 세계는 가짜이며, 한여름 밤의 악몽에 지나지 않을 것이라 믿고, 영원한 진리, 영원한 생명의 세계가 따로 있을 것이라는 망상. 차라투스트라는 자신이 한때 이런 망상에 사로잡힌 적이 있다며 이렇게 말한다.

이 세계는 한낱 꿈으로, 어떤 신이 꾸며낸 허구로 보였다. 불만에 찬 신의 눈 앞에 피어오르는 오색 연기로 보였다. …… 영원히 불완전한 세계, 영원한 모순의 그림자, 그것도 불완전한 그림자인 세계. 그것을 창조한 불완전한 창조자에게 있어서의 도취적 즐거움. 세계는 한때 그렇게 보였다. ('저편의 또다른 세계를 신봉하고 있는 사람들에 대하여')

고통스러운 자에게는 이런 망상이 짧은 행복이나마 제공했을 것이고, 이 세계 속에서 삶을 견디게 해주는 마약의 역할을 수행했을 것이다. "저편의 또다른 세계를 꾸며내는 것은 고통과 무능력, 그리고 더없이 극심하게 고통스러워하는 자만이 경험하는 짧은 행복을 제공한다." 그러나 이러한 '저 세계'의 창안에서는 세계 창조의 활기보다는 극단적인 피로감, '제발 빨리 이 세계가 끝났으면 하는' 피로감이 느껴진다.

그런데 우리는 마약을 복용하는 자와 공급하는 자를 구별해야 한다. 삶의 피로를 호소하는 자들에게 마약을 공급하는 자들이 따로 있다. 그들에게 일시적 위안을 주면서 근본적으로 삶의 피로를 더욱 확대하는 마약 공급자들, 차라투스트라는 그들을 '죽음의 설교자들'이라고 불렀다. "이 대지는 죽음을 설교하는 자들과 그런 설교—생에 작별을 고하고 떠나야 한다는 설교—를 들어야 하는 자들로 가득 차 있다"('죽음의 설교자들에 대하여'). 이들은 사람들을 쥐떼로 만들어 강물 속으로 뛰어들게 하는 피리 부는 마법사와 같다. 차라투스트라는 그런 마법사의 전형을 철학과 기독교에서 발견한다.

철학자 플라톤을 보자. 차라투스트라의 지적처럼 그에게 이 세계는 동굴 벽에 비친 그림자에 불과하다. 그는 우리가 보고 있는 게 원본이 아니라 그 그림자라고 말한다. 시간에 따라 변화무쌍한 그림자처럼, 이 세계에 존재하는 것들은 고정되어 있지도 않고, 확실하지도 않으며, 영원하지도 않는 것들뿐이다. 플라톤은 역동적으로 생성과 소멸을 반복하고 그때마다 우리에게 다르게 감각되는 현실이 불만스러웠다. 그는 자신이 살고 있는 세계를 복사본, 그것도 매우 불완전한 복사본이라고 생각했고, 순수하고 영원한 원본은 '또다른 세계'인 '이데아의 세계'에 있다고 말했다.

플라톤보다 한참 선배인 아낙시만드로스는 이 세계에 대한 불만을 훨씬 도덕적인 용어로 표현했다. 그는 영원불멸한 것 없이 '생성과 소멸'을 반복하는 이 세계를 저주받은 세계로 묘사했다. 그에 따르면 이 세계는 '태어난' 죄를 '죽음'으로 처벌받는 곳이다. 니체 표현을 빌리자면 그에게 자연은 '불의들의 합계'였다. 자연에서 그 특성을 부여받은 모든 '규정자'들은 이 죄와 처벌의 운명에서 벗어날 수 없다. 그렇다면 죄 짓지 않은 진정한 존재자는 어디에 있는 걸까? 그것은 적어도 자연의 규정을 벗어나 존재하는 '무규정자'이지 않으면 안 된다. 그것은 한참 뒤 철학자 칸트가 '실재계'라고 불렀던 '또다른 세계'처럼, 우리가 어떤 식으로도 표현할 수 없는 세계다.

플라톤의 스승인 소크라테스도 마찬가지였다. 그리스 법정이 그를 "땅 아래와 하늘 위에 있는 것을 탐구하는 인물"로 묘사한 것은 '이 세계' 아닌 '또다른 세계'를 생각하면서 거기에 모든 진정성을 부여하는 그의 '기이함'을 드러내기 위해서였다. 소크라테스나 플라톤에게 '이 세계'는 '저 세계'에 비해 한참 모자란 세계였다. 우리 정신은 아름다운 이성의 세계에서 났으나, 망각의 강(레테의 강)을 건너 정말 재수 없는 세계에 도착했다. 정신은 육체라는 형편없는 자루에 담겨 그 능력을 발휘하지 못하고 있다. 육체의 소멸을 의미하는 죽음이야말로 정신이 자기 자신을 되찾는 일일 것이다. 철학이 무엇이냐는 질문에 소크라테스는 이렇게 답한다. 그것은 '죽음을 위한 준비'이다.

    철학자들이 '저 세계'에 영원한 진리가 있다고 말했다면, 기독교도들은 거기에 영원한 생명(영생)이 있다고 말하는 것 같다. 자신들에게 고통을 주는 이 세계는 자신들의 왕국일 리 없다. 하지만 언젠가 자신들의 왕국도 와야 할 것이다. 니체는 『도덕의 계보학』에서 이들을 겸손한 사람들(?)이라고 표현한 적이 있다. 왜냐하면 자신들의 왕국이라고 불러야 할 것을 '신의 왕국'이라고 부르기 때문이다. 어떻든 자신들의 세계는 여기가 아닌 '또다른 세계'이다. 그 세계는 자신들에게 고통을 가하고 있는 이 부조리한 세계, 이 죄 많은 세계가 심판을 받는 날에 찾아온다. '죽음의 설교'에 환호하는 자들은 왜 '영원한 생명'에 대해 이야기할까? 『도덕의 계보학』에서 니체는 이렇게 말한다.

    그들은 그 왕국의 도래를 보기 위해서 죽음을 넘어 오래 사는 게 필요하다. [모든 것을 희생한 채 오로지] 믿음과 소망과 사랑 속에서 살았던 그들 자신의 이 세계 속에서의 삶을 신의 왕국 속에서 영원히 보상받기 위해 영원한 생명이 필요한 것이다. 그러나 무엇에 대한 보상이란 말인가? 그리고 어떻게 그것이 보상된단 말인가?

죽음의 설교자들은 스펙타클한 보복 장면을 그려줌으로써 어린 양들에게 커다란 위안을 제공한다. 토마스 아퀴나스(T. Aquinas)의 언명을 인용해서 니체는 착한 양의 악한 상상을 들추어낸다. "천국에 있는 축복받은 사람들은 지옥에 떨어진 자들이 벌받는 것을 보고 자신의 축복을 더 기쁘게 여기리라." 교부 중의 한 사람인 테르툴리아누스(Tertullianus)가 부르는 찬송가를 들어보라. "그날이 오면 또 다른 구경거리가 있다. 저 최후의, 그리고 영원의 심판의 날에 이교도들은 웃음거리가 되고, 낡은 세계와 그 세계의 수많은 산물들이 송두리째 거대한 불길 속에서 타는 장관이 펼쳐질 것이다. 얼마나 탄복할 일인가! 얼마나 기뻐할 일인가! 얼마나 즐겁게 춤출 일인가!"

차라투스트라는 죽음의 설교자들을 '결핵에 걸린 영혼을 가진 자들'이라고 말한다. 자신이 살고 있는 세계를 떠나 가상 세계를 창안하고 그곳에 확실하고 영원한 진리를 두는 것도 미친 짓이고, 가상 세계에서 이루어질 끔찍한 보복을 상상하며 이 세계를 견디는 것도 미친 짓이다. 차라투스트라는 이들이 자신들의 소원대로 빨리 이 세상을 뜨기를 바란다.

"생은 고통일 뿐이다." 이렇게 말하는 자들도 있는데, 거짓말이 아니다. 자 그렇다면 그렇게 말하는 너희들은 이제 끝내도록 하라! 고통에 불과한 생을 끝내도록 하라! …… 곳곳에 죽음을 설교하는 자들의 목소리가 울려퍼지고 있다. 그리고 이 대지는 죽음의 설교를 들어야 하는 자들로 가득 차 있다. 아니면 "영원한 생명"에 대한 설교를 들어야 하는 자들로. 아무래도 좋다. 그런 자들이 저편의 세계로 서둘러 떠나버리기만 한다면야! ('죽음의 설교자들에 대하여')

'삶에 대한 사랑'은 영생을 꿈꾸는 자들의 집착이나 보상심리와는 다른 것이다. 『차라투스트라』를 쓰던 당시 니체는 이런 메모를 남긴 적이 있다. "삶에 대한 사랑은 대부분의 경우 긴 삶에 대한 사랑의 반대이다. 모든 사랑은 순간과 영원을 생각한다——그러나 결코 '길이'를 생각하지 않는다."

사는 것이 죄?

『도덕의 계보학』에는 죽음의 설교자들의 작업실을 훔쳐보는 장면이 나온다. 니체는 목격자로 하여금 말하게 한다. "그대들 눈에 보이는 대로 이야기해 보라!"

"잘 보이진 않습니다만 잘 들리기는 합니다. 구석에서 음침하게, 그리고 조심스럽게 속삭이는 불평 소리가 들려옵니다. 뭔가 거짓말을 하고 있는 듯합니다. …… 약한 것을 대단한 공적으로 바꾸어 놓는 거짓말이 일어나고 있어요." 계속 이야기하게! "무력함을 선량함으로 바꾸고, 겁많은 비겁을 겸허로 바꾸며, 증오를 품은 채 상대방에게 복종하는 것을 순종으로 바꿉니다. 약자의 비공격성을 …… 인내라는 발림말로 부르고, 그것을 덕이라고까지 합니다……." 계속 이야기하게! "그들은 자신들의 비참함이 신에 의해 선택받은 표시라고 합니다. 거 있지 않습니까. 사람들은 자신들이 가장 사랑하는 개를 때린다고 하는. 그래서 이러한 비참함도 하나의 준비나 시련, 훈련으로 생각하고…… 축복이라고 부르기조차 합니다."

니체는 이 작업실을 "이상들이 제조되는 공장"이라 부른다. 그곳에서 "마법사들은 교묘하고, 섬세하며, 기만적인 재주를 부리고 있다. 복수와 증오로 가득 차 있는 지하실의 이 쥐새끼들은 복수와 증오로부터 무언가를 만들어내고 있다". 차라투스트라가 '보다 높은 인간들' 중 한 사람인 마법사를 성직자라고 부르는 것은 사실 성직자들의 마법, 다시 말해서 가치를 날조하고 또다른 세계를 창안하기 위해 연기하는 그들의 재주를 가리킨 것이다.

성직자는 죽음의 설교자이면서도 삶의 고통을 치유하는 의사인 척 등장한다. 처음에 그들은 환자들에게 진정제와 마취제를 투여한다. 네 삶이 고통스러운 것은 신이 너를 시험하고 있기 때문이며, 궁극적으로 너에게 축복을 내리기 위함이다. 다음에는 삶에 대해 더 이상 생각하지 말고 기계적인 활동으로 시간을 보낼 것을 처방한다. 청교도들처럼 모든 것을 시간표에 맡기고 열심히 노동하라. 그리하면 더 이상 쓸데없는 욕망들이 너를 괴롭히지 않을 것이다. 세번째는 병세를 보아가면서 조그만 즐거움들을 제공한다. 공동체 활동을 하면서 서로를 돕게 한다. 교회에 나오라. 네 이웃을 사랑하라.

하지만 이 의사는 결코 환자를 건강하게 만들 생각이 없다. 죽음의 설교자인 그는 자신이 돌볼 환자들이 사라지는 것을 원치 않는다. "그들은 의사로 행동하기 이전에 먼저 상처를 입히는 자이며, 상처를 진정시키는 동시에 상처를 감염시키는 자이다"(『도덕의 계보학』). 이 의사들은 이 세계 속에서의 삶을 근본적으로 병들게 하는 방법을 알고 있다. 그것은 공기를 더럽히는 일이다. 그들은 삶 속에 '죄'의 바이러스를 퍼뜨려 놓았다.

신은 선한 우리에게 왜 고통을 가하시는가? 그것은 우리의 죄 때문이다. 우리는 죄로 인해 신의 곁에서 쫓겨났으며, 우리 죄를 구원하러 오신 자를 다시 십자가에 못 박았다. 누가 죄에서 자유로울 수 있는가? 의사들은 고통을 죄로 해석하게 함으로써 환자를 고통에 항거하지 않는 온순한 양으로 만드는 데 성공했다. 고통스럽다면 네 스스로를 물어뜯어라! 모든 고통은 네 잘못에서 나온 것이다. 자기 삶을 고문하는 도구로서의 양심의 가책!

거칠고 자유롭고 방랑적인 인간의 저 모든 본능이 인간 자신에게로 향하게 되었다. 적대감, 잔인함, 공격성, 파괴의 쾌락 등 이 모든 본능들이 그 소유자에게로 방향을 돌리는 것, 이것이 바로 **양심의 가책**이다. …… 인간은 참을 길이 없어 자신을 찢고 비난하고 물어뜯고 괴롭히고 학대한다. 길들이기 위한 울타리의 창살에 몸을 부딪혀 상처투성이가 된 이 동물, …… 스스로 고문대에 몸을 맡긴 동물, 이 바보, 이 죄수가 **양심의 가책**의 발명자가 된 것이다. (『도덕의 계보학』)

그러나 차라투스트라의 말처럼 인간들은 "'바보'일지언정 '죄인'이 아니다"('창백한 범죄자에 대하여'). 그들을 죄인으로 만든 것은 성직자들이다. 차라투스트라는 교회라 불리는 '성직자들의 오두막집'을 지나며 이렇게 말한다. "오, 사제들이 지은 이 오두막집을 보라! 그들은 감미로운 향을 내는 그들의 동굴을 교회라고 부르지 않는가! 오, 이 거짓스러운 광채여! 이 탁한 대기여! …… 그들의 신앙은 이렇게 명령한다. '죄인들이여, 무릎으로 층계를 기어오르라!'"('성직자들에 대하여').

차라투스트라는 말한다. "이런 동굴과 참회의 계단을 꾸며내는 자야말로 맑은 하늘 보기를 부끄러워하는 자들이 아닌가?" 삶에 무슨 죄가 있을 수 있는가? 삶은 그 자체로 순진무구한 게 아닌가?

삶에 대한 사랑

니체는 『차라투스트라』를 쓰던 당시의 『유고집』에서 자신과 동류의 사람들을 일컬어 "삶의 친구들"이라고 부른 적이 있다. 삶을 사랑한다면 그것과 친구가 되거라. 삶을 사랑함은 그것에 구속되는 것도 아니고 그것을 구속하는 것도 아니다. 벗에 대한 차라투스트라의 가르침처럼, 참된 사랑은 사랑하는 대상을 스스로 창조한다. 삶을 아름답게 재창조하는 것이야말로 삶을 사랑하는 것이다.

니체는 삶에 대한 사랑을 '운명애'(amor fati)라고 불렀다. 그는 그것을 '운명과 대결하지만 패하고 마는' 터키 식 운명론이나 '운명을 받아들이고 그것에 복종하다 쓰러지는' 러시아 식 운명론과 구분 지었다. 운명을 사랑한다는 것은 운명을 거부하는 것도 아니고 그것에 순종하는 것도 아니다. 운명을 사랑한다는 것은 운명을 아름답게 창조해 주는 것이다. 물론 그 창조에는 고통이 따른다. 재창조되기 위해 하나의 삶은 다음 삶에 자리를 내어주어야 한다.

창조하는 자가 있기 위해서는 고통이 있어야 하며 많은 변신들이 있어야 한다. 그렇다, 창조하는 자들이여. 너희들의 삶에는 쓰디쓴 죽음이 허다하게 있어야 한다! 이렇게 해서 너희들은 덧없는 모든 것들을 받아들이고 정당화하는 사람이 된다. 창조하는 자 스스로 다시 태어날 어린아이가 되기 위해서는 먼저 산모가 되어야 하고 산고를 마다하지 않아야 한다. ('지복의 섬에서')

이 같은 삶에 대한 사랑은 종종 크나큰 범죄 행위로 비난받는다. 차라투스트라가 '선하고 의로운 자' 들로부터 비난받듯이, 죄의식과 낡은 습속으로부터 삶을 해방하는 과정은 사악한 범죄 행위처럼 취급된다. 새로운 삶을 창조하는 데 이르지 못한 낡은 습속의 파괴자들이 양심의 가책에 시달리며 '창백한 범죄자들'로 전락하는 일도 자주 일어난다. 그러나 사랑의 의미를 알고 있는 자는 그의 망치가 파괴 도구이기 이전에 창조의 도구이고 사랑의 도구임을 알고 있다. 니체는 예수가 가르쳤던 사랑의 메시지를 범죄자들에게 전한다.

너희가 한 일을 너희가 안다면 너희는 구원받을 것이요, 알지 못한다면 너희는 저주받고 범죄자가 될 것이다——라고 안식일을 어긴 한 사람에게 예수가 말했다——모든 범죄자와 범법자들을 위한 말. (『유고, 1882~1883/4』)

차라투스트라는 행복한 삶이 무엇인지를 제자들에게 명쾌하게 설명했다. "진실로 나는 백 개나 되는 영혼을 가로질러 나의 길을 걸어왔으며 백 개나 되는 요람과 해산의 고통을 겪으며 나의 길을 걸어왔다"('지복의 섬에서').

5. 신체야말로 큰 이성이다

오노레 도미에, 「예심판사와 범죄자」

도미에의 사법 풍자화. 판사는 범죄자의 변명을 듣고 싶지도 않은 눈치다. "왜 훔쳤는 가?" "배고파서요." "배고파서? 나도 지금 배가 고파! 그렇다고 도둑질을 하진 않아. 도 대체 왜 훔친 거야?" 이때 옆에 있던 검찰이 끼여든다. "열악한 가정 환경, 불량한 교우 관계……, 그런 짓을 하고도 남을 놈입니다."
라이히(W. Reich)가 여기 있었다면 이를 멋지게 반박했으련만. "배고픈 사람이 음식을 도둑질하거나 착취당한 사람이 파업을 한다는 건 당연하다. 오히려 설명되어야 할 것은 배고픈 사람들 중 대부분이 왜 도둑질을 하지 않으며 착취당한 사람들 중의 대부분이 왜 파업을 하지 않는가 하는 사실이다."(『파시즘의 대중심리』)

한 표상이 이 창백한 사람을 더욱 창백하게 만든다. 그가 어떤 행동을 저지르자 그는 어느새 그 행위 에 대응하는 자가 되었다. (『차라투스트라』)
인간의 자유는 인간이 죄를 지을 수 있도록 창안된 것이다. (『우상의 황혼』)

서구의 전통에서 신체는 완전히 찬밥 신세였다. 정신이나 영혼 못지 않게 신체도 사람의 주요 속성이지만, 철학자들은 정신이나 영혼만이 참된 진리를 소유한다고 말하고, 성직자들은 그것들만이 불멸해서 천국에 이른다고 강론한다. 또 누군가 못난 짓을 하면 그것 역시 정신이나 영혼의 문제인 것처럼 다룬다. 마치 한국 축구의 패인을 '정신력 부족'으로 몰아붙였던 과거의 해설가들처럼, 철학자들은 사람들의 행동이 정신의 결단에 달려 있다고 말하고, 성직자들은 심판의 날이 오면 영혼에 그 행동의 죄를 물을 것이라고 경고한다. 천국을 가든 지옥을 가든 신체는 고려 대상도 아니다.

간혹 신체를 고려하는 경우도 대부분은 신체를 비난하기 위해서 그렇게 한다. 멀쩡한 정신이 엉뚱한 오류를 범했을 때, 혹은 선한 영혼이 사악한 행동을 저질렀을 때, 사람들은 그때 신체를 의심한다. 이성이 왜 잘못 판단했을까? 그건 불완전한 감각기관을 지닌 신체가 불완전한 데이터를 전송했기 때문이야. 선한 영혼이 왜 죄를 지었을까? 그건 신체가 쾌락에 대한 열정으로 영혼을 꼬드겼기 때문이야.

하지만 신체는 정말 영혼이나 정신보다 열등하고, 항상 오류와 죄의 유도자일 뿐인가? 철학자 스피노자는 이런 생각에 반대했다. 『에티카』*Ethica*에서 그는 '신체가 무엇을 할 수 있는지'〔신체의 능력〕를 알지 못하는 사람들의 무지를 비판한 적이 있다. "사람들은 많은 것이 정신의 결단에 달려 있다고 말하지만, 경험은 반대로 신체가 활발하지 못할 때 정신이 적합한 사유를 하지 못함을 보여주지 않는가?" 신체의 능력에 대해 알지 못한다면 우리는 계속해서 "술주정뱅이가 자유의지로 떠들고, 겁쟁이가 자유의지로 도망치며, 젖먹이가 자유의지로 젖을 원한다고 말할 것이다".

차라투스트라는 바로 신체의 능력에 대해 가르치려고 한다. 그는 '죽음을 설교하는 자들'에게 그러했듯이 '신체를 경멸하는 자들'에게도 각자 원하는 바를 이루고 어서 '입을 다물라'고 한다. "신체를 경멸하는 자들에게 말하고자 한다. 그들이 이제 와서 새로운 것을 배우거나 가르칠 필요는 없다. 그 대신 자신의 신체에게 작별을 고하고 입을 다물면 된다"('신체를 경멸하는 자들에 대하여'). 신체를 경멸하는 자들은 알게 될 것이다. 신체와 이별하면 무슨 일이 일어나는지를, 그리고 그들의 삶이 무엇 때문에 가능했는지를.

신체를 경멸하는 자들

전통적으로 서구의 철학자들은 인간을 영혼(정신)과 신체로 나누어서 이해해 왔다. 그들은 영혼에는 불멸성과 완전성의 지위를, 신체에는 유한성과 불완전성의 지위를 부여했다. 영혼과 신체에 대한 그들의 비유를 보고 있으면, 영혼은 마치 하늘에서 죄를 짓고 지상에 내려왔다 깨달음을 얻어 다시 천국으로 돌아갈 고귀한 운명의 존재이고, 신체는 영혼으로부터 생명력을 잠시 얻었지만 영혼이 떠나자마자 다시 대지로 돌아가야 하는 천한 운명의 존재인 것처럼 보인다.

플라톤의 『파이드로스』*Phaidros*에 나오는 '마부와 그의 마차를 끄는 두 마리의 말'에 관한 이야기를 보자. 두 마리 말 중 한 마리는 마부에게 순응하는 아름답고 기품 있는 말이며, 다른 한 마리는 성격이 사나워 다루기가 수월치 않은 말이다. 한 마리는 이성의 세계를 구현하고 있고, 다른 한 마리는 욕망과 충동의 세계를 구현하고 있다. 전자는 영혼의 세계, 신적인 세계, 천국의 세계를 나타내는 반면, 후자는 신체의 세계, 인간의 세계, 지상의 세계를 나타낸다.

근대 철학자 데카르트는 한 걸음 더 나아갔다. 그는 이전 철학자들보다도 더 분명하게 영혼과 신체를 분리해냈다. 그에게 영혼과 신체는 완전히 다른 실체를 의미했다. 사실 그는 '영혼'(anima)이라는 말보다는 '정신'(mens)이라는 말을 사용했다. 왜냐하면 전통적으로 영혼이라는 말에는 '생기'(生氣)라는 다소 모호한 의미가 담겨 있었기 때문이다. 그에게 '정신'(mens)은 정신의 '지적 능력'을 나타내는 말이기도 했다. 그렇다면 신체는 어떤 것이었을까? 그것은 하나의 기계에 불과했다. '쇠돌이' 없는 '마징가 제트'가 그저 고철덩어리에 불과하듯이 정신과 분리된 신체도 아무런 능력도 없는 고깃덩어리일 뿐이다. 정신과 신체를 철저히 나누고 앎의 문제를 정신에만 한정함으로써 데카르트는 나중에 감각으로부터 분리된 순수한 인식을 얻고자 했던 많은 철학자들에게 영향을 미쳤다.

철학자들만큼이나 기독교의 성직자들 역시 '신체를 경멸하는 자들'의 명부에 오를 만하다. 『성경』은 신이 인간을 흙으로 빚고 나서 자신의 숨결을 불어넣었다고 말하고 있다. 영혼이나 정신은 신의 숨결에 해당하니 얼마나 귀한 것이겠는가. 더구나 영혼은 신에서 직접 나온 것이므로 그 자체로 영원불멸할 것이다(영혼은 떼었다 붙였다 할 수 있는 '복합 덩어리'인 흙[신체]과 달리 그 자체로 '하나'의 숨결이므로 분리되거나 해체될 수도 없으니 영원불멸할 수밖에 없다).

인간의 거죽을 구성하는 재료로 신체를 한정하는 것은 그래도 나은 편이다. 기독교적 해석에는 훨씬 심각한 문제가 있다. 그것은 신체의 여러 기능과 작용을 도덕적으로 해석한다는 점이다.

> 신체의 기독교적 해석자——위, 심장, 신경, 담즙, 정액 등 어떤 것을 원인으로 하든 간에 불쾌함, 쇠약함, 과도함 등 우리에게 알려져 있지 않은 그 모든 우연성들에 대해 파스칼 같은 기독교도들은 신인가 악마인가, 선인가 악인가, 구원인가 지옥행인가를 묻고 있다. 그들은 그런 것도 도덕적이고 종교적인 것으로 해석하고 있는 것이다. (『서광』)

프로테스탄트들은 문제를 더욱 심각하게 만들었다. 그들은 신체에서 일어나는 자연스러운 욕망이나 충동을 사악한 것으로 규정했다. 그들의 생활 지침은 온갖 우스꽝스러운 금욕주의로 가득 차 있다. 욕망을 감시하고 억제한다는 명목으로 노동을 널리 장려했고, 냉수마찰이나 채식 등도 강조했다. 심한 경우에는 자기 몸을 채찍질하는 사람들도 있었다. 그들은 부부간의 성교에서도 절대로 쾌락을 느끼지 않아야 한다고 강조했다(성교는 오직 아이를 낳기 위해서만 해야 하는 것이었다). '성스럽게 성교하는' 그들을 상상해 보자. 얼마나 코믹한가.

니체는 서구의 전통 철학과 마찬가지로 기독교에도 신체를 위한 섭생이나 위생의 원리가 들어 있지 않음을 문제 삼았다. 가령 불교만 하더라도 신체를 대함에 있어 철저히 생리학적 입장을 취하고 있다. 승려들은 신체의 선악에 대해 말하지 않는다. 그들은 섭생과 위생의 문제를 해결하기 위해 유랑을 택한다. 부처는 안식과 명랑한 기분을 강조할 뿐 기도나 율법에는 관심도 없다. 니체에 따르면 그들이 기독교적 원한을 품지 않았던 이유는 신체에 대한 생리학적 처방을 가지고 있었기 때문이다(『반그리스도』).

반면 기독교는 생리학적 문제에 철저히 무지했다. 섭생에 관한 그들의 지침은 신체를 편안케 하기 위해 만들어진 것이 아니라 "신경을 자극하기 위해 만들어졌다"(『반그리스도』). 그들의 금욕은 '자연스러운' 신체를 만들기 위한 것이 아니라 '자연을 극복하는' 신체를 만들기 위해서 선택된 것이다. 기독교도들은 "오직 영혼만을 사랑하며, 관능적인 것 일반을 증오하면서" 신체에 관한 지침을 내리는 것이다.

[카타콤을 떠올려 보자.] 은밀하고 어두운 방이 기독교적인 것이다.

여기서는 신체가 경멸되고 위생조차 신체를 위한 것이라는 이유로 배격된다. 교회는 청결을 거부하기조차 한다——무어인들을 추방한 후 기독교도들이 한 첫번째 일도 공중 목욕탕을 폐쇄한 일이었다. 당시 코르도바에만 270여 개가 있었던 목욕탕을 그들은 모두 폐쇄한 것이다. (『반그리스도』)

자아(Ich, ego)가 아니라 자기(Selbst)다

신체를 경멸하는 자들의 말처럼 신체는 과연 정신의 결단에 의존하는 고깃덩어리에 불과한 것인가? 차라투스트라는 오히려 "영혼이야말로 신체 속에 있는 그 어떤 것에 불과하다"고 말한다('신체를 경멸하는 자들에 대하여').

형제들이여, 너희들이 "정신"이라고 부르는 그 작은 이성 역시 너의 신체의 도구, 이를테면 너의 커다란 이성의 작은 도구이자 장난감에 불과하다. ('신체를 경멸하는 자들에 대하여')

차라투스트라에게 신체는 영혼이나 정신보다 큰 개념이다. 물론 그것은 고깃덩어리보다도 큰 개념이다. 신체를 '판단 능력'이 없는 '고깃덩어리'로 보는 것 자체가 인간을 정신과 신체로 양분해 온 서구 전통의 산물이다. 차라투스트라는 '정신'이나 (고깃덩어리로서의) '신체'가 모두 하나의 신체, 즉 더 큰 이성으로 더 중요한 판단을 하는 제3의 어떤 것을 표현하고 있다고 생각한다.

너무도 매력적인 남성 혹은 여성이 지나가는 걸 보았다 치자. 과연 이때 일어난 일이 눈과 심장을 지배한 정신의 자유의지에 의한 것일까? 하지만 눈이나 심장 못지않게 정신 역시 흥분으로 들떠 있었지 않은가. 우리의 눈이 휘둥그레지고, 심장이 벌렁거리며, 정신이 혼란스러워진 것은 결코 자유의지의 산물이 아니다. 차라투스트라는 말한다. "감각이 느끼고, 정신이 이해하고 판별하는 것들은 그 안에서 자신의 목적을 가지고 있지 않다. 하지만 감각과 정신은 그들이 바로 모든 것의 목적인 양 너희들을 설득하려 한다"('신체를 경멸하는 자들에 대하여'). 그래서 정신의 작은 이성은 '그 사람의 각선미가 잘 빠졌기 때문이다', 혹은 '내가 좋아하는 스타를 닮았기 때문이다'라는 식으로 이유를 설명하려 든다. 그러나 왜 정신은 그런 타입을 좋다고 말하며, 눈과 심장은 그런 타입에 요동을 치는 것일까?

그것은 "두 개의 눈을 통해서 세계를 바라보는 커다란 제3의 눈"이 있기 때문이다(『서광』). 차라투스트라는 그 제3의 것을 신체라 하고, '자아'와 구별하여 '자기'(Selbst)라고 부른다.

감각과 정신은 도구이자 장난감일 뿐이다. 그들 뒤에는 자기라는 것이 있다. 자기는 감각의 눈을 도구로 탐색하며 정신의 귀를 도구로 경청한다. 자기는 언제나 경청하며 탐색한다. 그것은 비교하고,

정복하고, 파괴한다. …… 자아를 지배하는 것도 그것이다. 형제여, 너희의 사상과 생각과 느낌 뒤에는 더욱 강력한 명령자, 알려지지 않은 현자가 있다. 이름하여, 그것이 바로 자기이다. 이 자기는 너의 신체 속에 살고 있다. 너의 신체가 바로 자기이다. ('신체를 경멸하는 자들에 대하여')

자아는 어떤 때는 기뻐하고 또 어떤 때는 슬퍼한다. 하지만 "기쁨과 슬픔을 창조한 것은 [자아가 아니라] 창조하는 자기이다". 그런데도 우리는 '자기'를 '자아'라고 잘못 읽는다. "우리는 자기라는 가장 분명한 표음 문자를 잘못 읽는다. 이 틀린 아이콘에서 발견한 우리에 관한 우리의 의견이 바로 '자아'이다"(『서광』).

자아는 행동의 원인이 아니라 결과이다. 자아는 자기의 행동과 실천이 있은 후 형성된 자기에 대한 어떤 관념일 뿐이다. 각각의 행동을 통해 우리는 '나'나 '너'에 대한 관념을 갖게 된다. 그런데 우리는 "시간을 전도시켜" 그 행동이 '나'나 '너'에 의해 준비된 것이라고 믿고, '내가 행동했다' 혹은 '네가 행동했다'고 말한다.

니체가 지적하는 '결과를 원인으로 보는 오류'가 자아와 자기의 관계에도 적용될 수 있을 듯싶다. 그는 베네치아의 귀족 코르나로(Cornaro)가 쓴 『장수를 위한 충고』(1558)를 예로 들고 있다. 책에서 코르나로는 "건강하게 오래 살려면 식사를 적게 해야 한다"고 충고하고 있는데 니체는 그가 결과와 원인을 혼동하고 있다고 지적한다.

이 훌륭한 이탈리아인은 자신의 식이요법이 자신의 장수의 원인임을 발견했다. 그런데 사실은 그의 장수의 첫번째 조건으로서의 매우 느린 신진대사와 적은 소모 등이 〔오히려〕 그의 적은 식사의 원인이었던 것이다. 그는 마음대로 많이 먹지 못했다. 그가 말하는 절제라는 것도 그의 '자유의지'에 의한 행위가 아니었다. 그는 많이 먹었을 때 병에 걸렸던 것이다. 이런 식으로 비쩍 마른 사람이 아니라면 식사를 잘하고, 제대로 먹는 것이 필요하다. (『우상의 황혼』)

코르나로는 신체 능력상 적게 먹을 수밖에 없었음에도 그렇게 적게 먹는 것이 자신의 자유의지에서 나온 행위인 양 착각한 것이다. 많이 먹으면 병에 걸리는 사람이 적게 먹는 걸 보고 자유로운 선택이었다고 말할 수는 없는 노릇 아닌가. 매력적인 사람이 지나갈 때 몸이 달아오르고 정신이 수습되지 않는 것도, 아이가 엄마 젖을 빠는 것도, 술주정뱅이가 계속해서 같은 말을 반복하는 것도, 겁쟁이가 달아나는 것도 자유의지였다고 말할 수는 없을 것이다. 술이 깬 자가 다음날 무어라 합리화를 하든, 겁쟁이가 그때의 자신에 대해 무어라 변명을 하든, 자아의 '자유의지'는 그 행동의 주인이 될 수 없다. 오히려 자아로 하여금 그렇게 합리화하고 변명하도록 명령한 자아의 주인이 따로 있는 건 아닐까? 행동 이후에 변명하는 자, 혹은 행동의 책임을 지겠다고 나서는 자가 아니라, 매번 행동 속에서 스스로를 드러내고 있는 자, 심지어 변명조차 활용하는 자에 대한 물음이 필요한 게 아닐까? "나의 친구들이여! 어린아이 속에 어머니가 있듯이 행위 속에 너희의 자기가 있다"('도덕군자에 대하여').

언어적 습관

술주정뱅이나 젖먹이는 그렇다 치더라도 우리 대부분의 행동이 내면적 자아의 자유의지로 이루어지는 것임을 부정할 수 있을까? 차라투스트라의 이야기를 반박하고 싶은 사람에게도 기회를 줘보자. 우선 머릿속으로 오른손을 들겠다고 생각한다. 그리고 오른손을 든다. 이로써 우리는 '정신이 원인이고 행동이 결과임'을 증명한 걸까? 불행히도 이때 증명된 것은 차라투스트라를 반박하고 말겠다는 당신의 (권력)의지뿐이다.

내가 내 팔을 뻗으려는 의도를 가지고 있었다고 치자. 만일 내가 인체의 생리학에 대해서나 운동 역학에 대해서 아무 것도 모르는 사람이라면 내 의도는 내 행위를 이끌어내는 데 얼마나 미덥지 못한 것인가? 설령 내가 세상에서 가장 명석한 운동 역학자여서 팔을 뻗을 때 적용되어야 할 공식을 알고 있다 해도, 그 때문에 내가 내 팔을 더 빨리 더 능숙하게 뻗는 것은 아니다. (『권력의지』)

정신과 행동은 별개의 영역이다. 더구나 당신이 손을 들겠다고 생각한 첫 장면에서도 (각 기관들을 포함해서) 신체는 부단히 움직이고 있었고, 오른손을 든 두번째 장면에서도 머릿속은 텅 비어 있지 않았다. 당신은 원인과 결과의 연쇄를 보여준 한 장면을 상연한 게 아니라 당신 자신의 〔권력〕의지를 표현하는 두 장면을 상연한 것이다 (첫번째 장면에서 정신에 일어난 일이 두번째 장면에서 신체 일어난 일의 원인이 되지 않는다). 이 두 장면은 서로 인과 관계가 없다. 물론 각각의 장면에 등장하는 정신과 행동도 마찬가지다. 각각의 장면에서 정신과 행동은 동시에 '자기'를 표현했을 뿐이다. 차라투스트라는 말한다. "생각과 행위 그리고 그 행위의 표상은 별개의 것이다. 이 사이에는 인과의 수레바퀴가 돌지 않는다"('창백한 범죄자에 대하여').

그래도 여전히 찜찜한 구석이 남았을지 모르겠다. 분명 내 몸이 움직이는 건 내 생각대로인 것 같은데……. 니체와 차라투스트라는 이 찜찜한 구석을 어떻게 설명할까?

우리는 항상 원인이 무엇인지를 알고 있다고 믿어 왔다. ……〔그러나〕 우리에게 그러한 믿음을 주는 '내면적인 사실들'이 사실들로서 증명된 적은 없다. 우리는 의지의 작용에 있어 우리 자신이 원인이라고 믿고 있다. …… 결코 의심받지 않았던 것은 어떤 행위의 원인을 …… 의식 속에서 찾아야 하며 의식에서 찾을 수 있다는 생각이다. 행위의 동기로서의 의식. (『우상의 황혼』)

니체 생각을 따르자면 '행동은 의식에 의해 생겨나고, 의식은 자아가 만들어낸 것이다'라는 주장은 증명된 게 아니라 믿어진 것이다. 앞서 보았듯이 생각과 행위는 인과 관계로 연결되지 않으며, 자아가 관리한다는 내면 세계도 "온갖 도깨비불로 가득 차 있어" 무엇이 자아인지 분간조차 할 수 없다. 밤에 추잡한 꿈을 꾸는 게 자아인가, 다음날 그 꿈에 대해 창피해 하는 게 자아인가. 매력적인 남성 혹은 여성에게 말을 걸어보라고 속삭이는 게 자아인가, 그런 쪽 팔리는 일은 그만두자고 하는 게 자아인가.

행동을 그 배후에 있는 누군가(주체, 자아)의 의도로 파악하는 것은 마치 "한 예술가를 그의 작품으로 평가하지 않고 의도로 평가하는 것과 같다"(『선악을 넘어서』). 의도로만 따진다면 세상에서 가장 위대한 작품을 만들고 싶지 않은 사람이 누가 있을까. 하지만 피카소는 작품으로 위대해진 인물이지 의도로 위대해진 인물이 아니다.

니체는 행동 뒤에 행위자를 두는 우리 습관을 지적한다. 니체는 이 습관이 언어의 유혹(특히 주어를 쓰려는 유혹)과 관련되었다고 말한다. "언어 속에 이성의 근본적 오류가 들어 있다"(『도덕의 계보학』). 가령 '번개가 친다'는 말을 보자. 사람들은 '번개'와 '섬광'을 구분해서, 번개와 구분될 수 없는 '섬광'을 '번개라는 주체의 활동인 양' 묘사한다. '비가 내린다'는 말도 마찬가지다. 비라는 주체가 따로 있어 '내릴까 말까'를 선택한 게 아닌데도 우리는 마치 그런 것처럼 말하고 있다. 이 점에서는 과학자들도 예외가 아니다.

과학자들은 '힘이 움직인다', '힘은 무엇을 일으키는 원인이다'라고 말하지만, 그것을 통해 그들이 사태를 더 잘 파악한 것은 아니다. 과학 역시 그 냉정함에도 불구하고 여전히 언어의 유혹에 사로잡혀 있는 것이다. (『도덕의 계보학』)

행동이나 실천과 분리된 채 그 배후에 존재하는 주체란 없다. "활동의 활동이라고 불러야 할 것을 주체의 활동이라고 부른다"는 니체의 불만은 바로 그 점을 지적한 것으로 보인다.

창백한 범죄자

자, 이제 차라투스트라가 소개하는 '창백한 범죄자'에 대한 재판 장면을 살펴보자('창백한 범죄자에 대하여'). 이 재판 장면은 우리가 앞서 말했던 모든 요소를 함께 담고 있다. 다시 말해서 범죄로 인정된 '행위', 행위의 주체로 인정된 '행위자', 그리고 행위의 '의도'에 대한 추궁이 함께 들어 있다.

살해범으로 지목된 범죄자에게 붉은 옷의 판관이 말한다. "왜 살인을 했는가? 그것은 (네게 무언가를) 강탈하려는 의도가 있었기 때문 아닌가." 판관은 행위 이후에 나타난 행위자를 행위 이전으로 돌려 그 이유와 책임을 묻고 있는 것이다.

한 표상이 이 창백한 사람을 더욱 창백하게 만든다. 그가 행동으로 옮기자 그는 자신의 행위에 대응하는 자가 되었다. 그러나 행위 이후에 그 표상을 더 이상 견디어낼 수 없었다. 그는 언제나 그 자신을 한 행위의 행위자로 간주해 왔다. 나는 그것을 광기라 부른다. …… 한 가닥의 금을 그어 암탉을 꼼짝 못하게 잡아둔다. 나는 이것을 행위 **이후**의 광기라고 부른다. ('창백한 범죄자에 대하여')

그러나 사건을 저지른 것은 '행위 **이후**의 광기'가 아니라 '행위 **이전**의 광기'이다. 그럼에도 붉은 옷의 판관은 자신들이 '이해할 수 있는' 살인 동기를 대라고 '행위 이후'의 범죄자에게 닦달하고 있다. 과연 창백한 범죄자가 '행위 이전'의 광기를 설명할 수 있을까? 판관은 계속해서 묻는다. "무언가를 강탈하려 했거나, 앙갚음을 할 원한이라도 있었던 것 아니냐?" 그러나 차라투스트라는 말한다. "그의 영혼이 갈구한 것은 강탈이 아니라 피였으며, 그는 비수의 행복에 굶주려 있었다." 붉은 옷의 판관은 말도 안 되는 소리라며 펄쩍 뛴다. "뭔가 분명히 납득할 만한 살해 동기가 있을 것이다."

차라투스트라는 범죄자에게 판관의 말을 인정하지 말라고 말한다. 만약 그에게 머리를 숙인다면 "범죄자는 살해자에 강도나 악당까지 되는 셈"이다. 그렇다면 우리는 이 살해자의 살해 행위를 어떻게 이해해야 하는가?

이 사람의 정체는 무엇인가? 그는 …… 질병더미가 아닌가. ……
이 사람의 정체는 무엇인가? 그는 좀처럼 서로 평화롭게 지내지 못
하면서 얼키설키 뭉쳐 있는 뱀의 무리가 아닌가. 그리하여 뱀들은
따로따로 빠져나와 이 세계에서 먹이를 찾는다. 보라, 이 가련한 신
체를! 그는 자신의 고통과 욕구를 나름대로 해석한 것이다. 그것을
살인의 즐거움으로, 비수의 행복으로. ('창백한 범죄자에 대하여')

살해자의 욕망들[정서들 ; affectus]은 서로 갈등하고 있었다. 똬
리를 틀고 있다가 빠져나오는 뱀들처럼 신체[자기]를 구성하고 있던
욕망들은 정신과 육신을 차지하기 위해 앞다투어 나왔다. 그는 그때
의 고통을 살인에 대한 명령으로 느낀 것이다. 그렇다면 우리는 '이
사람'을 어떻게 불러야 하는가? 차라투스트라는 말한다. "그는 악당
이 아니라 병자다." "그는 '바보'일지언정 '죄인'이 아니다."

그런데 판관은 왜 그렇게 범죄자의 '의도'를 알아내는 데 집착
했던 걸까? 행위의 의도를 밝히는 것이 죄를 성립시키는 데 결정적
이기 때문이다. "모든 행위는 행위자가 할 뜻이 있어서 행해진 것으
로 생각되어야 한다"(『우상의 황혼』). 니체는 여기에 "인간을 책임질
수 있는 존재로 만들려는 심리학"이 작동하고 있고, "책임을 따지는
것은 처벌하고 심판하려는 본능"이 개입되었기 때문이라고 말한다.
행위자는 자유의지를 지니고 있다. 그는 다른 선택을 할 수 있었는데
도 그러한 선택을 했다. 따라서 그는 그것에 책임을 져야 한다. 니체

는 이것이 심판을 끌어들이기 위해 인간에게 '자유의지'를 부여하는 신학자들의 태도에서 극명하게 드러난다고 말한다. 자유의지가 없는 상태에서 죄를 지었다면 신은 그 인간을 심판할 수 없으리라. 그래서 니체는 말한다. "인간의 자유는 인간이 죄를 지을 수 있도록 창안된 것이다." 자유의지의 창안은 "인류가 신학자들에게 의존하게 만드는 데 사용되는 기술 중 가장 못돼먹은 기술이다".

신체는 생성하는 그 무엇이다

니체는 정신과 신체의 전통적인 위계를 뒤집고 있다. 그는 『권력의 지』에서 "정신(혹은 영혼, 혹은 현대적 용어로 주체(Subjekt))을 믿는 것보다 우리의 가장 원초적인 소유물이자 가장 확실한 존재인 신체를 믿는 쪽이 낫다"고 말한다. 그는 정신이나 영혼, 주체에 대한 비판을 통해 신체의 중요성을 복원하고 있다. 하지만 그가 말하는 신체는 정신의 상대물인 육신이 아니다. 그것은 정신이나 육신보다 높은 차원의 것이다. 그는 정신이 중요치 않다고 말하는 게 아니라 "정신적인 것을 신체의 기호로서 다시 확정하자"고 말하는 것이다. "내가 신체를 더욱 잘 알게 되면서 나는 정신이라는 것이 단지 정신처럼 보이는 것에 불과함을 알게 되었다"('시인에 대하여').

그렇다면 그가 말하는 신체는 어떤 것일까? 신체는 무엇보다도 역동적인 복합성으로 정의되지 않으면 안 된다. 신체에는 사유하는 정신이 있고, 느끼는 감각이 있으며, 그런 것들을 추동하는 여러 힘들, 정서들(열정이나 욕망들 ; affectus)이 있다. 신체는 생물학적인 것 못지 않게 심리학적이며 동시에 생리학적이다. 니체는 정서들의 움직임을 특히 강조했다. 그가 말하는 '커다란 이성', '제3의 눈'은 모두 정서들과 관련이 있다.

우리 안에는 어떤 자극에 대해 기쁨을, 다른 자극에 대해 슬픔을 느끼도록 하는, 그리고 어떤 행위를 바람직하다고 장려하고, 다른 행위를 사악하다고 금지하는 기준들이 있다. 특정한 정서들이 그 기준 자리를 차지하고 지배력을 확보하면 우리에겐 하나의 정체성이 생겨난다. 하지만 어떤 계기로 그런 정서들이 다른 정서들에 의해 전복되면 기쁨과 슬픔, 선과 악에 대한 기준은 달라지게 되고, 결국 정체성 또한 완전히 달라진다. 교육을 비롯해서 정체성을 심고 관리하는 수많은 제도와 장치들 덕분(?)에 우리는 비교적 고정된 정체성을 갖는 듯하지만, 우리 신체 안에서는 우리의 정체성을 규정하려는 정서들 사이의 싸움이 그칠 날이 없다. 그래서 차라투스트라는 신체에 대해 "하나의 의미를 지닌 다양성이고, 전쟁이자 평화"라고 말했다.

보라, 너의 덕 하나하나가 최고의 자리에 오르기 위해 얼마나 열심인지를. 그들은 너희 정신을 그들의 선령으로 삼을 생각에서 너희 정신 전부를 원한다. 그들은 분노와 증오 그리고 사랑에 있어서도 너의 힘 전부를 원한다. (「희열과 열정에 대하여」)

바다 속처럼 인간 속에는 '자아'라는 정신을 얻으려고 싸우는 수많은 동물들이 거주하고 있다. 우리 신체의 "지하실에 있는 사나운 들개들과 똬리를 튼 채 서로 갈등하고 있는 사나운 뱀들"이 자아를 잡기 위해 경쟁한다.

신체란 최고의 자리를 놓고 경쟁하는 힘들의 복합체에 다름 아니다. 그런 힘들의 갈등과 경쟁이 조정을 거쳐 일시적인 평화를 유지할 때, 힘들의 잠정적인 중심을 우리는 '자아' 혹은 '주체'라고 부른다. 자아의 입장에서야 어느 것 위에서든 제발 편히 오래 머물고 싶겠지만, 신체를 구성하는 힘들은 호시탐탐 자아를 낚아챌 기회만을 엿보고 있다. 그렇기 때문에 "주체〔자아〕의 영역은 힘 중심에 따라 계속해서 성장하거나 감소할 수밖에 없다". 지금 이 순간에도 정신과 육신의 주인 자리는 불안정한 상태로 남아 있다. 신체는 항상 당신의 극복을 꿈꾸는 생성의 존재인 것이다.

6. 노동이 아니라 전쟁을 권한다

「돌격적인 템포로 5개년계획을」, 1930년대 소련 포스터

신이 아담에게 벌을 내렸다. 너희들은 고된 일을 함으로써만 양식을 얻게 되리라. 종교개혁의 기치를 높이 든 아담의 까마득한 후손은, 신이 내린 형벌을 즐겨도 되느냐는 중세 가톨릭의 우려에도 불구하고, 이렇게 말했다. 노동이야말로 신을 영광되게 한다고.

자본가가 말했다. 일하지 않는 자는 먹지도 말라고. 자본주의를 뒤엎은 사회주의자도 말했다. 노동하는 사람이 주인된 세상, 이제 우리 모두 전투적으로 일하자고. 근대회에 몬바친(?) 어느 대통령은 새마을을 만들자며 이런 노래까지 지었다. "일하면서 싸우고, 싸우면서 일하자."

근대인들은 '노동의 존엄'이라는 개념적 환각을 통해서만 자신이 노예라는 사실을 잊고 하루하루를 살아갈 수 있다. (「그리스 국가」)

차라투스트라는 대담하게도 사람들에게 전쟁을 하라고 가르친다. 전쟁을 하라니? 차라투스트라의 '깨는' 이야기에 웬만큼 단련된 사람도 그의 '전쟁찬가'를 들으면 슬슬 몸을 뺄 수밖에 없다. 세계대전 당시 독일군들이 배낭에 『차라투스트라』를 넣고 다녔다는데, 정말 니체는 잔혹한 전쟁광이 아니었을까?

부디 차라투스트라의 '전쟁'을 '총 쏘는 전쟁' 수준으로 격하시키지 않도록 주의하자! 차라투스트라가 말한 것은 독일 병정처럼 "유니-폼을 입은 군졸들이 아니라, 유니-폼 하지 않은 전사들"이다 ('전쟁과 전사들에 대하여'). 아마도 그가 전쟁을 찬양한 것은 평화에 반대해서가 아니라 노동에 반대했기 때문일 것이다(물론 그도 지금의 미국식 평화에는 반대했을 것이다). 그의 전사들과 대비되는 자들은 평화 애호가가 아니라 노동자들이다. 그의 전쟁은 노동과 대비될 때 훨씬 잘 이해되는 것 같다. 차라투스트라는 "너희들에게 권하는 것은 노동이 아니라 전투"라고 말한다.

개미와 베짱이

「개미와 베짱이」란 우화가 있다. 여름에 개미는 땀 뻘뻘 흘리며 열심히 일하고, 베짱이는 '띵가띵가' 노래하며 놀았는데, 겨울이 오자 개미는 난방 잘 되는 집에서 여름철 일하며 모아 놓은 먹이를 먹으며 행복해 하고, 베짱이는 추위와 배고픔으로 왕고생하다 개미의 도움으로 간신히 목숨을 부지한다는 이야기다. 아마도 이 우화의 메시지를 모르는 사람은 없을 것이다. '열심히 일하면 축복받고, 희희낙락 놀면 인생 망가진다.'

　이 「개미와 베짱이」 우화는 다양하게 변주되어 여전히 우리 곁에 있다. 젊었을 때 열심히 일해서 지금은 잘 나가는 기업의 회장이 되었다는 「성공시대」 류의 TV 프로그램들이 그런 예일 것이다. 하지만 한 기업을 움직일 정도로 성공했다는 사람들 중 상당수는 '부정한 개미'였거나 상당히 '운 좋은 개미'였을 확률이 높다. 폐지를 모으거나 삯바느질을 해서 모은 수십 억을 장학금으로 내놓았다는 아름다운 이야기의 주인공의 경우에도 상당한 운이 따랐을 것이다. 한 아름다운 인간이 수십 억의 장학금을 내놓을 수는 있지만, 한 근면한 인간이 폐지를 모으거나 바느질을 해서 수십 억의 돈을 모을 수는 없기 때문이다. 아마 어딘가 사둔 땅이 부동산 붐을 타고 수십 억으로 둔갑했거나 누군가의 권유로 사둔 주식이 연일 상한가를 치는 기적이 일어났을 것이다.

　TV에 출현하지 않는 개미들, 즉 기적을 체험 못한 대부분의 개미들은 불행히도 우화 속 주인공과는 많이 다르다. 그들은 우화 속 개미와 똑같은 여름을 보내지만 똑같은 겨울을 맞이하지 못한다. 현실을 보면 개미와 베짱이 운명이 뒤바뀐 예가 훨씬 많다는 것을 알게 된다. 여름철에 너무 많이 일한 개미는 겨우내 디스크에 걸려 누워 있고 보험 혜택도 못 받아 병원비 걱정으로 날을 세는데, 베짱이는 최신곡이 떠서 소위 잘 나가는 스타가 된다. 우화와는 달리 겨울철에 바깥에서 눈을 맞는 건 베짱이의 공연장에 들어가기 위해 노숙도 불사하는 개미들이다. 게다가 일부 개미들은 경기 침체로 직장에서 쫓겨나고, 남은 개미들도 저임금과 장시간 노동에 시달린다. 새로운 일을 찾아보고 싶지만 할 줄 아는 게 자기가 했던 일밖에 없는지라 참으로 막막할 뿐이다. 열심히 일만 하느라 예술적 감성도 기를 틈이 없어, 좋은 그림을 봐도 그것이 왜 좋은지 알지 못하고, 훌륭한 음악을 들어도 그것이 왜 훌륭한지 알지 못한다.

그런데도 우리 사회는 여전히 개미들 노동의 숭고함에 대해 이야기하고, 더 많은 노동이 더 큰 부를 가져올 것이라고 강조한다. 노동이 그렇게 좋은 것이라면 굳이 사회가 나서서 떠들 필요가 있을까. 괜히 숭고함을 이야기하는 걸로 노동의 수고로움에 대한 지불을 대신하고, 미래에 대한 헛된 기대를 심어주면서 현재의 삶을 가로채고 있는 것은 아닌지. 개미도 슬슬 사태를 바로 볼 때가 되지 않았을까? '노동을 찬미하는 사회'에서 왜 그들이 그토록 '망가졌는지'.

참고로 개미를 연구한 생물학자들에 따르면, 개미들 중 직접 노동에 종사하는 비율은 3분의 1정도이고, 나머지 3분의 2는 위기 관리를 위한 예비자원이라고 한다. 또 하루 중 개미의 노동시간은 4시간 정도로 인간의 절반도 되지 않는다. 베짱이는 원래부터 겨울 이전에 생을 마감하는 곤충으로, 수컷은 여름에 열심히 노래를 불러 암컷을 유혹하고 짝짓기에 성공해야 자손을 남길 수 있다고 한다.

노동에 대한 허영심과 수치심

니체는 '노동에 대한 찬미'와 '노동으로 피폐해진 삶'의 모순을 지적한다. "사람들은 근면한 사람을 칭찬한다. 그가 바로 그 근면 때문에 자신의 시력을 해치고 정신의 독창성이나 참신함을 상실해 버렸음에도 불구하고"(『즐거운 지식』). 그는 근대 노동자가 고대 노예와 다른 점이 있다면 자기 노동에 대한 독특한 위안을 가지고 있는 점뿐이라고 말한다.

> 우리는 그리스인들보다 두 개념을 더 가지고 있는데, 이 개념들은 말하자면 완전히 노예적으로 행동하면서도 '노예'라는 낱말을 두려워하고 피하는 우리 세계에 대한 위로의 수단이다. 그 두 개념이란 바로 '인간의 존엄'과 '노동의 존엄'이다. …… 끔찍한 궁핍을 통해〔우리 사회는 사람들을 끔찍한 궁핍으로 몰아—필자〕소모적인 노동을 강요하면서도 '의지'에 홀려—더 정확히 말하자면—인간적 지성을 통해 이런 노동을 가치 있는 것이라고 경탄하기까지 한다. (「그리스 국가」)

노동하지 않을 수 없게 내몰면시도 노동하는 것을 자유로운 선택의 결과물인 양, 심지어는 대단한 권리인 양 떠드는 현실을 니체는 "허깨비"이자 "환각"이라고 말한다. 우리는 노예제도에 대해서는 아주 수치스러워 하면서도 사실상 '임금 노예'인 자신의 모습은 인정하고 싶지 않아 노동을 찬미하는 일에 쉽게 동의한다는 것이다. 우리가 고대 노예보다 더 가지고 있는 건 바로 '허영심'이다.

우리는 노예제도 폐지를 원하지만 사실 노예들이 근대의 노동자보다 더 안정되고 행복하게 살았다는 사실, 노예 노동은 노동자의 노동에 비하면 얼마 안 되는 노동이라는 사실을 누구나 인정해야 할 것이다. (『인간적인 너무나 인간적인』)

고대인들이나 중세인들이 노동을 얼마나 경멸했는지를 보여주는 자료들은 많다. 우선 '노동'을 의미하는 단어들 치고 좋은 어원을 갖는 게 없다. 불어의 'travail'는 고문 도구를 의미했던 라틴어 'tripalium'에서 왔고, 독일어 'Arbeit' 역시 고통, 수고 등을 의미했다. 노동을 많이 하면 신체와 정신이 모두 망가지는데 그게 고문이 아니고 무엇이냐는 생각이 들 법도 하다. 그래서 고대 그리스의 정치가 크세노폰(Xenophon)은 노동에 오래 종사한 사람을 공직에 써서는 안 된다고까지 했고, 『성경』에서조차 신은 아담에게 '노동'을 형벌로서 부과했다.

그러던 것이 근대에 들어 노동이야말로 신의 영광을 실현하는 수단이라는 둥, 문명 건설의 원동력이자 가치 창조의 원천이라는 둥 하고 떠받들게 된 것이다. 심지어는 노동해방을 외치는 사회주의자들까지 '노동으로부터의 해방'이 아닌 '노동의 전사회적 확산'을 주장하고 나섰다. 이러한 변화 자체는 별도의 연구 주제가 될 터이지만, 어떻든 니체는 노동을 수치스럽게 생각한 고대인들에 대해 근대인들이 무슨 원한을 품고 있는 것 같다고 말한다. "공산주의자들과 사회주의자들, 그리고 더욱 창백한 그 후예들, 즉 '자유주의자'로 불리는 백인종들이 [노동을 생존을 위해 필요하지만 아주 수치스러운 것으로 간주하는 고대인들의 생각에] 원한을 갖고 있다"(『인간적인 너무나 인간적인』).

물론 고대 사회에도 노동이 있었음을 부인할 수 없고, '어떻게 노동 없는 사회가 가능하겠느냐'는 주장에도 일리가 없는 것은 아니다. 하지만 노동이 불가피한 것이라는 주장과 그것을 찬미해야 한다는 주장은 전혀 별개다. 노동에 수치심을 갖고 있는 사회는 그것을 줄이고 어떻게든 자유로운 활동을 늘리려 하겠지만, 노동에 허영심을 갖고 있는 사회는 그것을 확산시키기 위해 안간힘을 쓸 것이기 때문이다. 니체가 보기에는 허영심에 빠져 기본적인 권리와 존엄의 의미도 망각하고 있는 근대인들이야말로 노예 중의 노예다.

노예가 인간의 존엄이니 노동의 존엄이니 하는 개념들을 필요로 하고, 또 자기 자신과 자기 자신을 초월하여 깊이 생각하도록 자극받는 시대는 얼마나 불행한 시대인가! …… 이제 노예는 속이 훤히 들여다보이는 거짓말로, 이른바 "만인의 동등한 권리" 또는 "인간의 기본권", 인간으로서의 인간의 권리, 또는 노동의 존엄과 같이, 예리한 시선을 가진 사람이라면 누구나 알 수 있는 거짓말로 하루하루를 이어가야 한다. 그들은 어떤 단계, 어떤 수준에서도 "존엄"에 대해 말할 수 있는지를 깨달아서는 안 된다. 그들은 …… 개인적 생존을 위해 생식하고 노동할 필요가 없는 곳에서야 비로소 존엄을 말할 수 있다는 사실을 깨달아서는 안 된다. (「그리스 국가」)

노동이 아니라 전쟁이다

니체는 노동을 가치의 원천으로 보고 생산에 투여된 노동시간이 그 상품의 가치라는 이른바 '노동 가치설'에 대해 큰 불만을 가지고 있었다. 그는 어떤 행동의 가치를 거기에 들인 시간이나 열정 따위로 환산해서 계산하려는 시도 자체가 근대 가치 평가 방식의 문제를 드러낸다고 보았다.

노동의 가치 ─ 거기에 얼마나 많은 시간, 열성, 선악의 의지, 강제, 독창성이나 나태, 성실성이나 가식 따위를 썼는가에 따라 노동의 가치를 결정하려 한다면, 그 가치는 결코 정당한 것일 수 없다. 왜냐하면 (가치를 정하기 위해선) 한 인격 전체를 저울대 위에 올려놓을 수 있어야 하는데, 그런 일은 불가능하기 때문이다. …… 오늘날 노동의 평가에 불만을 품은 자들로부터 듣게 되는 말들은 실로 정의의 호소인 것이다. 좀더 생각해 보면 어떤 인격도 그것의 생산물인 노동에 대해 아무런 책임도 없다는 것을 알게 된다. …… 모든 노동은 강함과 약함, 지식과 욕망의 필연적 복합체여서 그것의 좋고 나쁨도 그 복합체에 의해 결정된다. 〔더욱이〕 노동을 하고 안 하고의 여부, 어떻게 노동할 것인가 또한 노동자의 임의대로 되는 게 아니다. 〔지금은〕 오직 효용이라는 관점에서만 노동의 가치를 평가한다. 오늘날 정의로 일컬어지는 것은 이런 관점에서 가장 세련된 효용성의 자리를 차지하고 있다. (『인간적인 너무나 인간적인』)

한 행동의 가치는 어떤 보편적인 잣대에 의해 정해질 수 있는 게 아니다. 행동이란 능력이나 지식, 욕망의 복합체로서, 그것이 구성되는 방식과 양상에 따라 가치가 전혀 달라질 수 있다. 그러나 우리는 그것이 어떤 효용을 가지고 있느냐에 따라서만, 더 구체적으로 말하자면 얼마나 많은 화폐를 획득할 수 있느냐에 따라서만 가치를 정한다. 자본주의에서 지배적인 유형의 행동이 된 노동은 바로 '화폐로 표현된 활동', 다시 말해서 '상품화된 활동'이라고 할 수 있다. 니체는 '효용'이라는 관점에서 행동의 가치를 평가하는 체제 ── '자본주의 체제'라고 부를 수도 있을 것이다 ──가 "상황의 영속성을 꾀하고 있다"고 비난한다.

노동자와 그 후손이 계속해서 훌륭히 일을 하며, 각자의 수명보다

〔훨씬〕 긴 기간 동안 신뢰할 만한 노동자로 태어나는 것을 염두에 두고 있다. 그러나 노동자에 대한 착취는 오늘날 이해되고 있는 것처럼 하나의 어리석음이며, 미래를 대가로 한 약탈이자, 사회를 위태롭게 만드는 것이다. …… 사람들은 서로 평화를 유지하고 협정을 맺으며 신의를 회복하는 데 엄청난 대가를 치르게 될 것이다. 왜냐하면 착취자들이 지금껏 어리석은 짓을 엄청나게 그리고 지속적으로 저질러 왔기 때문이다. (『인간적인 너무나 인간적인』)

노동을 착취한 자들이 앞으로 얼마나 큰 대가를 치를지는 알 수 없지만, 노동을 착취당한 자들은 지금까지 너무 큰 대가를 치러 왔다. 노동으로 인한 심신의 상실도 컸지만 더욱 큰 것은 스스로의 가치를 창조할 능력을 상실한 점이다. 그들의 노동은 가치를 창조하는 것으로 알려져 왔지만, 그 가치는 그들의 것이 아니었다. 여기서 핵심은 '생산한 가치를 빼앗겼다'는 사실이 아니라, '자기 가치'를 생산하지 못하고 '타자의 가치'를 생산했다는 점이다. 그들의 활동이 자본주의적 가치 체계에 포섭된 노동인 한에서, 그들 스스로는 자신들을 '타자의 가치를 생산하는 노동자'로서 재생산하는 셈이다. 어떤 활동이 자기 자신을 자유인으로 만들어주기보다 노예로서 재생산하고 있는 것이라면 그 활동을 빨리 멈추어야 하는 게 아닐까?

그래서 차라투스트라는 노동을 거부하라고 가르치는 것이다. 노동을 거부하자고 하면 어떤 이들은 '우리 모두 게을러지자는 이야기냐"고 항변한다. 하지만 게으름이나 권태야말로 노동 사회의 이면이다. "권태란 무엇인가? 그것은 노동 일반에 대한 습관이다. …… 노동에 대한 습관이 강할수록, 더 나아가서 욕망으로 고통을 더 강력하게 받을수록 권태 역시 강력해졌을 것이다"(『인간적인 너무나 인간적인』). 노동이 자기 삶을 풍요롭게 하는 자유 활동이 아니므로 사람들은 자유에 대한 별도의 욕구, 심지어 게으름에 대한 욕구까지 갖는 것이다.

노동을 거부하는 일은 게으름이나 나태로 해결되지 않는다. 노동은 자기 가치를 창조하는 자유로운 활동에 의해서만 극복될 수 있다. 그렇기 때문에 니체는 새로운 가치 창조의 활동을 노동과 엄격히 구분했던 것이다.

물론 노동에 종사하던 이가 하루 아침에 가치 창조의 '성자'가 될 수는 없을 것이다. 그러나 차라투스트라는 이렇게 말한다. "사물의 이치를 터득하는 일에 성자가 될 수 없다면, 최소한 그것을 위한 전사는 되어야 할 것이다." 가치 창조의 전쟁에서 승리할 수는 없다고 해도 "너희 모두는 너희들의 사상을 위한 전쟁에 나서야 한다. 비록 전쟁에서 패하더라도 너희들의 정직성만은 굴하지 않고 승리해야 하리라. …… 나는 너희들의 노동이 전투가 되고 너희들의 평화가 승리가 되기를 바란다"('전쟁과 전사들에 대하여').

새로운 가치를 창조하고 싶은 삶의 전사들에겐 대단한 용기가 필요할 것이다. "무엇이 선이냐? 너희들은 묻는다. 용맹한 것이 선이다"('전쟁과 전사들에 대하여'). 그것은 "스스로를 멸망시킬 수도 있는 태풍"을 갖는 일이며, "베스비오 화산 위에 자신의 도시를 건설하는 일"이기도 하다(『즐거운 지식』). 하지만 새롭게 태어나고 싶은 전사라면 그 위험조차 사랑해야 한다.

전쟁을 일으키는 삶을 살라! 낡은 삶에 무슨 가치가 있는가! 그 어떤 전사가 보호와 아낌을 받기 원하는가! 나는 너희들을 보호하지 않으며 아끼지도 않는다. 나는 너희들을 진심으로 사랑한다. 전쟁을 하고 있는 나의 형제들이여! ('전쟁과 전사들에 대하여')

이 점에서 새로운 삶을 생산하는 과정인 전쟁과, 낡은 삶을 생산하는 노동이 선명하게 대비된다. 그러나 이로써 차라투스트라가 말하고 싶은 전쟁의 의미가 모두 드러난 것은 아니다. 전쟁은 또다른 대비 속에서 이해될 필요가 있는데, 그것은 전쟁의 해결사를 자임하는 새로운 우상 즉 국가와의 대비 속에서다.

7. 새로운 우상인 국가를 조심하라

토마스 홉스의 『리바이어던』 표지, 1651년

욕망하는 대상은 제한되어 있는데 원하는 사람들이 많다면, 게다가 그들 힘이 다 고만고만하다면, 우리는 늑대가 되어 서로를 물어뜯고 서로의 것을 빼앗으려 할 것이다. 해결책은 하나. 모두가 자기 권리를 제3자에게 양도하고, 그의 보증을 받아 계약을 맺는 것. 끔찍한 전쟁을 생각한다면, 보증자로 나타난 국가의 모습이 흉측한 건 문제도 아니다.

국가는 가장 냉혹한 괴물이다. 국가의 모든 것이 가짜다. 잘 무는 버릇을 가진 국가의 이빨도 훔친 것이다. 그 내장도 가짜다. 너희가 국가라는 새로운 거짓 신을 숭배할 때 국가는 너희에게 모든 것을 주려 할 것이다. 그렇게 해서 국가는 너희의 자랑스러운 두 눈을 매수하는 것이다. (『차라투스트라』)

차라투스트라는 낡은 신을 극복한 전사들에게 주의하라고 말한다. "국가가 너희들을 꿰뚫어 보고 있다. 너희들은 전투에 지쳤고, 지친 나머지 새로운 우상을 섬기게 된다"('새로운 우상에 대하여'). 이제 신을 믿고 신에게 복종하는 사람들은 줄었지만, 국가를 떠받들고 국가에 복종하는 무리들이 늘어나고 있다. 새로운 신의 출현! 유서 깊은 민족들과 수많은 대중들을 한갓 신민으로 전락케 하는 무서운 괴물의 출현!

무시무시한 괴물의 냉혹한 사기

국가에 대한 차라투스트라의 경고와 비난은 홉스(T. Hobbes)를 염두에 둔 것처럼 보인다. 홉스는 『리바이어던』 *Leviathan* 에서 국가가 전쟁을 종식할 필요성에서 태어났다는 것, 그리고 전쟁을 종식시키기 위해 무서운 힘을 가진 괴물이지 않으면 안 된다는 것을 주장했다. 그의 설명 요지는 이렇다. 아무런 질서도 없는 자연 상태를 가정해 보자. 사람들의 능력은 크게 다르지 않은데, 서로가 얻고 싶은 것은 한정되어 있다. 그렇다면 무슨 일이 벌어질까? 틀림없이 사람들은 '서로를 물어뜯는 늑대'가 될 것이고, 그들이 벌이는 '만인에 대한 만인의 전쟁'은 멈추지 않을 것이다. 이 전쟁을 멈출 수 있는 것은 '모두를 두려움에 떨게 할 수 있는 공통의 힘' 뿐이다. 홉스는 『성경』에 나오는 무시무시한 괴물인 리바이어던을 국가의 모습으로 제시했다. 사람들은 모두 전쟁의 권리를 이 괴물에게 헌납하고 이 괴물의 칼 앞에서 계약을 맺어 그것을 준수함으로써 신민이 된다. 이것이 그가 말하는 자연 상태에서 사회 상태로의 이행이고, 전쟁에서 평화로의 이행이다.

홉스 국가론의 놀라운 점은 국가에 대한 도덕적 정당화를 포기한다는 것에 있다. 그는 국가가 어떤 신성한 원리로부터 자연스럽게 출현한 게 아니라, 서로가 서로에게 늑대가 되는 냉혹한 전쟁에서 출현했다고 주장한다. 하지만 푸코의 적절한 지적처럼 홉스가 말하는 전쟁은 실제적인 게 아니라 "피도 시체도 없는 일종의 재현 게임"에 불과하다. 무슨 말인고 하니, '사람들 사이에 대단한 전쟁이 있었고, 그 전쟁을 막기 위해 어디선가 국가가 출현했다'는 이야기는 머릿속에서 일어난 게임에 불과하다는 것이다. 국가는 현실적으로 존재하지만, 홉스가 말한 그런 전쟁은 존재한 적이 없다. 그는 단지 사람들에게 전쟁을 떠올려 보라고 말하며, 그것이 얼마나 끔찍할 것인지 상상하게 한다. 그러고는 지금의 국가가 있지 않으면 안 된다고 말하는 것이다. 결국 홉스는 국가가 전쟁에서 기원했다고 했지만, 그 국가는 전쟁을 막기 위해서 등장한 것이고, 그가 국가의 기원이라고 지목한 전쟁 역시 현실의 국가를 정당화하기 위한 재현 게임인 것이다.

차라투스트라는 국가의 출현에 관한 이야기들이 '연기 피워 올리고 복화술 쓰는' 완전한 쇼라고 비난한다. 그가 '지옥의 불개'에게 한 이야기를 보자.

너와 마찬가지로 국가도 위선에 찬 개의 일종이다. 국가 또한 너처럼 연기와 울부짖음으로 말한다. 국가도 너처럼 사물의 복부로부터 말하고 있다는 것을 사람들이 믿도록 하기 위해. 국가는 어디까지나 이 지상에서 가장 중요한 짐승이 되고 싶은 것이다. 게다가 사람들은 국가를 그렇게 믿고 있다. ('크나큰 사건에 대하여')

무섭고 냉혹한 괴물이지만, 순 거짓말쟁이에다 날강도. 그것이 국가에 대한 차라투스트라의 가르침이다. 그는 국가가 민족과 대중을 위해 존재하는 것처럼 행세하지만, 국가의 출현이야말로 민족과 대중의 죽음이라고 말한다. 근대 국가는 오히려 민족과 대중의 이름을 가로챘다.

아직도 어딘가에 민족과 대중이 있을 것이다. 그러나 형제들이여 우리 주변 이야기는 아니다. 여기에는 국가라는 것이 존재하지 않는가. 국가라니? 그것은 무엇인가? …… 국가란 온갖 냉혹한 괴물 가운데서 가장 냉혹한 괴물이다. 이 괴물은 냉혹하게 속인다. 그리하여 그의 입에서는 "나, 국가가 곧 민족"이라는 거짓말이 기어나온다. ('새로운 우상에 대하여')

유서 깊은 민족들은 오랜 역사 속에서 스스로의 언어를 만들고 생존에 도움이 되는 선악의 가치표를 만들어낸다. 그러나 국가는 그것을 가로채서 법으로 공표한다. 차라투스트라는 이렇게 말한다. "무엇이 선이고 악인지에 대한 언어적 혼란. 이 징표를 나는 국가의 징표로서 너희들에게 제시한다"('새로운 우상에 대하여'). 국가는 마치 그 누구로부터도 불편부당한 존재인 양, 그 스스로가 보편적 선이고 정의인 양 행세한다. 실제로는 특정한 계층, 특정한 계급을 위해 봉사하면서도, 혹은 그 스스로가 특정한 이해관계를 가지고 있으면서도, 정작 자신은 사회로부터 초연한 양 거드름을 피운다. "국가에 있어서는 모든 게 거짓스럽다. 심지어 그 내장조차도 거짓스럽다."

근대 국가는 중세처럼 종교와 직접적으로 결합되어 있지는 않다. 낡은 신에 대한 믿음이 위태로워지자 근대 국가는 교회에서 발을 빼버렸지만 국가가 자신을 감싸주었던 신성한 베일마저 포기한 것은 아니었다.

국가가 어떻게 이들 많은-너무나도-많은-자들을 꼬드기는지를 보라! 어떻게 국가가 그들을 삼켜서 씹고 되씹는지를! "이 땅에서 나보다 더 위대한 것은 없다. 나는 질서를 부여하는 신의 손가락이다." 국가라는 괴물은 이렇게 외쳐댄다. 순진하고 귀가 얇은 자와 근시안인 자만이 그 앞에서 무릎을 꿇는 것이 아니다![많은 영웅들도 무릎을 꿇었다]. ('새로운 우상에 대하여')

국가는 여전히 자신을 신의 대리자인 것처럼 나타낸다. "사람들 역시 그들의 군주를 신과 유사한 방식으로 대하곤 한다." 확실히 "국가 존재에 있어서의 신비는 종교적 기원을 갖고 있다"(『인간적인 너무나 인간적인』). "국가는 사람들이 교회에 대해서 했던 것과 같은 우상 숭배를 자신에 대해서도 해주기를 바라고 있다"(『반시대적 고찰』). 그래서 교회가 사람들을 전쟁터로 내몰면서 '신을 위한 성전'이라 이름하듯이, 국가 역시 "스스로를 생명에 이르는 길인 양 말하고", 자신을 위해 죽는 것이 얼마나 영예로운 일인가를 설득한다. 수많은 전사들과 영웅들이 국가의 말에 속아 자기 목숨을 바쳤고, 국가는 이들을 활용해서 애국을 광고해댔다.

너희들이 그[국가]에게 경배만 한다면 이 새로운 우상은 너희들에게 무엇이든 주려한다. 국가는 이렇게 하여 너희들의 덕의 광채와 자랑스러운 눈길을 매수한다. 그는 너희들을 미끼로 많은-너무나도-많은-자들을 낚아 올리려 한다! 그렇다, 그러기 위해 지옥이라는 요지경이, 거룩한 영예로 치장을 하고는 쩔렁쩔렁 방울 소리를 내는 죽음의 말[馬]이 고안된 것이다! ('새로운 우상에 대하여')

자유보다는 복종을, 생명보다는 죽음을 부추기는데도, 모든 사람들로부터 진심어린 봉사를 끌어내는 존재, 그것이 국가다. "좋은 사람과 나쁜 사람을 가리지 않고 모든 백성이 독배를 들게 되는 곳, 나는 그곳을 국가라고 부른다. 좋은 사람과 나쁜 사람 가리지 않고 모든 백성이 자신을 잃게 되는 곳, 그곳을 나는 국가라고 부른다. 그리고 모든 사람이 서서히 자신의 목숨을 끊어가면서 '생'은 바로 그런 것이라고 말하는 곳, 그곳을 나는 국가라고 부른다"('새로운 우상에 대하여').

전쟁을 막는 국가, 국가를 막는 전쟁

홉스 식으로 말하면 근대 국가는 전쟁을 막기 위해 출현했다. 어떤 사람들은 이 말을 듣고 펄쩍 뛸지도 모르겠다. 근대에 들어 얼마나 많은 전쟁이 있었는데 무슨 소리냐고. 물론 근대 국가도 많은 전쟁을 벌였다. 하지만 근대 국가는 항상 전쟁을 종식시키기 위해서만 전쟁을 벌인다. 니체가 보기에 근대 국가가 벌이는 전쟁은 오히려 전쟁에 대한 공포 때문에 발생하는 전쟁이다. 국가를 하나의 수단으로 생각하고 있는 사람들, 국가를 통해서 자신의 이익을 달성하고자 하는 계급의 경우에는 "전쟁의 경련에서 완전히 벗어나 합리적으로 예측할 수 있고 통제할 수 있는 국가가 필요하다"(「그리스 국가」). 이들은 자신들의 안전을 보장할 수 있는 형태로 국가 체제를 유지하고 싶어한다. 그래서 이들은 불확실한 형태로 발생할 수 있는 전쟁의 위험을 제거하고자 전쟁을 벌인다. 국가 안에서 일어날 수 있는 전쟁을 막기 위해 '문제 집단들'을 응징하고, 국제 체제 안에서 일어날 수 있는 전쟁을 막기 위해 각각의 "민족들로부터 군주적 본능을 제거한다"

(「그리스 국가」). 이른바 '악의 축'을 응징하겠다며 전쟁에 광분하는 오늘날의 미국을 떠올리면 '전쟁을 막기 위한 전쟁'의 정체를 쉽게 파악할 수 있을 것이다.

니체는 근대 국가와는 전혀 다른 국가, 전쟁을 막기는커녕 전쟁을 재생산하려 했던 고대 그리스 국가에 대해 말한다.

그리스인들에게는 가공할 정도의 정치적 충동이 있었다. …… 그리스인들에게는 이 충동이 과다하게 충만해 있어, 그것이 거듭해서 자기 자신에 대해 격분하기 시작하고 이빨로 자신의 살을 물어뜯었다. 도시국가들간의, 또 정당들간의 피비린내 나는 질투, 작은 전쟁들의 살인적인 탐욕, 패배한 적의 시체 위에서 구가하는 표범 같은 승리, …… 이러한 광경을 넋을 놓고 흐뭇하게 바라보면서 그리스인 호메로스가 우리 앞에 서 있다. 그리스 국가의 이처럼 천진난만한 야만성은 무엇을 의미하는가? (「그리스 국가」)

말만 들어도 섬뜩한데 니체는 그것을 '천진난만한 야만성'이라고 표현한다. 그러고는 이러한 야만성에는 죄를 물을 수가 없다고 한다. "영원한 정의의 법정에서 그리스 국가는 어떻게 자신의 용서를 구할 수 있는가? 그리스 국가는 조용하게 법정에 들어선다. 그는 찬란하게 피어나는 여자, 즉 그리스 사회를 이끌고 온다. 바로 이 헬레나를 위하여 국가는 저 전쟁들을 치렀다"(「그리스 국가」). 그리스 국가는 자신이 전쟁을 치른 이유가 '찬란하게 꽃핀 그리스 사회'를 위해서였다고 말한다. 전쟁은 그리스 사회를 위한 것이었다! 우리는 이 말을 어떻게 이해해야 할까? 니체는 그리스 사회의 전쟁 본능을 다음과 같이 설명한다.

모든 재능은 싸우면서 만개해야 한다. 이것이 그리스 민중 교훈의 가르침이다. …… 그리고 이 전투적 교육의 목표는 전체, 즉 국가 사회의 안녕이었다. 예를 들면 모든 아테네 사람들은 아테네에 최고로 유익할 수 있거나 적어도 해를 가져오지 않도록 경쟁을 통해 자기를 발전시켜야 한다. (「호메로스의 경쟁」)

농부는 농부와 경쟁하고, 목수는 목수와 경쟁하며, 창던지기 선수는 창던지기 선수와 경쟁하고, 교육을 받는 청년들은 청년들끼리, 그들을 가르치는 선생들은 선생들끼리 경쟁한다. 그 경쟁은 각자를 발전시켜 줄 뿐 아니라 그리스 사회 자체를 강화시켜 준다. 물론 그들 역시 우리가 우려하는 대로 사회를 망가뜨리는 시기와 질투에 대해서 알고 있었다. 하지만 그것은 더 이상 경쟁을 하지 않고 본인이 그대로 챔피언의 자리에 있으려는, 다시 말해서 경쟁의 충동이 아니라 '경쟁을 파괴하려는 충동'에서 나온다는 것도 알았다.

위대한 그리스 정치가들의 관심은 사람들의 모든 재능들이 서로 '피비린내 나는' 전쟁을 벌이되 서로를 파괴하지는 않도록 관리하는 것에 있었다. 그것을 고려한 사회 제도 중의 하나가 '도편 추방'이었다.

에페수스의 사람들이 헤르모도르를 추방하면서 도편 추방의 의미를 이렇게 설명했다. "우리 가운데 어느 누구도 최강자가 되어서는 안 된다. 만약 누군가 그렇다면 그는 다른 곳에서 그래야 한다." 왜 아무도 최강자가 되어서는 안 되는가? 그렇게 되면 경쟁이 말라서 고갈되고, 헬레니즘 국가의 영원한 생명 근거가 위험하게 되기 때문이다. (「호메로스의 경쟁」)

그리스인들이 두려워한 것은 전쟁이 아니라 그것을 가로막는 초월적 존재의 출현이었다. 그리스인들이 전쟁의 재생산을 통해 지키고 싶어했던 것이 무엇이었는지는, 그리스 사회로부터 치열한 경쟁인 아곤(agon)이 사라진 뒤 일어난 일들을 보면 알 수 있다.

마라톤에서 비길 데 없는 성공을 거두고 고독한 정상에서 모든 동료들을 능가하는 자가 되었을 때, 밀티아데스의 내면에서는 저열한 복수심이 생겨났다. 어린 시절부터 적대관계에 있던 한 파로스 시민에게 복수하려고 음모를 꾸미다 들통나 결국 그는 치욕스런 최후를 맞이했다. …… 도시국가인 스파르타 역시 밀티아데스의 예를 따랐다. 스파르타의 멸망이 다가온 것은 그 도시가 동맹국들의 독립성을 파괴하고 …… 더욱 강하고 잔인한 방식으로 그리스에 대한 자신의 우월성을 주장할 때였다. (「호메로스의 경쟁」)

더 이상 경쟁자들을 찾을 수 없게 되었을 때 개인도 도시도 쇠퇴한다. 중요한 것은 챔피언이 되는 것이 아니라 경쟁하는 것이다. 그리스인들의 전쟁 본능이란 바로 그런 것이었다. 차라투스트라의 "존중할 만한 적을 찾으라"는 말도 사실은 함께 경쟁할 친구를 찾으라는 말에 다름 아니다. 이러한 치열한 경쟁[아곤]이 전쟁의 참된 의미다. 우리가 니체의 『이 사람을 보라』에서 읽어낼 수 있듯이 '화약 냄새 나는 전쟁'은 아주 저급한 전쟁이다. 다양한 가치들의 창조와 그것의 치열한 경쟁을 의미하는 '향기 나는 전쟁' 이야말로 고차원적인 전쟁인 것이다.

그래서 차라투스트라는 전쟁을 가르친다. 전쟁을 멈추어서는 안 된다. "국가는 전쟁에 지친 너희들을 꿰뚫어 보고 있다!" 전쟁을 계속하는 것이야말로 초월적인 존재의 출현을 막는다. 새로운 우상이 출현했다면 곧바로 전쟁을 벌여라. "유일한 수단은 전쟁 또 전쟁뿐이다"(「그리스 국가」).

국가가 무너지고 있는 저쪽을 보라! 무지개와 위버멘쉬에 이르는 다리가 보이지 않느냐? 차라투스트라는 그렇게 말했다.

8. 여자의 해결책은 임신이다

프란시스코 고야, 「이렇게 해도 그녀가 누구인지 알 수 없다」, 『변덕』 7번, 1797~98년

아무리 추근거려도 그녀를 알 수는 없다. 남성들은 멋대로 여성의 이미지만을 그리고, 여성은 간혹 남성이 그린 이미지를 흉내낸다. 표면의 변덕이 심층을 가리고 있다고 생각하는 남성과 화려한 표면의 색채 놀이를 즐기는 여성. 진리는 표면에 있는 게 아닐까?

여성과 원격작용—저기 몇 발 떨어진 곳에서 유령처럼 묵묵히 미끄러져 가는 범선. 오오 이 유령적인 아름다움! 어떤 매력으로 그것이 나를 사로잡는가! 나의 행복이 저 조용한 곳에 거처하기 때문인가? 나의 더 행복한 자아가, 나의 제2의 영원화된 자신이 저기 있는 걸까? (『즐거운 지식』)

여성들에겐 니체를 읽는 게 꽤나 곤혹스러운 일이리라. 제아무리 긍정적인 시각을 가지려 해도 불쑥불쑥 튀어나오는 악담들을 그냥 보아 넘길 수 없기 때문이다. 그의 이야기들을 듣고 있으면 마초도 이런 마초가 없어 보인다. "여자는 봉사하기를 바라며 봉사에서 행복을 느낀다"(『인간적인 너무나 인간적인』). "여자는 매력을 상실하는 것과 비례해서 증오하는 법을 배운다", "여자는 본질적으로 앙칼진 존재이며 제아무리 온화하게 되려고 애를 써봐도 그러한 천성을 변화시킬 수 없다", "학구적인 성향을 지닌 여자에게는 성적 결함이 있는 게 보통이다"(『선악을 넘어서』).

 니체가 요즘 여성단체 홈페이지에 출현해서 온갖 욕설을 써넣고 다닌다는 꼴통들 수준이었던 걸까? 당대의 페미니스트들에 대한 니체의 공격을 보면 그렇게 보인다. 니체는 페미니스트들을 아무 것도 생산할 수 없는 불임증에 걸린 여성이자, 남성에 대한 원한의 화신들로 간주한다. 요즘 같으면 벌써 성폭력 문제로 고발되고도 남을 말들을 던진 것이다.

수수께끼

하지만 니체가 정말 마초였을까? 전통적 서구 문화에 그토록 급진적인 비판을 가했던 그도 여성에 대해서는 전통적 견해를 반복했던 것일까? 노예이기를 거부하라고 외쳐댄 그가 여성에게만은 노예로 머물 것을 강요한 것일까? 낡은 가치표를 지우고 새로운 가치표를 만들라는 그가 성차에 대해서는 낡은 가치를 그대로 적어두라고 말한 걸까? 확실히 뭔가 이상하다! 혹시 니체가 여성을 잘못 이해한 게 아니라 우리가 니체의 '여성'을 잘못 이해하고 있는 건 아닐까?

『차라투스트라』에는 차라투스트라가 한 늙은 여인의 부탁으로 여성에 대한 가르침을 펼친 후 그녀에게 감사의 선물을 받는 장면이 나온다. 그녀는 이렇게 말한다.

> 기이한 노릇이다. 여자들에 대해 아는 것이 별로 없는 차라투스트라인데도 여자들에 대한 그의 이야기는 옳으니! 그런 일은 **여자에게는 모든 것이 가능**하기 때문에 생기는 것인가? 자, 감사의 표시로 이 작은 진리를 받아라! 나는 그 진리를 터득하고 있을 만큼은 늙었으니! ('늙은 여자와 젊은 여자에 대하여', 강조는 필자)

차라투스트라가 여성에게 '여성을 잘 이해하는 사람'으로 인정되어 감사의 선물을 받는 것도 이상하지만, 그에게 선사된 선물은 더 이상하다.

> "〔선물인 작은 진리를〕 천으로 감싸라. 그리고 그것의 입을 막아라. 그렇지 않으면 이 작은 진리는 크게 소리칠 것이다." "늙은 여인이여, 내게 그 작은 진리를 다오!" 내가 말했다. 그러자 그 늙은 여인

이 말했다. "여자들에게 가려는가? 그러면 채찍을 잊지 말라!"

여자들에게 갈 때 채찍을 갖고 가라니. 늙은 여인은 차라투스트라가 여성들에게 매질이라도 하기를 바라는 건가? 게다가 이 진리가 스스로 말하지 못하도록 입을 막으라니. 그녀는 여성에 관한 진리가 드러나지 않도록 밀봉해야 한다는 건가? 이건 완전히 선문답이고 수수께끼다.

채찍 이야기가 나왔으니 말인데, 니체와 여성, 채찍이 함께 등장하는 사진이 하나 있다(이 책 91쪽에 실려 있는 화보 참조). 서로 미묘한 연애 감정을 지녔던 니체, 살로메(Salomé), 레(Rée) 세 사람이 찍은 것인데, 니체와 레는 마차 앞에 말처럼 서 있고, 살로메는 채찍을 들고 마부 자리에 앉아 포즈를 취하고 있다. 아마도 니체가 어떤 의도를 가지고 연출한 것일 텐데, 어떻든 채찍을 든 건 여성인 살로메고, 니체는 채찍을 맞을 말처럼 서 있다. 이건 또 뭔가? 그는 여성에게 휘둘러 달라고 채찍을 가져간 건가?

바우보(Baubo)

최근에 니체의 여성에 관한 이야기를 다른 각도에서(긍정적인 시각에서) 풀어보려는 페미니스트들이 늘어나고 있다. 이들은 니체의 사상에서 가부장적 남성 권력을 비판하고 여성의 정체성을 새롭게 이해해 볼 수 있는 자원들을 발견하고, 그런 자원들을 우회함으로써 니체가 말하는 '여성'을 이해해 보려고 한다. 가령 니체는 형이상학적 본질이나 고정된 자아를 비판하고, 정체성이란 역사적으로 형성되어 온 것이며, 우리는 우리 자신들에게 습속화된 정체성과 다른 정체성들을 생산해야 한다고 말했는데, 이는 남성과 여성의 구분 및 차별을 자연스럽고 본래적인 것으로 간주해 온 전통에 반기를 들어 온 페미니스트들에게는 여간 반가운 이야기가 아닐 수 없는 것이다.

오늘날의 페미니스트들은 당대의 페미니스트에 대한 니체의 비판을 새롭게 조명해 볼 필요가 있다고 말한다. 그들은 19세기 페미니스트들이 주장한 '법 앞에서 남성과 여성의 평등'은 중요한 사안이기는 하지만, 그 법 자체가 남성적인 권력에 의해 만들어졌다는 사실은 간과했다고 지적한다. 기준 자체가 남성적인 것인데 그 기준 앞에서 평등을 내세우는 것은 스스로 그 기준을 인정하고 그 안에 포섭되는 일일 수도 있다. 그렇게 보면 19세기 페미니스트들은 남성처럼 되고 싶었던 것이다. 하지만 남성처럼 되는 것이야말로 독립된 '여성성'을 부인하는 일, 즉 '거세된 여성'이 되는 일인 것이다.

물론 당대의 페미니스트들도 남성성과 다른 여성성이 있다고 생각했을지는 모른다. 요즘 미래를 점치는 경영 이론가들처럼 그들도 감성적이고 섬세한 여성이 남성보다 그 가치를 인정받는 세기가 올 것이라고 믿었을 수도 있다. 하지만 여성적이라고 정의되는 것들이 어떤 것인가? 그것들은 남성적인 것의 거울상이 아닌가? 여성은 감성적이고, 온화하며, 섬세하다는 식으로 말하는 것은 남성은 어떻다는 것을 뒤집어 놓은 것에 불과하다. 『즐거운 지식』에는 이와 관련된 흥미로운 언급이 있다.

어떤 사람이 현자 앞에 한 청년을 데리고 와서 말했다. "보십시오. 이 자는 여자에 의해 타락한 자입니다." 그러나 현자는 고개를 흔들며 말했다. "그것은 남자다. 여자들이야말로 남자에 의해 타락했다. 여자들의 모든 결함은 남자들에 의해 씻겨지고 고쳐지지 않으면 안 된다. 왜냐하면 남자는 제멋대로 여성의 상을 그렸고, 여성은 그 이미지를 흉내내어 자신을 만들었기 때문이다. (『즐거운 지식』)

니체는 여성이 생각하는 여성의 이미지가 사실상 남성이 생각하는 여성의 이미지라고 본 것이다. 그렇다면 여성만의 진정한 여성성이란 존재하지 않는 걸까? 여성 고유의 본질은 따로 있는 게 아닌가? 이에 답하기 위해서 우리는 약간의 우회 전략을 택할 필요가 있을 듯싶다. 니체가 여성에 대해 직접 말하는 부분만이 아니라, '진리'와 '삶', 그리고 '영원회귀'를 여성과 관련짓는 부분들에도 주목하자. 거기에는 차라투스트라가 늙은 여인을 놀라게 만든 수수께끼 같은 '여성 이야기'를 풀 수 있는 힌트들이 있다.

니체는 진리를 여자에 빗대어 설명하면서, 형이상학적 진리를 찾으려는 학자들의 잘못된 열정을 꼬집은 적이 있다.

진리를 여자라고 가정한다면 …… 그럼 어떻게 될까? 모든 철학자들이 독단론자들인 한 그들은 여자에 대해 지극히 미숙한 게 아닐까? 이제까지 그들이 진리에 접근할 때 흔히 쓰던 방식, 즉 대단히 엄숙한 태도로 서투르게 강요하는 것은 여자의 마음을 사로잡는 데 부적당하지 않은가? 그녀가 마음을 주지 않으리라는 것은 명확하다. (『선악을 넘어서』 서문)

위의 글은 영원한 진리를 찾고자 하는 학자들의 미숙함을 다루고 있지만, 동시에 여성의 진리를 찾으려는 남성의 미숙함을 다루고 있는 것이기도 하다. 진리를 갖고 싶어하는 철학자들처럼 남성들은 여성을 갖고 싶어한다. 하지만 철학자들이 그렇듯이 남성들도 진리를 발견하는 데 실패한다. 자연의 모든 겉옷을 벗김으로써 그 속에 숨은 진리를 찾겠다는 철학자들이나, 여성들의 겉옷을 벗김으로써 그 본질을 발견하겠다는 남성들의 시도는 똑같이 어리석은 짓이다. 자연도 여성도 겉옷 속에 어떤 본질을 가지고 있지 않다.

늙은 여성은 철학자나 남성들이 모르고 있는 것을 알고 있다. 차라투스트라의 '늙은 여인'이 알고 있는 것은 무엇인가? "늙은 여인은 삶의 피상성, 표면성을 그 본질이라 믿는다. 때문에 그녀가 볼 때 심오함이란 이 진리를 가리는 것에 불과한 것이다"(『즐거운 지식』). 남성들은 형이상학자들처럼 어떤 심오한 본질을 찾으려 하지만 늙은 여인은 그런 본질이 존재하지 않으며, 모든 것은 표면에서 이루어진다는 점을 이해하고 있다. 그래서 차라투스트라는 이렇게 말했다. "표면은 여자의 정서, 일종의 얕은 물 위에서 요동치는 격한 살갗이다"('늙은 여자와 젊은 여자에 대하여').

사람들은 자연이 진주빛 불확실함과 수수께끼들 뒤에 숨겨 놓은 수줍음에 대해 좀더 존경할 줄 알아야 할 것이다. 어쩌면 진리란 그녀의 이유를 우리에게 보여주지 않는 것에 대해 이유를 가지고 있는 여자인지도 모른다. 어쩌면 그녀의 이름은 그리스어로 말하자면 **바우보(Baubo)**가 아닐까? 아, 그리스인들! 그들은 정말 인생을 어떻게 살아야 하는지 아는 사람들이었다. …… 그리스인들은 생각이 깊었기 때문에 오히려 더 피상적이었다. 이것이 바로 우리가 되돌아 보아야 할 점이 아닌가? (『즐거운 지식』 제2판 서문)

여성들은 표면이 심층을 가리고 있는 게 아니라, 심층에 대한 열망이 표면의 다양성을 가리고 있음을 이해한다. 여성들은 표면에 얼마나 다양한 진리들이 반짝이고 있는지 이해한다. 아마도 여성들이 화장을 잘하는 것은 무엇보다 표면의 중요성을 잘 알고 있기 때문일 것이다. 표면의 중요성을 이해하지 못하는 남성들만이 '화장발에 속았다'고 분개한다. 남성들은 누언가를 빗겨야 진실이 나온다고 생각하는데, 여성들은 그런 남성들의 기이한 욕망을 다스릴 줄 안다. 여성들은 저 깊은 심층까지도 껍질로 위장한 양파처럼 되는 것이다.

남성에게 여성은 "몇 발 떨어진 곳에서 조용히 미끄러져 가는 유령선이다"(『즐거운 지식』). 그것은 잡힐 듯 하지만 항상 조금씩 미끄러져 나가는 진리와도 같다.

어떤 남성이 그 자신의 구상이나 기획의 격량 한가운데 있을 때 그는 틀림없이 조용하고 매력적인 존재가 자기의 곁을 미끄러져 가는 것을 볼 것이다. 또한 그들의 행복과 은둔을 동경하는 것을 볼 것이다—그것이 여성이다. …… 여성들의 매력과 그 가장 강력한 작용은 철학자들의 말을 빌리자면 원격작용(actio in distans)인 것이다. 그러나 그 원격작용이 우선 필요로 하는 것이 있다—바로 거리라는 것! (『즐거운 지식』)

여성은 항상 거리를 두고 남성에게 작동한다. 니체는 여성성이라는 게 별도로 규정될 수 없다고 보는 듯하다. 남자들이 말하는 여성, 사회가 만들어 온 여성성은 존재해 왔지만, 그것이 여성에 대한 참된 규정은 아니다. 여성은 무어라고 정의할 수 없는 성이다. 여성에게는 어떤 규정을 피하는 '거리'(distans)가 존재하기 때문이다. 앞에서 니체는 진리를 '바우보가 아닐까' 하고 말했다. 원래 바우보는 음란한 여신으로 여성의 생식기를 신격화한 것이다. 어떤 학자들은 여성 생식기에서 어떤 규정으로도 좁힐 수 없는 '거리'의 개념을 발견한다. 그들에 따르면 여성은 자궁과 같다. 그것은 모든 것들을 발생시키는 비어 있는 공간이고, 일종의 거리이다. 여성은 거리를 두고 존재하는, 즉 공간 속에 있는 대상이 아니라, 그 거리 자체라고 할 수 있다. 때문에 여성은 어떤 고유의 본질을 갖고 실존하지 않는다. 철학자들이 찾는 진리가 없듯이 고유한 여성성도 없는 것이다.

아리아드네(Ariadne)

하지만 바우보는 달리 이해될 필요가 있다. 자궁에서 강조될 것은 결핍이나 공허가 아니라 생산이나 창조이다. 자궁은 결핍의 공간이 아니라 넘침의 공간이다. 그것은 무엇보다도 자궁이 임신기관이기 때문이다. 여성에게 하나의 정체성을 부여하는 게 불가능한 이유는 영원히 채울 수 없는 빈 틈 때문이 아니라, 아무리 막아도 태어나는 새로운 아기들 때문이다. 임신한 여성에게는 하나의 정체성이 부여될 수 없다. 진리가 바우보인 이유도 그것이 임신한 여성이기 때문이다. 이미 수백 개의 진리가 태어났고, 다시 수천 개의 태아들이 기다리고 있는 것이다.

차라투스트라에게도 임신은 중요한 테마이다. 그는 종종 이렇게 묻는다. 너는 네 미래를 낳을 수 있는가? 너는 새로운 너 자신을 낳을 수 있는가? 인간은 위버멘쉬를 낳을 수 있는가? 아마도 이 물음들은 이렇게 변형될 수도 있을 것이다. 너에겐 여성이 있는가? 너는 자궁을 가지고 있는가? 너는 여성-되기를 할 수 있는가? 차라투스트라의 물음들에서 우리는 적어도 두 가지를 이해할 수 있다. 하나는 그가 임신과 관련해서 여성을 이해하고 있다는 것이고, 다른 하나는 여성성이 남성과 여성 모두에게 문제가 된다는 것이다.

여성의 자궁과 가임 능력은 매우 상징적인 것이다. 자궁은 채울 수 없는 공간이 아니라 막을 수 없는 공간이다. 그것은 새로운 정체성들의 보고이다. 자궁은 분명히 하나의 정체성으로 규정될 수 없지만, 그 이유는 그것이 어떤 정체성도 가지지 않는 결핍의 공간이어서가 아니라, 수백 개의 정체성을 담고 있는 잠재성의 공간이어서 그렇다. 가임 능력은 그러한 수백 개의 잠재적 정체성들을 현실화하는 힘을 나타낸다. 이러한 힘이 뒷받침되지 않으면 새로운 정체성의 생산, 다시 말하자면 새로운 변신들은 일어나지 않는다.

차라투스트라에게 말을 걸었던 '늙은 여인'은 진리는 가졌으나 생산 능력이 없다. 그녀는 표면에 수직 갱도를 뚫고 진리를 찾아 떠난 남성 철학자들의 노력이 부질없음을 알고 있었으나, 그 스스로는 아무 것도 생산할 수 없기 때문에 회의감에 빠져 있는 여성이다. 그녀는 사랑을 나눈 지 너무나 오래된 불임 여성이다. 그녀는 차라투스트라의 이야기를 들어줄 수 있고, 그에게 작은 진리를 선사할 수도 있지만, 그의 아기를 낳아줄 수는 없다. 그래서 차라투스트라는 젊은 여성을 만나고 싶어한다. 그는 젊은 여성을 갖고 싶어한다. 그는 임신을 하고 싶어한다. 니체는 어느 메모에서 이렇게 말한 적이 있다. "무엇이 내 삶을 유지시키는가? 그것은 임신이었다."

젊은 여인은 『차라투스트라』의 뒷부분에 나온다. 차라투스트라가 영원회귀의 깨달음에 다가갈 때 그녀의 모습도 조금씩 비춰지기 시작한다. 그녀는 바로 차라투스트라의 '삶'이다. 그녀는 앞서 이야기한 유령선처럼 차라투스트라에게 잡힐 듯 잡힐 듯하면서도 잡히지 않고, 그러면서도 그를 끊임없이 유혹하는 존재다.

오, 삶이여. …… 나는 서둘러 네가 있는 곳을 향해 도약했다. 그러나 너는 달아나고 말았다. 달아나면서 휘날리는 너의 머리카락의 혀가 나를 향해 날름거렸다! 나는 너와 휘날리는 너의 뱀들에게서 서둘러 도망치고 말았다. 그러자 너는 몸을 반쯤 돌린 채 서 있었고, 그때 너의 눈은 열망으로 가득 차 있었다. 꼬부라진 눈초리로 너는 내게 구불구불한 길을 가르친다. 구불구불한 길에서 나의 발은 술책을 배운다! 네가 가까이 있으면 나는 너를 두려워하고 너와 멀리 있으면 그리워한다. 네가 달아나면 나의 마음은 네게 끌리고, 네가 찾으면 나는 꼼짝할 수가 없다. …… 너, 우리를 속박하는 자, 휘감는 자, 유혹하는 자, 탐색하고 발견하는 위대한 여인이여. ('춤에 부친 또다른 노래')

그리고 나서 차라투스트리는 '늙은 여인'에게 선사받은 가르침을 생각해낸다. "나는 채찍을 잊지 않았다!"

언제나 너의 양처럼 온순한 양치기로 있는 일에 나는 정말 지쳤다! 너, 마녀여, 지금까지 내가 네게 노래를 불렀으니, 이제는 네가 외쳐야 할 것이다! 내 채찍 소리에 맞춰 너는 춤추며 외쳐야 한다! 나는 그 채찍을 잊지는 않았는가? 천만에! ('춤에 부친 또다른 노래')

이제 차라투스트라는 자신의 삶이 스스로 춤을 추고 노래하길 바란다. 그러나 삶은 말한다. 좀더 부드럽게 사랑을 하라고. 태풍을 몰고 올 사상이 비둘기 걸음으로 걸어오고 있으니 조용히 하라고.

오, 차라투스트라여! 그처럼 무섭게 채찍을 휘두르지 말라! 알고 있지 않은가. 소란이 사상을 죽인다는 것을. …… 우리 두 사람은 진정 착한 일도 악한 일도 하지 않는 자들이다. 우리는 선과 악의 저편에서 우리들이 머물 섬과 우리 둘만의 푸른 초원을 찾아냈다. 우리 단둘이서! 그러니 우리는 이제 서로 화목해야 한다! ('춤에 부친 또다른 노래')

차라투스트라의 삶, 그녀는 차라투스트라의 연인이다. 차라투스트라는 그녀와 놀고 싶어한다. 그러나 그녀는 차라투스트라를 통해 그의 아기를 낳고 싶어한다. "여자에게 남자는 일종의 수단일 뿐이다. 목적은 언제나 어린아이다. 그렇다면 남자에게 여자는 무엇인가? 남자는 두 가지를 원한다. 모험과 놀이가 그것이다"('늙은 여자와 젊은 여자에 대하여'). 차라투스트라는 모험과 놀이를 즐기기 위해서 삶을 살고, 삶은 그를 유혹해서 지금까지 존재하지 않은 세계를 낳으려 한다.

여자들이여, 남자 안에 숨어 있는 어린아이를 찾아내도록 하라! 여자는 아직은 존재하지 않은 세계의 여러 덕의 빛을 받아 반짝이는 보석처럼 순수하고 섬세한 장난감이 되어야 한다. 별의 광채가 너희들의 사랑 속에서 빛나기를! "나는 위버멘쉬를 낳고 싶다!" 이것이 너희들의 희망이 되도록 하라. ('늙은 여자와 젊은 여자에 대하여')

남자와 여자는 위버멘쉬를 낳는 두 계기이다. 차라투스트라가 말하듯이 한 명은 전사이고, 다른 한 명은 그의 아기를 낳는 자이다. 우리는 이러한 이상적 커플을 디오니소스와 그의 연인 아리아드네에게서 발견한다. 니체는 『차라투스트라』에 대한 그 스스로의 평가에서 이렇게 말했다.

그렇게 고통〔태양처럼 베풀기만 하는 자의 고독과 갈증〕은 하나의 신 즉 디오니소스이다. 만약 빛 속에 있는 태양의 고독에 관한 디오니소스 찬가의 노래에 답하는 자가 있다면 그것은 곧 아리아드네일 것이다. 나 외에 누가 아리아드네가 무엇인지 알겠는가! 그런 수수께끼에 대해 어느 누구도 해결책을 찾지 못했다. (『이 사람을 보라』)

니체에게 디오니소스는 삶을 긍정하는 신, 영원회귀하는 신, 그 자체로 위버멘쉬인 신이다. 그의 긍정, 그의 영원회귀에는 자유로운 전사의 이미지와 아름다운 여성과의 사랑이 함께 들어 있다. 망치를 들었을 때 그는 자유로운 전사이다. 그는 새로운 것을 창조하기 위해 낡은 것들을 파괴한다.

나는 정말로 중요한 점을 지적하고자 한다. 디오니소스의 사명에 대한 전제조건이라면 그것은 망치의 단단함, 파괴에서 느끼는 기쁨이다. 단단해져라는 명령, 모든 창조자는 단단하다는 가장 기본적인 확실성, 이것이 디오니소스의 가장 특징적인 표상이다. (『이 사람을 보라』)

그러나 파괴가 새로운 것의 창조로 이어지지 못한다면 그것은 단순한 범죄 행위에 지나지 않을 것이다. 또 새로운 것의 창조가 단 한 번으로 그친다면 그것은 어느새 낡은 것에 대한 안주가 되고 말 것이다. 파괴는 창조를 필요로 하고, 하나의 창조는 다음의 창조를 필요로 한다. 다시 말해서 디오니소스의 긍정에는 두번째 계기, 즉 영원한 생성이 필요한 것이다. 항상 '한 번 더'라고 말하는 영원성의 여인이 필요한 것이다. 그 여인이 바로 아리아드네이다. 이미 차라투스트라의 삶이라는 여성이 "꼬부라진 눈초리로 내게 구불구불한 길을 가르친다. 구불구불한 길에서 나의 발은 술책을 배운다!"고 말했다. 구불구불한 길, 그것은 미로의 여인 아리아드네를 나타낸다. 차라투스트라는 아리아드네로 다가온 자신의 삶에서 새로운 술책, 새로운 사상을 배우는 것이다.

영원회귀에 대한 가르침이 클라이맥스를 이루는 제3부의 끝에서 차라투스트라는 자신에게 다가온 영원성의 여인, 아리아드네를 직감한다. 그는 또 한 번의 긍정, 영원한 긍정을 안겨줄 연인을 축복한다.

어두운 가슴속에서 번개를 내려칠 태세에, 구제하는 힘을 지닌 빛살을 준비하고, "그렇다"(긍정)라고 말하고 "그렇다"라고 웃어주는 예언자적인 번갯불을 잉태한다면, 이같이 배불러 있는 자에게 축복이 있으라! ('일곱 개의 봉인―또는 "그렇다"와 "아멘"의 노래')

차라투스트라는 마침내 깨닫는다. 자신의 아이를 낳아줄 여성이 누구인지를. 그는 일곱 번을 반복해서 그의 연인에게 노래한다.

오, 내 어찌 영원을, 반지 가운데서 결혼 반지인 회귀의 반지를 열망하지 않을 수 있으리오? 내 아이들을 낳아줄 만한 여인을 나는 아직 발견하지 못했다. 내가 사랑하는 이 여인말고는. 나, 너를 사랑하기 때문이다. 오, 영원이여! **나, 너를 사랑하기 때문이다. 오, 영원이여!** ('일곱 개의 봉인')

차라투스트라에게 여성성은 영원회귀와 같다. 그러나 '여성성'이라는 말조차 그리 적합해 보이지는 않는다. 왜냐하면 차라투스트라의 여인은 생물학적 여성도 아니고, 특정한 어떤 정체성을 가진 존재도 아니기 때문이다. 그에게 여성은 영원한 생성을 의미할 뿐이다. 남성에게도 여성에게도 '여성이 되는 것', '여성을 갖는 것'은 중요하다. 가장 나쁜 것은 남성도 아니고 여성도 아닌 '불임증'에 걸린 인간이다. 차라투스트라는 가치중립을 표방한 학자들이나 새로운 가치 창조 능력이 없는 사람들을 불임증에 걸린 내시들이라고 비난한 적이 있다. 만약 니체가 당대의 페미니스트들을 불임증의 여성이라고 비판했다면 그것은 우리가 알고 있는 여성에 대한 비난과는 전혀 다른 의미일 것이다.

9. 나는 미래 속으로 날아갔다

루이스 캐롤의 『이상한 나라의 앨리스』 삽화

긴 모자가 말했다. "앨리스. 시간과 친해 두면 그는 네가 필요한 때에 시계를 움직여 줄 거야. 가령, 아침 아홉 시, 공부를 시작할 시간이 됐다고 하자. 그때 시간을 향해 조금만 귀뜸을 해주렴. 그럼 시계 바늘은 눈 깜작할 사이에 휙 돌아서 '예, 지금은 한 시 반, 점심 시간입니다' 라고 하게 되는 거야."

시간만이 나의 유일한 동시대인이었다. (『차라투스트라』)

니체가 우리 시대에도 개발되지 않은 타임머신을 타보았을 리 만무하고, 도대체 무슨 꿍꿍이가 있어 '미래 속으로 날아가 봤다'고 하는 건가? 혹시 그는 정신 나간 '뻥쟁이'나 환각 상태에 빠진 '약물중독자'가 아니었을까? 실제로 니체의 '과대망상'이나 '약물중독'을 의심하는 진단과 소문이 없었던 건 아니다. 하지만 그것들 대부분은 니체 철학에 대한 무지나 충격에서 비롯된 허황된 말들이었다. 니체가 복용한 약이라고는 고통을 완화시키는 진통제나 진정제가 전부였다. 그는 영감을 얻기 위해 약물을 복용하는 사람이 아니었다.

　니체의 '미래 이야기'를 다른 각도에서 접근해 보자. 혹시 타임머신이라는 기계 없이도 미래를 들락거릴 수 있는 기술이 있었던 건 아닐까? 시간의 화살을 앞지르는 기계가 아니라 시간의 화살을 창조하는 기술이 있었던 건 아닐까? 그래서 언제 어디서나 미래를 만들 수 있었기에 언제 어디서나 미래를 경험해 볼 수 있었던 게 아닐까?

이미 와 있는 미래

기억을 더듬어 '신의 죽음'을 다루었던 제2부의 첫 장을 떠올려 보자. 거기서 우리는 '이미' 일어난 사건과 '아직' 알려지지 않은 소식에 대해 이야기했다. 차라투스트라는 '이미'와 '아직'이 공존하는 상황, 신은 죽었지만 그 소식은 아직 전달되지 않은 상황에 놓여 있었다. 신의 죽음을 경험한 자인 차라투스트라에게 과거인 시간이 그 소식을 접하지 않은 자들에겐 미래로 나타나고 있다. 차라투스트라는 그때 이렇게 말했다. "나는 너무 일찍 왔다. 나의 때는 아직 오지 않았다." 번개의 섬광은 소리보다 먼저 도착했고, 이미 소멸한 별이 지금도 밤하늘에 반짝이고 있지 않은가.

우주에는 단 하나의 시계만 있는 게 아니다. 차라투스트라는 그에게 현재인 시간이 그의 청중들에게는 미래일 수 있음을 보여주었다. 시계들은 불일치할 수 있다. 니체가 자신과 동류의 인간들을 '미래의 아들들'이라 부르고, 차라투스트라가 "미래라고 하는 나무에 보금자리를 마련한다"('천민들에 대하여')고 말할 수 있었던 것도 그들의 시계가 당대의 시계보다 앞서 간다고 믿었기 때문이다. 니체는 특히 그 시대가 포착하지 못하는 '광기', '탈주', '예외' 등의 문제를 시간상의 불일치와 관련시켰다. "광기에 반대되는 것은 건강이 아니라 길들여진 두뇌다"(『즐거운 지식』). 우리가 누군가를 '미쳤다'고 말하는 것은 그가 건강하지 않아서가 아니라 길들여지지 않았기 때문에, 다시 말해서 사람들과 보편적인 신념을 공유하지 않기 때문이다. 이는 무엇보다도 시간의 문제다. 『즐거운 지식』에서 차라투스트라를 상징하는 광인이 등불을 내동댕이쳤던 것도 자신이 너무 일찍 왔다는 사실을 깨달았기 때문이다.

사실 역사에는 연대기적 시간과 맞지 않는 인물이나 사건의 예가 많다. 가령 고려 무신 집권기인 1198년에 '왕후장상이 어디 씨가 따로 있는가?'라고 물으며 신분해방 운동을 펼쳤던 만적을 생각해 보자. 왕후장상의 씨가 따로 있다고 믿었던 고려인들의 눈에 그는 틀림없이 '미친놈'이었다. 그러나 그가 '미친놈'이었던 것은 건강이 좋지 않았기 때문이 아니라(확인해 보진 않았지만 정황으로 보아 건강을 걱정할 인물은 아니었을 것이다) 시간이 맞지 않았기 때문이다. 과연 만적의 시간은 언제였을까? 자유와 평등의 가치를 내세운 부르주아 혁명이 성공한 1789년이 아니었을까? 그는 너무 이르게 나타난 것이다. 1198년에 출현한 1789년!

미래(未來)라는 말 자체는 '[아직] 오지 않았다'는 뜻이지만, 차라투스트라는 그것이 오지 않은 게 아니라고 생각한다. 미래는 오지 않은 시간이 아니다. 그것은 이미 와 있지만 오해되는 시간이다. 미래는 아무리 늦게 온다고 해도 항상 너무 이른 것으로 받아들여지는 시간이다. 때문에 그것은 자기 시대와 불일치하는 시간이며, 비시대적인 것, 때에 맞지 않은 것(Unzeit)으로 존재하는 시간이다. 차라투스트라는 이렇게 말한다. "나와 나의 운명은 오늘을 향해 말하지 않으며, 결코 오지 않을 날을 향해서도 말하지 않는다"('꿀 봉납').

시대정신 vs 비시대정신

니체의 '비시대성'은 헤겔의 '시대정신'과 대조를 이루고 있다. 헤겔은 『법철학』에서 '모든 사상가는 자기 시대의 아들'이라고 말한 적이 있다. 그런 헤겔을 반박이라도 하듯 니체는 "참된 철학자는 가장 깊은 의미에서 비시대적이다"(「교육자 쇼펜하우어」)라고 말한다. 오히려 어떤 작품이 시대를 넘어서지 못하고 그 시대의 '습한 공기'를 담고 있는 한 그것은 결코 위대한 작품이 될 수 없다.

뭐라고? 우리가 어떤 작품을 그것이 만들어진 시대와 꼭 같이 파악하지 않으면 안 된다고? 그러나 그렇게 파악하지 않을 때가 기쁨도 많고 놀라움도 많다. 또한 그것으로부터 배우는 것도 많다. 어떠한 새롭고 좋은 작품이라도 그 시대의 습한 공기와 접촉하는 한 최소의 가치밖에 갖지 않는다는 것을 모르는가. 더욱이 그것이 (우리) 시대의 공기와 접촉하는 한 시장, 적, 최신 의견 등의 냄새, 그리고 내일도 모르는 모든 무상한 것들을 지닐 수밖에 없음을 모르는가. 나중에 작품이 건조해져 시대성이 사멸할 때, 비로소 깊은 빛남과 좋은 향기를 얻게 된다. 그것이 자기 때를 발견할 때 중요한 영원의 눈도 얻게 된다. (『서광』)

위대함은 시대성이 아니라 비시대성에서 나온다. 그래서 니체는 위대한 전기(傳記)는 시대에 순응하는 자의 것이 아니라 시대를 거스르는 자의 것이라고 생각했다. "그대들이 전기를 구한다면, 「모씨와 그의 시대」라는 통상적인 세목이 붙은 전기가 아니라, 속표지에 「그의 시대를 거스르는 투사」라고 쓰여질 수밖에 없는 전기를 구하라"(「삶에 대한 역사의 공과」).

하지만 니체가 말하는 비시대성은 시대에 대한 반대, 즉 '반시대성'과는 다르다. 시대의 지배적 가치와 대립하는 것만으로는 그 시대를 넘어설 수 없다. '반시대' 역시 지나치게 '시대적'이기 때문이다. "네가 아직도 적대받는 한 너는 너의 시대를 넘어서지 못한 것이다. 너의 시대가 너를 전혀 알아 볼 수 없어야 한다"(『유고, 1882~1883/4』).

오직 미래적인 것만이 현재를 돌파할 수 있다. 그러나 현재 속에서 미래를 사는 것은 쉽지 않은 일이다. 그것은 차라투스트라처럼 시대의 '왕따'를 감내해야 할 뿐 아니라 그것을 즐겨야 한다. 니체는 선택을 요구한다. 무리에 묻혀서 살아갈 것인가, '왕따'를 감수하고 자기 길로 갈 것인가?

한쪽 길로 가면 시대의 환영을 받는다. 시대는 꽃다발과 보수를 아끼지 않을 것이고, 유력한 정당이 그를 지지해 줄 것이며, 앞이나 뒤에는 많은 동지들이 함께 할 것이다. 앞 사람이 암호를 발하면 전 대열이 반응한다. 이 길에서의 첫번째 임무는 '대오를 맞춰 싸우라'는 것이고, 두번째 임무는 대오에 들어가려고 하지 않은 모든 사람들을 적으로 취급하라는 것이다. 다른 길로 가면 길 자체가 험준할 뿐 아니라 동행자도 드물 것이다. 이 길을 택한 자는 고생하면서 걷게 될 것이고 자주 위험에 빠질 것이다. 때문에 첫번째 길을 가는 사람들로부터 꼬드김이나 조롱을 받기도 한다. 언젠가 두 길이 교차하면 그는 구박을 당해 내동댕이쳐지거나 고립될 것이다. (「교육자 쇼펜하우어」)

가장 늦게 온 손님

시대의 시간과 다른 시간을 사는 것. 바로 '비시대성'이 타임머신 없이 시간을 여행할 수 있는 가장 중요한 기술이다. 미래로 떠나고 싶다면 지금 여기서 그 미래를 만들어라. 그러면 너는 타임머신에 승선하지 않고서도 미래를 살게 된다. 이것이야말로 '머무른 채로 떠나기'이며, '앉은 채로 유목하기' 아니겠는가. 그러나 차라투스트라가 이러한 기술을 쉽게 발견한 것은 아니었다. '영원회귀'라는 깨우침을 얻기까지 그는 미래를 찾아 시간을 거슬러갈 수 없었다. '백투더퓨처'(미래로 돌아가자)가 영화처럼 되는 건 아니다.

현재와 과거. 아! 벗들이여, 내게는 그것이 가장 견디기 힘든 것이다. 만약 내가 앞으로 일어나지 않을 수 없는 일을 예언하는 자가 아니라면 어떻게 오늘을 살아야 할지 그 방도를 알지 못했을 것이다. ······ '그랬었다.' 이것이 의지의 절치와 더없이 고독한 우수의 이름이다. 이미 일어난 일에 내해 무기력한 의지는 일체의 과거에 대해 악의를 품고 관망하는 자다. 의지는 과거로 돌아가기를 소망할 수 없다. 시간의 흐름과 그 시간의 갈망에 거역할 수 없다는 것.

이것이 의지에게는 더없이 쓸쓸한 우수다. ('구제에 대하여')

시간의 흐름은 우리가 '맘먹었다'고 그냥 대충 넘나들 수 있는 게 아니다. 무엇보다도 '그랬었다'로 지칭되는 과거는 우리의 의지의 대상이 아니지 않은가. 시간을 의지의 대상으로 삼을 수 있는가의 문제는 차라투스트라가 풀어야 할 최고의 난제였다. 그는 그것을 어떻게 풀었던가? 그것은 창조와 생성을 이해함으로써 가능했다. 그는 과거를 재창조해서 미래로 만들어 줌으로써, 과거에서 미래의 건축 소재를 발견함으로써, 그리고 과거 속에 들어 있던 미래를 발견함으로써 문제를 풀어냈다. "일체의 '그랬었다'는 창조하는 의지가 나서서 '나는 그것이 그러기를 원했다!'고 말할 때까지는 부서진 파편이요, 수수께끼이자 끔찍한 우연일 뿐이다"('구제에 대하여').

시간상으로 보건대 지금 우리 자신이 서 있는 현재는 가장 늦게 온 손님이다. "가장 늦게 연회에 도착한 손님이라면 구석자리에 앉는 것이 당연할 것이다." 그런데 "만약 연회의 최고 자리에 앉고 싶다면 그에 걸맞은 최대의 일을 하면 된다. 그러면 가장 늦게 도착한 그대들에게도 자리가 마련되어 있을 것이다". 당신이 훌륭한 일을 했다면 늦게 오는 것은 상관없다. 아니 당신은 스타이므로 늦게 오는 것이 더 멋진 일이 아닐까?

그대들은 단지 미래의 건축자로서, 그리고 현재의 지혜로운 자로서만 과거라는 신탁을 이해할 수 있을 것이다. 지금 알아야 할 것은 미래를 건축하는 자만이 과거를 심판할 권리를 갖는다는 것이다.
(「삶에 대한 역사의 공과」)

차라투스트라가 우여곡절을 겪어 시간의 비밀을 풀었을 때, 그는 당당하게 말했다. "창조하는 자로서, 수수께끼를 푸는 자로서, 그리고 우연을 구제하는 자로서 나는 그들에게 미래를 창조할 것을, 그리고 이미 있었던 모든 것을 창조를 통하여 구제할 것을 가르쳤다"('낡은 서판과 새로운 서판에 대하여'). 차라투스트라는 시간 여행의 비밀을 창조와 생성에서 발견한 것이다. 창조와 생성은 현재와 과거를 구원하는 방법이며, 미래를 구성하는 방법인 것이다. 그것은 동시에 시간 자체를 만드는 방법이기도 하다(생성은 그 자체로 시간이다).

타임머신 없이 미래로 여행하는 법? 그것은 간단하다. 시간과 동시대인(Zeitgenosse)이 되는 것이고, 시간을 뛰어넘는 시간을 갖는 것이다. 그래서 차라투스트라는 이렇게 말했다.

나는 너무나도 먼 미래 속으로 날아갔다. 섬뜩한 기분이었다. 주위를 둘러보았다. 보라! **시간만이 내 유일한 동시대인(Zeitgenosse)**이 아닌가. ('교양의 나라에 대하여', 강조는 필자)

나와 나의 운명은 오늘을 향해 말하지 않으며, 결코 오지 않을 날을 향해서도 말하지 않는다. 우리들은 이미 말을 하기 위한 안내와 시간, 그리고 **시간을 뛰어넘는 시간**을 갖고 있다. 그것은 언젠가 와야 하며 결코 그냥 지나쳐 가서는 안 되기 때문이다. 언젠가는 와야 하며 그냥 지나쳐 가서는 안 되는 것, 그것은 무엇인가? 그것은 우리들의 위대한 하자르, 우리들의 거대하고 먼 인간제국, 차라투스트라의 천년왕국이다." ('꿀 봉납', 강조는 필자)

10. 순수한 인식을 꿈꾸는 자들은 음탕하다

보티첼리, 「아펠레스의 비방」, 1494-1495년

루키아노스의 『비방』 속에 묘사된 주제를 그린 그리스 화가 아펠레스의 작품을 보티첼리가 다시 그린 것. 위 도판은 「아펠레스의 비방」 중 한 부분이다. 검은 누더기를 걸친 노파는 '회개'를 상징한다. 노파는 '진실'의 상징인 나체의 젊은 여인, 비너스를 보고 있다. 여전히 무언가를 가리고 있는 노파와 모든 것을 다 드러낸 젊은 여인. 과연 진실은 매끈한 피부일까? 혹시 여러 겹의 주름은 아닐까?

모든 사물들의 기원은 천 겹이다. (『차라투스트라』)

학자들이 음탕하다고? 그렇다. 순수한 인식을 꿈꾸는 학자들일수록 특히 그렇다. 미리 말해두자면 지금 하려는 이야기는 신문의 사회면에 심심찮게 등장하는 낯빛이 다른 학자들 이야기가 아니다. 니체는 단란주점이나 룸살롱에 있는 학자들에겐 관심도 없으니 오해하지 말자. 그는 실험실에 있는 과학자, 고문서를 뒤지는 문헌학자, 자연을 바라보며 생각에 잠긴 철학자 등 진리에 관한 순수 인식에 도전하는 사람들을 고려하고 있다. 그는 연구 대상을 뚫어져라 쳐다보는 학자들의 시선에서 관음증 같은 것을 읽어내고 있다.

학문적 세계에 빠져든 고고한 학자들에게 웬 관음증? 그들이야말로 쾌락엔 관심도 없는 도덕적인 사람들 아닐까? 하지만 앞에 있는 보티첼리(Botticelli)의 그림을 보자. 그럼 생각이 조금 달라질지 모르겠다. 여기엔 진리와 '벗기고 싶은 욕망'의 관계가 잘 나타나 있다. 한 젊은 여인〔비너스〕이 발가벗은 채 당당하게 하늘을 가리키고 있고, 옆에는 웬 노파가 옷을 잔뜩 껴입은 채 그녀를 보고 있다. 발가벗은 젊은 여인은 진리의 발견이 임박했음을 나타내고 옷을 잔뜩 껴입은 노파는 아직도 많은 것들이 오류나 거짓으로 뒤덮여 있음을 나타낸다. 그림에서 노파는 '회개'를 상징하지만 그녀가 덮어 쓴 여러 겹의 옷들은 여전히 그 회개의 진실성을 의심케 한다. 옷 속에 숨겨진 알몸으로서의 진실. 그것이 학자들을 유혹한다. 하지만 자연이 순순히 제 옷을 벗어 줄까?

니체는 진리에 대한 철학자들의 태도를 여성에 대한 남성들의 태도에 빗대어 설명한 적이 있다(이 책 2부 8장 참조). 남성들은 여성의 본질이 껍질 속에 있다고 생각하고 껍질을 벗기고 싶어한다. 하지만 여성들은 껍질 속엔 또다른 껍질 외에 아무 것도 없음을 알고 있다. 깊은 곳에 뭔가 있으리라는 것은 남성들의 착각이다. 오히려 그것을 찾으려는 남성들의 시도가 연애를 그르치게 만든다. 이 점에서는 학자들도 다르지 않다. 뭔가 깊은 곳에 진리가 숨겨져 있다고 생각하는 것, 그래서 그것을 벗겨내고야 말겠다는 열망이 학문을 그르치게 만든다. 니체는 자주 자연과 진리를 여성에 비유하곤 했는데, 앞의 그림엔 여성(자연)의 옷을 벗겨 진정한 여성(진리)을 보고자 하는 학자들의 욕구가 은연중 드러나 있다.

> 과학은 모든 여성들의 수치심을 불러일으킨다. 그것은 그녀들로 하여금 자신의 내심을, 심지어 성장한 옷차림 속까지 들여다보고 싶어하는 사람이 있는 것처럼 느끼게 만든다. (『선악을 넘어서』)

니체는 여성에 대해 무지한 남성들처럼 학자들 역시 진리에 대해 너무 모르는 것 아니냐고 생각한다. 진리를 사랑한다는 사람이 맨날 벗겨볼 생각만 한다면 어느 진리가 학자를 사랑할 수 있겠는가. 철학은 '필로소포스', 즉 지혜를 사랑한다는 말이지만 학자들은 정말 사랑이 무엇인지 알고는 있는 걸까?

음탕한 수코양이

처음 차라투스트라가 생에 대해 숙고하는 학자를 만났을 때, 그는 그 학자가 생을 사랑하는 줄로 알았다. 그는 밤하늘에 떠있는 "만삭이 된 달을 보며" 그 사랑의 결실이 곧 탄생하겠거니 하고 있었다. 그런데 달은 사랑의 결실을 낳기는커녕 해 뜨는 시각이 가까워 올수록 창백해져 가고 있었다. 무슨 일인가? 서로 사랑한 게 아니었나? 순수한 인식을 꿈꾸는 자가 답했다. "나는 개와 다르다. 나는 생을 관조할 뿐 그것에 아무런 욕망도 갖지 않는다." 그 말을 듣고 차라투스트라는 깜짝 놀랐다. 아니 욕망이 없다고? 아무런 욕망도 없이 생을 바라보았단 말야? 그럼 생을 사랑한 것도 아니었군!

> 백 개의 눈을 지닌 거울처럼 사물들 앞에 드러누울 뿐 그 사물들에게서 아무 것도 원치 않을 때, 나는 그런 것을 모든 사물에 있어서 순수한 인식이라고 부른다. ('순수한 인식에 대하여')

칸트를 연상시키는 순수한 인식의 추구자들은 인식의 영역에서 욕망을 몰아내려고 한다. 하지만 욕망을 몰아내고서 어떻게 지혜에 '사랑'이라는 말을 붙일 수 있는 걸까? '백 개의 눈을 지닌 거울처럼' 그저 사물들을 여러 각도로 바라볼 뿐, 사물들에게 원하는 것도 없고 사물들과 교감하지도 않을 때, 사물에 관한 진리를 끄집어낼 수 있을까? 차라투스트라는 오직 '현상'에 대해서만, 혹은 오직 '사실'에 대해서만 이야기한다는 학자들의 말을 믿지 않았다.

오, 예민한 위선자들이여, 음탕한 자들이여! 너희의 갈망은 천진난만하지 않다. 너희들이 그 갈망을 비방하는 것도 이 때문이다. ('순수한 인식에 대하여')

"정신을 속일 수는 있어도 내장까지 속일 수는 없다." 차라투스트라는 학자들이 제아무리 '욕망 없는 관조'에 대해 이야기한다고 해도, 또 가치중립적인 사실들에 대해서만 말한다고 해도, 그것은 자기 욕망을 감춘 위선일 뿐이라고 말한다. 욕망의 제거, 가치의 중립을 외쳐대는 학자들은 대낮엔 수줍어서 욕망을 이성 뒤에 숨기고, 달밤에 소리 죽여 지붕 위에서 창을 훔쳐보는 고양이들과 같다. 스스로의 욕망을 은밀한 형태로 관철시키고 있으면서도 자기 판단엔 그런 것이 개입되지 않은 양 위장하는 것이다.

왜 솔직하지 못한가? 왜 자기 욕망을 떳떳하게 표출하지 못하는가? "고양이들은 살금살금 소리 없이 걸어가지만, 정직한 자라면 발소리를 죽여가며 걸을 필요가 없지 않은가"('순수한 인식에 대하여'). 그들이 떳떳하지 못하다는 건 바로 그들 욕망에 뭔가 구린 것이 있음을 보여준다. 그들 스스로가 자신들의 욕망이 불순하고 음탕한 것임을 고백하고 있는 것이다.

불임증

어떤 학자가 정말로 인식에서 욕망을 몰아내는 데 성공했다고 해도 그리 기뻐할 일은 아니다. 아니 매우 불행한 일이다. 정말로(!) 그랬다면 그들은 결코 새로운 인식의 창조자가 될 수 없기 때문이다. 이쪽도 저쪽도 아닌 중성은 진리라는 아이를 가질 수도, 갖게 할 수도 없다. "내시에게는 이 여자나 저 여자나 모두 한 사람의 여자에 불과하고 여성 자체일 뿐이다. 이 같은 성격의 사람들은 역사 자체가 객관적으로 보존되기만 한다면 무엇을 하든 상관이 없다고 본다. 그들은 남성도 아니고 여성도 아닌 중성일 뿐이다. 좀더 교양있게 말하자면 그들은 영원히 객관적인 자들이다"(「삶에 대한 역사의 공과」). 욕망을 몰아내고 객관적 사실과 가치중립을 내세우는 학자들의 문제를 한마디로 정리하면 '불임증'(impotentia)이다.

사랑하는 사람은 자신의 연인을 그 누구와도 혼동하지 않는다. 왜냐하면 다른 누구에게도 느낄 수 없는 매력을 그 연인에게서 포착하기 때문이다. 하지만 그 자신이 느끼고 있는 매력을 주관적이라는 이유로 버린다면 우리는 그를 다른 사람보다 더 잘 안다고 말할 수 있을까? 차라투스트라는 학자들에게 이렇게 충고한다. 무슨 일에서나 관망자로 남으려는 사람은 그 일에 대해서 잘 알 수가 없다고.

학자들은 아직도 서늘한 그늘 아래 시원하게 앉아 있다. 그들은 무슨 일에서나 관망자로 남기를 원한다. 그리고 태양이 작열하는 뜨거운 계단 위에는 앉지 않으려고 몸을 사린다. 길가에 서서 지나가는 사람들을 우두커니 바라보고 있는 자들처럼, 그들 또한 〔무심히〕 기다리며, 다른 이들이 생각해낸 사상들을 우두커니 바라보고 섰다. ('학자들에 대하여')

하나의 객관적인 규칙을 이해하고 수행하는 문제라면 학자는 '양말 제조공' 과도 다르지 않다. 다른 점이 있다면 그 양말이 정신적인 것이라는 사실뿐이다. 차라투스트라는 학자들이 내뱉는 복잡한 이야기들을 들으며 그 놀라운 직조 기술에 감탄한다.

그들의 복잡함 앞에 내 단순함은 이야깃거리도 안 되겠군! 그들의 손가락은 실을 꿰는 법, 뜨개질하는 법, 천 짜는 법까지 알고 있다. 이렇게 해서 그들은 정신이라는 양말을 뜨고 있는 것이다. ('학자들에 대하여')

자기 개념, 자기 가치를 생성시키지 못한 채 정해진 사유체계를 따라가는 학자들은 '감아진 대로 풀리며 돌아가는 시계태엽' 이나 '낟알을 던져 주면 하얀 가루로 만들어 주는 맷돌' 과 같다. 비록 그들이 정말 열심히 그리고 아주 정확하게 일을 수행한다고 해도 그것은 훌륭한 시계태엽이나 훌륭한 맷돌로서 그런 것일 뿐이다.

학자들을 위한 사랑학 개론

차라투스트라는 말한다. 결국 문제는 사랑이고 생성이다. "천진난만함이란 것이 어디에 있는가? 생식의 의지가 있는 곳에 있다. 그리고 자기 자신을 뛰어넘어 창조하려는 자, 이 사람이야말로 순수한 의지를 갖는 것이다"('순수한 인식에 대하여'). 그러나 학자들은 생식을 수치스러워 한다. 그들은 자식조차 낳고 싶어하지 않는다. 그들이 갈구하는 건 영원한 생명을 얻은 진리로, 그 자체의 영원성 때문에 자식조차 필요 없는 진리다. 어떤 진리가 그것이 낳은 진리에 의해 극복된다면, 앞에 있던 진리는 결코 진리일 수 없다는 게 그들 생각이다. 아래 파르메니데스(Parmenides)의 기도를 들어 보자.

신들이여, 나에게 오직 확실성을 주소서! 그 확실성이 불확실성의 바다 위에서 눕기에 충분한 하나의 널빤지라도 좋습니다! 생성하고, 풍요롭고, 다양하고, 번영하는 모든 것들, 이 모든 것들은 오직 당신께서 가지십시오. 그리고 내게는 빈약하고 공허하면서도 유일한 확실성만을 주소서! (『그리스 비극 시대의 철학』)

피와 살이 사라지고 오직 뼈만 남아도 좋으니 부디 그 뼈가 확실한 것이 되게 해주소서! 학자들은 그렇게 기도한다. 그래서 학자들의 추상이 진행되면 "뼈와 뼈가 부딪히는 소리가 난다"(『즐거운 지식』). 니체가 잘 명명했듯이 이것은 연애라기보다는 흡혈 행위다.

차라투스트라는 학자들에게 진리에 대해 말하지 않을 생각이다. 그들이 필로소포스(지혜에 대한 사랑)에 생각이 있다면 그들은 진리가 아니라 사랑에 대해서 배워야 한다. 학자들에게 필요한 것은 진리 특강이 아니라 연애 특강이다.

우선 차라투스트라는 말한다. 사랑하는 사람은 사랑의 결실에 대해서도 기뻐한다. 당신들이 영원성을 추구하는 것은 어쩌면 사랑을 향한 의지가 아니라 죽음에 대한 공포인지 모른다. "사랑하는 것과 몰락하는 것은 서로 조화를 이룬다. 사랑을 향한 의지는 기꺼이 죽음을 맞이하려는 의지이기도 하다." 겁쟁이들만이 죽음을 새로운 탄생과 관련지어 이해하지 못하고 그저 두려워서 사랑조차 포기하는 것이다.

그리고 진리를 사랑하는 자는 진리의 어머니이자 친구가 되려 하지 그것의 폭군이나 신도가 되려 하지 않는다. 학자 너희들은 스스로의 진리를 낳아야 하며 그것의 친구가 되지 않으면 안 된다. 무엇보다도 너희는 '지혜의 친구'로 불리지 않으면 안 된다. 서로가 서로에게 기쁨을 주며, 서로가 서로를 변신시켜 주는 관계, 그것이 되어야 한다. 심지어 신조차도 무서운 심판자의 얼굴을 해서는 연인을 얻을 수 없다. 그린 신이 얻는 것은 공포에 떨고 있는 신도들뿐이다.

마지막으로 정사에 대해 가르친다. 저기 너희를 닮은 달이 떠있다. 나는 처음에 만삭이 된 달을 보며 새로운 생명이 태어날 것으로 알았다. 그러나 '달의 정사'란 어떤 것이었는가? "날이 밝아오고 있다. 너희들에게도 밝아오는 것이다. 달의 정사는 그런 식으로 끝나버렸다. 보라. 저기 정체를 드러낸 달이 서광 앞에 창백하게 서 있지 않는가!" 하지만 저기 작열하는 태양을 봐라. 그가 바다를 애무하는 모습을 봐라. "태양은 순박하고 창조의 열망에 불타고 있는 것들을 온몸으로 사랑한다. 저기를 봐라. 저리도 서둘러 바다가 태양을 향해 솟구치고 있지 않는가! 너희들은 그 사랑의 갈증과 뜨거운 입김을 느끼지 못하는가? 바다가 천 개나 되는 젖가슴으로 태양을 향해 솟아오르는 것을 보지 못하는가?"('순수한 인식에 대하여'). 너희들의 연구가 태양의 정사를 닮아야 한다. 사물에게 다가서고 싶다면 먼저 그것을 애무해야 하는 것이다. 사랑하지 않은 자는 그것을 알았다고 말할 수 없는 것이다. 차라투스트라는 그렇게 말했다.

11. 인간만큼 큰 귀를 보았다

피터 브뤼헐, 「앉은뱅이들」, 1568년

그림에서 앉은뱅이들은 왕과 주교, 군인, 시민, 농민 등이다. 브뤼헐은 그들이 신체적 불구자가 아닌 인격적 불구자임을 나타내기 위해 여우 꼬리를 달아 놓았다. 니체라면 말할 것이다. 그래도 다리 하나 문제인 것은 괜찮다. 모든 게 불구이고 딱 하나만 온전한, 소위 전문가들도 있지 않은가.

너희의 불구는 대수롭지도 않은 것이다. 겨우 눈이 하나 없고 다리가 하나 없는 정도 아닌가. 나는 너희보다 더 고약한 불구자들을 알고 있다. 어떤 이는 그저 커다란 눈일 뿐이고, 어떤 이는 커다란 주둥이일 뿐이다. 나는 이런 자들을 전도된 불구자라고 부른다. (『차라투스트라』)

차라투스트라가 현대인들을 모델로 그림을 그리고 있다. 늘씬한 체구에 아름다운 화장, 세련된 포즈들이 모두 그럴듯해 보인다. 어떤 이는 이성으로 반짝이는 눈을 가졌고, 어떤 이는 교양이 높아 기품 있어 보인다. 또 어떤 이는 자기 분야에서 세상 누구보다도 깊은 지식을 쌓은 듯하며, 어떤 이는 제 자신만의 행복론을 완성한 듯 보인다. 그들 모두 차라투스트라의 그림이 완성되길 눈이 빠져라 기다리고 있는데…… 이윽고 초상화가 완성되었다. 작품명은 '현대인'. 한껏 기대에 부풀어서 모델들이 몰려든다. 짜잔~ 차라투스트라가 휘장을 걷어내자 여기저기서 비명소리가 터져나온다. "으악~ 뭐야! 저게 우리 모습이라구? 이 엉터리 화가야. 거기 서지 못해?" 차라투스트라는 도대체 무슨 그림을 그린 걸까? 그의 솔직한 이야기를 들어보자.

알록달록한 얼굴

차라투스트라에게 물었다. 무슨 악의가 있었던 것은 아닌지. 그러나 차라투스트라는 악의는커녕 선의를 가지고 그들의 얼굴을 보았다고 말한다. "나는 처음부터 현대인들을 보겠다는 눈과 선의의 욕심을 가지고 왔다. 정녕 내 마음은 동경에 차 있었다"('교양의 나라에 대하여'). 그럼 얼굴을 온갖 얼룩으로 떡칠 한 이유는 뭔가. "나 역시 한편으로 불안했지만 도저히 웃지 않을 수 없었다. 난 지금까지 이토록 알록달록한 반점투성이들을 본 적이 없다. 그래서 내가 말했다. '이거 완전히 물감의 본바닥이구만!'" 그는 현대인들이 말하는 교양을 일종의 '색채 놀이'라고 했다. 현대인은 자신의 진솔한 얼굴이 드러날까 봐 온갖 교양들로 알록달록 가면을 만들어 썼다는 것이다. "얼굴 자체가 너희를 가리는 가면인데, 내가 어떻게 너희 현대인들을 알아볼 수 있겠는가?"

현대인들은 마치 '멋진 새 콘테스트'에서 다른 새들의 깃털을 모아서 제 몸에 꽂은 뒤 챔피언 자리에 올랐으나 나중에 들통이 나 쫓겨나는 까마귀와 같다. 그들이 온몸에 두른 아름다운 장식들은 사실상 "모든 시대와 민족의 모습"이며, "온갖 습속과 신앙들"에 불과한 것이다.

누군가가 너희 현대인들의 베일과 덧옷, 분칠과 거동을 벗겨버린다면, 너희에게 남는 것이란 겨우 새들이나 놀라게 할 정도의 것에 지나지 않으리라. 내 자신으로 말하자면, 나는 참으로 아무 치장도 하지 않은 너희들의 알몸을 보고 놀란 새다. 뼈만 앙상한 것들이 내게 유혹의 눈길을 보내자 나는 그곳에서 도망치고 만 것이다. …… 현대인들이여, 알몸이든 옷을 입었든 간에 나는 너희들을 차마 눈뜨고 볼 수 없다. ('교양의 나라에 대하여')

차라투스트라는 제 것도 아닌 잡동사니들을 긁어모아 폼을 잡고 있는 모델들이 역겨웠던 것이다. 차라투스트라에겐 가슴을 펴고 거만하게 고개를 치켜든 현대인의 포즈가 위선으로만 보였다. "너희들은 미신을 갖고 있지 않다고 말하며 가슴을 펴고 뻐긴다. 사실 펴보일 가슴도 없으면서! (너희들은 신앙과 미신을 갖고 있지 않다고 말하지만) 너희들은 신앙을 가질 수도 없는 족속들이다. 너희 형형색색 점박이들이여! 너희들은 일찍이 신앙의 대상이 되었던 모든 것의 그림에 불과하다"('교양의 나라에 대하여').

다시 차라투스트라에게 물어보았다. 교양이라는 이름으로 많은 지식을 모은 것이 그렇게 잘못된 것인가? 당신도 언젠가 역사를 이해하기 위해선 용기와 함께 박식함이 필요하다고 하지 않았던가? 차라투스트라가 답했다. 박식함 자체가 문제인 것은 아니다. 문제는 현대인들이 긁어모은 지식들 모두가 그들의 것이 되지 못했다는 점이다. 내가 현대인들의 얼굴을 알록달록한 얼룩들로 표현한 것은 제 것도 아닌 지식들을 모아 붙여 놓고는 예뻐졌다고 착각하는 현대인들의 위선을 드러내고 싶어서다. 현대인들의 가장 큰 문제는 그들 스스로 자신의 앎을 창조하지 못한다는 데 있다. 그들이 무언가를 창조하려 했다면 그 많은 지식들은 기꺼이 귀한 재료가 되어 주었을 것이다. 창조 속에서라면 그 지식들도 하나의 아름다움을 표현하는 재료가 될 수 있었다는 말이다. 그러나 창조와 생성의 의미를 모르는 현대인들은 그저 낡은 틀들 속에서 몇 가지 지식들을 훔쳐와 제 몸에 둘렀을 뿐이다. 그러니 현대인들의 정신은 서로 모순적이고 반목할 수밖에 없는 개념들로 가득 차 있을 수밖에 없다. 나는 "그들의 정신 속에서 온갖 시대가 서로 반목하면서 떠드는" 소리를 듣는다.

바닥에 붙은 키

차라투스트라의 그림에서 현대인들은 유독 작은 키의 사람들로 그려져 있다. 차라투스트라 당신의 눈에 비친 현대인들은 왜 그리도 작은가? 차라투스트라가 말했다. '지복의 섬'에서 돌아와 뭍에 올랐을 때 나는 내 눈을 의심하지 않을 수 없었다. 나는 영락없이 소인국에 들어선 걸리버와 같았다.

저기 가지런히 있는 새집들이 눈에 들어왔다. 의아했다. 그래서 물었다. 웬 집들인가? 정녕 어떤 위대한 영혼이 그 자신의 위대함을 드러내기 위해 세운 것은 아니리라! 어떤 멍청한 아이가 장난감 상자에서 이 작은 집들을 꺼내 놓은 것은 아닐까? …… 이 거실과 작은 방들은 또 무엇인가? 이래서야 어른들이 드나들 수나 있겠나? 차라투스트라는 멈춰 생각해 보았다. 그러고는 마침내 슬픈 목소리로 말했다. "모든 것이 왜소해지고 말았구나!" ('왜소하게 만드는 덕에 대하여')

차라투스트라가 말한다. "바로 그들의 행복과 덕에 대한 가르침이 그들을 그렇게 왜소하게 만들었다." 그들의 덕은 지배보다는 복종을 가르치고, 가치를 창조하는 자보다는 가치에 복종하는 자를 만들어낸다. 지배자조차 '나는 여러분의 공복이 되겠습니다', '나는 여러분의 일꾼이 되겠습니다' 라고 말한다. "으뜸가는 주인마저 고작 으뜸가는 종에 불과한 것이다."

차라투스트라가 말을 이었다. 그들은 중력의 영향을 너무 크게 받는다. 강한 중력 때문에 그들의 키가 자라지 않는 것이다. 그러고 보니 차라투스트라는 뭍에 오르기 전 '중력의 영' (중력의 정신 : Geist der Schwere)이라 불리는 난쟁이의 환영에 시달렸었다. 그가 위를 향해서 오르고 있을 때 '중력의 영'은 등에 올라타 그를 무겁게 만들었고, 그를 자꾸만 심연으로 끌어내리려 했다. 차라투스트라는 '중력의 영'이라 불리는 난쟁이가 자기 귓속에, 그리고 자기의 뇌 속에 무거운 납덩이를 방울방울 떨어뜨리고 있다고 말했다('환영과 수수께끼에 대하여').

'중력의 영'으로 불리는 난쟁이가 당신의 귓속에, 그리고 뇌 속에 무거운 납덩이를 떨어뜨렸다는 말은 무슨 뜻인가? 차라투스트라에게 물었다. 그러자 그가 그 의미에 대해 말해주었다. 내가 무언가 새로운 것을 창조하려 하면 난쟁이는 그것이 예전에 이미 시도되었던 낡은 것이라고 말한다. '내가 예전에 해봤는데 아무 소용없어!', '너 그러다 큰일 난다. 세상 물정을 통 모르는 녀석이군!' 뭐 그런 식이다. 지혜와 관심을 가장한 난쟁이의 말들은 자유롭게 비상하고 싶어하는 내 마음을 짓누르는 무거운 납덩어리이다. '중력의 영'은 경험, 관습, 도덕, 법률, 법칙 등 다양한 것들 속에 기거하면서 내 자유로운 비상을 가로막았다.

한동안 말을 멈추고 깊은 상념에 빠져 있던 차라투스트라가 되물었다. '유일신이 왜 그리 위대해졌는지 아는가?' 엉뚱한 질문처럼 느껴졌다. 신이야 원래 위대한 자 아닌가? 그러나 뜻밖의 답이 나왔다. '그건 인간들이 왜소해졌기 때문이다.' 신이 커진 게 아니라 인간들이 작아졌다? 그의 말을 계속 들어보자. 한없이 작아진 자의 눈에는 별것도 아닌 것이 대단히 커 보이는 법이다. 내가 왜소해진 인간들을 보고 안 되겠다 싶어 새로운 가르침을 주려 했다. 그랬더니 그들은 내가 그들의 덕을 비방하러 온 줄 알고 적지 않게 경계했다. 그들의 선생이라는 자들이 나를 가리켜 이렇게 말했다. "차라투스트라는 신을 믿지 않는다." 그래서 내가 답했다. "그렇다! 나는 신을 믿지 않는다!"('왜소하게 만드는 덕에 대하여'). 나는 그들이 신들에게 바친 에너지의 반만큼이라도 자신에게 투자했으면 그렇게 작아지지는 않았으리라 생각한다. 차라투스트라의 이야기를 듣고 있으니 니체가 말한 바 있던 '흘러가기를 거부한 호수' 이야기가 떠올랐다.

한 호수가 어느 날 스스로 흘러나갈 것을 거부하고, 지금까지 흘러나가던 길목에 하나의 둑을 쌓았으니, 그러고 나서부터 그 호수는 자꾸 높아만 갔다. …… 아마 인간도 그가 신에게 더 이상 흘러나가지 않을 때부터 점점 높아져 갈 것이다. (『즐거운 지식』)

'호수' 이야기를 꺼내자 차라투스트라는 그것이 현대 인간에게서는 찾아볼 수 없는 상이라고 답했다. "최대의 인간과 최소의 인간, 그들의 벌거벗은 모습을 본 적이 있다. 사실 그들은 너무나 흡사했다. 최대의 인간조차 너무도 인간적이었던 것이다! 이것이 내가 인간을 혐오하는 이유이다"('건강을 되찾고 있는 자').

하지만 니체는 『비극의 탄생』에서 '흘러나가길 거부한 호수 같은' 인간형이 존재했다고 말한다. 니체에 따르면 현대인들과 달리 고대 그리스인들은 정말로 거인들이었다. 모든 죄가 자신에게서 비롯되며, 신만이 그것을 심판하실 수 있다고 말하는 현대인들과 달리 고대 그리스인들은 신들도 죄를 짓는다고 주장한다. 제우스는 어부의 아내를 범했고, 헤라는 시기심의 화신이었으며, 헤르메스는 도둑질과 거짓말로 날을 샜다. 그리스인들은 심지어 자신의 잘못이나 무능력 때문에 생겨난 문제도 곧잘 신의 탓으로 돌리곤 했다. "그것은 내가 아니라 어떤 신이 나를 통해 그렇게 한 것이다"(『비극의 탄생』). 그 때문에 제우스는 이런 한탄을 자주 해야만 했다. "저 죽음을 면할 수도 없는 자들이 소리 높여 신들을 책망하다니. 그들은 우리한테만 악이 빚어진다고 말한다"(『도덕의 계보학』). 그리스인들은 더 나아가 신의 불을 훔친 도둑 프로메테우스를 영웅으로 찬미했다. 니체는 이러한 태도가 신들과 '맞짱' 뜰 수 있었고, 필요에 따라 신들을 활용할 줄 알았던 그리스인들의 거인적 풍모라고 생각했다. "프로메테우스 전설의 핵심은 무엇인가? 그것은 거인적 노력을 하는 개인은 필연적으로 신을 모독하게 된다는 사실이다"(『비극의 탄생』).

전도된 불구자

차라투스트라와 난쟁이 이야기를 마칠 즈음 일군의 사람들이 몰려왔다. 자세히 보니 그들은 모두 불구자들과 거지들이었다. 차라투스트라가 현대인들을 불구자로 그렸기 때문일까, 아니면 불구자들에 대한 온갖 악담을 퍼부었다는 소문이 돌아서일까. 뜻밖에도 그들은 차라투스트라에게 구원해 달라고 모여든 사람들이었다. 차라투스트라가 인간들의 병을 치유해 준다는 소문이 돌았기 때문인 듯했다. 대변자인 듯한 곱사등이 하나가 나와서 말했다.

보라, 차라투스트라여! 민중들도 그대의 가르침을 받고 그 가르침을 믿게 되었다. 그러나 민중들을 설득하려면 그 전에 할 일이 있다. 누구보다도 우리 불구자들을 설복시켜야 한다는 것이다! 마침 여기 불구자들이 많으니 그대에게는 절호의 기회가 아닐 수 없다! 그대는 눈먼 자를 고쳐 볼 수 있게 하고 절름발이를 고쳐 걷게 할 수 있다. 그리고 등 뒤에 너무 많은 것을 지닌 자에게서는 얼마만큼 떼어낼 수도 있으렸다. ('구제에 대하여')

아마 언젠가 예수에게 몰려갔던 불구자들의 후손쯤 되는 모양이다. 장님을 눈뜨게 해주고, 앉은뱅이를 일어서게 해주는 기적을 베풀라는 것. 그러나 차라투스트라는 예수처럼 기적을 행하는 사람도 아니고 그런 기적을 행할 마음이 있는 사람도 아니다. 번지수를 잘못 찾은 것이다. 차라투스트라가 말하는 삶의 구원은 자연에 역행하는 기적과는 아무런 상관이 없다. 그의 구원은 자연을 역행하기는커녕 자연을 이해함으로써 건강을 얻는 것이고, 운명에 순응하거나 반항하기는커녕 그것을 예술적으로 가꾸는 것이다.

비록 자신이 영원회귀의 깨우침을 얻기 전이었지만 차라투스트라는 구원이란 그런 게 아님을 분명히 하고자 했던 것 같다. 그는 자연을 역행하면서까지 불구자들을 정상인으로 되돌려 놓는 마술엔 관심이 없었다. 오히려 그런 마술에 기대를 거는 것이 그들의 불구성을 말해주는 것인지도 모른다는 생각을 했던 것 같다. 차라투스트라는 생각했다. 진짜 불구자들은 그들이 아니다. 심각한 문제를 지니고 있음에도 스스로를 정상적이라고, 아니 위대하다고 착각하고 있는 중증 불구자들이 따로 있다.

나는 보았다. 이 사람에게는 눈이 하나 없고, 저 사람에게는 귀가 하나 없으며, 또다른 사람에게는 다리가 없다는 것을, 거기에다 혀나 코나 머리가 없는 사람들도 있다는 것을. 그러나 이런 것들은 내가 사람들과 지내면서 본 것 가운데 별로 대수롭지도 않은 것들이다. 나는 훨씬 더 고약한 것들도 보았는데, 그것들 중 많은 것들이 너무나도 역겨워서 이야기하고 싶지 않을 정도다. …… 이를테면 하나를 너무 많이 지닌 대신에 그 밖의 다른 것은 가지고 있지 않은 자들이 있다. 이런 자들은 그저 하나의 커다란 눈이거나 커다란 주둥이거나 커다란 배 아니면 또다른 커다란 어떤 것일 뿐이다. 나는 이런 자들을 일컬어 전도된 불구자라 부른다.('구제에 대하여')

눈 하나가 없거나 귀 하나가 없는 것은 불구도 아니다. 진짜 불구는 눈만 있거나 귀만 있는 사람이다? 세상에 그런 불구자도 있나? 차라투스트라는 새로운 그림을 집어들었다. 거기엔 '사람만큼이나 거대한 귀'가 그려져 있었다. "귀다! 사람만큼이나 거대한 귀다!" 차라투스트라가 말했다. "나도 처음엔 내 눈을 믿을 수가 없었다. 그래서 보고 또 보았다."

나는 좀더 자세히 바라보았다. 참으로 그 귀 밑에는 움직이는 어떤 것이 있었다. 그것은 불쌍하게도 왜소하고 궁핍하며 가냘픈 그 무엇이었다. 진정 그 거대한 귀는 작고 말라빠진 줄기에 얹혀 있었다. 그러나 그 줄기는 사람이었다! 내가 안경을 썼다면 작고 질투심으로 가득 찬 얼굴까지 볼 수 있었으리라. 심지어 부풀어오른 영혼 하나가 줄기에 매달려 흔들거리고 있는 것도 볼 수 있었으리라. 사람들이 내게 말해준 바에 따르면 그 거대한 귀는 어떤 사람, 그것도 어떤 위대한 사람이며 천재다. 그러나 나는 사람들의 그런 말을 믿지 않았다. 나는 그가 모든 것에서는 너무 적게, 오직 한 가지에서만 너무 많이 갖고 있는 전도된 불구자라는 생각을 버리지 않았다.
('구제에 대하여')

차라투스트라는 우리 시대의 위대한 인물들을 '인간만큼 거대한 귀'로 표현한 것이다. 우리 시대 위대한 인물들은 어떤 사람들인가? 바로 전문가들이 아닌가. 무언가 한 가지 능력만 있는 사람들, 그래서 누구는 귀로, 누구는 입으로 알려졌으며, 누구는 눈으로, 누구는 다리로 전문가가 되었다. 누구는 로봇 팔의 회전각만 연구하고, 누구는 자기공명 장치로 분자구조만 찍으며, 누구는 주식 시세표만 분석하고, 누구는 특정 시대 문학유파에 대해서만 빠삭하다. 전문적인 게 뭐가 문제냐고? 많이 알고 있는 게 잘못이냐고? 그것 자체론 문제도 잘못도 아니다. 문제는 그들이 무언가를 알고 있다는 데 있는 게 아니라 대부분의 것에서 아무 것도 모르고 있다는 데 있다. 한 가지 능력만 키우느라 여러 가지 능력을 퇴화시킨 것 그것이 문제인 것이다.

차라투스트라에게 몰려든 불구자들이 수군거리기 시작한다. 그들은 한 가지가 불구이지만, 차라투스트라가 말하는 현대인들은 한 가지 빼고는 모든 것이 불구다! 불구자들에게 일갈한 뒤 심사가 뒤틀려선지 차라투스트라는 제자들에게 한마디 한다. "참으로 형제들이여, 나는 사람들의 깨어진 조각과 수족 사이를 거닐 듯 그들 사이를 거닐고 있다. 전쟁터나 도축장에서처럼 사람들이 토막토막 잘린 채 흩어져 있는 것을 보는 것은 끔찍한 일이다"('구제에 대하여').

    토막 시체란 틀림없이 현대인들의 또 하나의 초상일 것이다. 너무한 것 아니냐고 차라투스트라에게 슬쩍 물었더니 금세 냉소적인 답변이 날아온다. 현대인? 그들은 온전한 인격이 아니라 토막난 사람들이다. 그들에게 위대함이란 여러 토막 중 전문적인 한 토막을 갖는 것이다.

만사 귀찮은 게으름뱅이

차라투스트라의 그림 속에서 현대인들은 알록달록 얼룩쟁이, 키가 땅에 붙은 난쟁이, 제 몸보다 큰 귀를 단 불구자들처럼 엽기적인 모습을 하고 있었다. 참, 그러고 보니 차라투스트라의 그림 곳곳에 등장하는 족속이 하나 더 남아 있다. 그들이 눈에 쉽게 띄지 않았던 이유는 차라투스트라에게 항의하고 있던 부류에 속해 있지 않았기 때문이다. 그들은 항의하는 것은 물론 그림을 확인하는 것조차 귀찮아하는 듯했다.

    차라투스트라는 이들을 '최후의 인간' 이라고 불렀다. 왜 그랬을까? 이들이 곧 죽을 사람들이기 때문인가? 웃으면서 차라투스트라가 말했다. "아니다. 이 종족은 벼룩과도 같아서 잘 근절되지 않는다.

이들 최후의 인간이 가장 오래 산다." 이들의 삶은 그 자체가 이미 죽음의 시작이다. 이들은 무언가를 창조하는 것도 싫어하고 그것을 비난하는 것도 싫어한다. 아마 죽는 것조차 귀찮아서 빨리 죽지 않는 것 같다.

차라투스트라의 말을 들으니 확실히 다른 종족과 달라 보인다. 목에 핏대를 세우며 차라투스트라를 비난했던 '죽음의 설교자들'이나 '신체의 경멸자들'과도 다른 것 같고, 설교에 순응하며 열심히 기도를 올리는 양떼들과도 달라 보인다. 이들에겐 신앙조차 거추장스러운 게 아닐까? 이들 중 누군가가 말한다. "신의 죽음이라고? 그런 게 도대체 무슨 상관이란 말인가! 신을 찾는다고? 언제 신을 잃어버렸나 보지?" 신앙이 없다는 점에선 차라투스트라를 닮았는데 이들의 말에선 기쁜 소식, 즉 복음이 느껴지지 않는다. 시니컬한 냉소만 있을 뿐 기쁨과 즐거움이 없다. 이들의 유일한 신앙은 무신앙이고, 유일한 근면은 게으름이다.

그런데 차라투스트라는 이 무리도 잘 보면 진짜와 가짜가 있다고 일러준다. 세상일에 냉소적이고 '세계에 싫증난 자들'이 있는데 이들은 진짜 '세계에 싫증이 난 병자'나 '기력을 잃어버린 자'가 아니라 '간교한 게으름뱅이'거나 '훔쳐먹기를 즐기는 쾌락의 고양이'들이다(' 낡은 서판과 새로운 서판에 대하여'). 쾌락의 고양이라고? 그건 학자들에게 던졌던 욕이 아니던가. 그렇지. 차라투스트라가 답한다. 그놈들은 세상에 대해 뭔가를 아는 척 빼기며 세상을 욕하는 데

바쁘지. 그놈들 눈에는 이놈도 틀렸고, 저놈도 틀렸지. 언젠가 세상을 떠나는 배가 한 척 있었는데, 그놈들 중 어떤 놈도 타려하지 않아. 그런데도 세상 욕은 끔찍이도 하더군. 세상에 시니컬한 태도를 취하면서도 정작 세상을 등지진 않는다! 이것이 무엇을 의미할까?

너희들은 아직까지 한 번도 세계를 등진 일이 없다! 나는 너희들이 아직도 대지를 탐하고 있음을 발견했으며, 심지어 세계에 대한 너희 자신의 싫증을 아직 깊이 사랑하고 있음도 발견했다! 까닭 없이 너희들의 입술이 아래로 처져 있는 것은 아니다. 지상에서의 작은 소망이 그 위에 자리하고 있는 것이다. ('낡은 서판과 새로운 서판에 대하여')

이들 입이 삐죽 나온 건 엄밀히 말해 세상 살기 싫다는 게 아니다. 그건 무언가 욕망하는 게 있는데 얻지 못했다는 것이지. 이들은 진짜가 아니라 가짜야. 차라투스트라에게 물었다. 그럼 이들은 어떻게 해야 할까? "누군가 나서서 회초리로 때려야 한다. 회초리로 때려서 이들 발에 생기를 불어넣어 주어야 한다." 못된 고양이들에게는 회초리를!

그럼 진짜는 어떤 모습일까? 신의 죽음이라는 복음을 전하러 왔을 때부터 나는 그들을 보았다. 차라투스트라는 산에서 내려와 장터에서 본 사람들을 환기시킨다. "너희들에게 최후의 인간을 보여주겠다. '사랑이란 무엇인가? 창조란 무엇인가? 동경이란 무엇인가? 별이란 무엇인가?' 최후의 인간은 이렇게 묻고는 눈을 깜박인다"('차라투스트라의 머리말'). 무언가를 사랑하는 것도, 무언가를 창조하는 것도, 무언가를 동경하는 것도 다 귀찮아하는 것, 수면제 한 움큼 먹은 것처럼 아무 것도 하지 않는 것 속에서만 행복을 찾는 사람들이 있다.

그들은 살기 힘든 지역을 버리고 떠났다. 따뜻한 기운이 필요했기 때문이다. 병에 걸리는 것과 의심을 품는 것이 그들에게는 죄스런 것이 된다. 그리하여 그들은 아주 조심조심 걷는다. 아직도 돌에 걸리거나 사람에 부딪혀 비틀거리는 것은 바보나 하는 짓이 아닌가! 때때로 마시는 얼마간의 독, 그것은 단 꿈을 꾸도록 한다. 그러고는 끝내 많은 독을 마심으로써 편안한 죽음에 이를 수도 있다. 이제 그들은 더 이상 가난해지지 않으며 부유해지지도 않는다. 이런 것은 너무나도 귀찮고 힘든 일이다. 아직도 다스리려는 사람이 있는가? 아직도 순종하려는 사람이 있는가? 이런 것들은 너무나도 귀찮고 힘든 일이다. ('차라투스트라의 머리말')

차라투스트라의 말을 들으니 이들이 왜 '최후의 인간'인지도 알 것 같았다. 이들은 제 발로 선 적이 없는, 그래서 항상 무언가에 의존하고 그것을 숭배해 온 인간의 종착역과도 같다. 들뢰즈가 『니체와 철학』이라는 책에서 잘 정리했지만, 사실 허무주의도 나름의 운동을 한다. 처음에 그것은 세상을 평가절하하는 것에서 시작한다. 세상을 그냥 평가절하할 수는 없으니 '이 세계'와는 다른 '저 세계'를 창안하고 모든 진리와 도덕의 기준을 거기에 둔다. 그리고 나서는 '저 세계'의 관점에서 '이 세계'를 비난하기 시작한다. 천국이라든지, 이데아의 세계라든지 하는 것들이 이렇게 생겨났다. 이 첫 단계를 부정적 허무주의(negative nihilism)라 한다.

그런데 어느덧 '저 세계'에 세워 두었던 기준 자체가 의심을 받는 일이 시작된다. 이것이 허무주의 운동의 두번째 단계인 반동적 허무주의(reactive nihilism)인데, 첫번째 단계가 '저 세계'에 세워 둔 고차적 가치에 의한 '이 세계'의 평가절하였다면, 이 단계는 기준이 되었던 '고차적 가치' 자체를 평가절하하는 것이다. 첫번째 단계와 달리 두번째 단계에서는 '저 세계' 자체가 전쟁터가 된다. 신의 말을 빙자하거나 아예 신의 자리를 꿰차려는 것들이 많아진다. 과학이나 자유, 진보, 최대다수의 행복 등 많은 것들이 고차적 가치의 자리를 차지하려고 경쟁한다. 그러나 그런 것도 한두 번이지 그 자리에 앉는 녀석이 계속해서 바뀌는 것을 보면서, 사람들은 영원히 그 자리를 차지할 녀석은 없을 것이라는 회의감을 갖기 시작한다. 그러면서 가치 평가 자체를 무의미하게 보고 그것을 포기하는 일이 나타난다. 이것이 허무주의의 세번째 단계인 수동적 허무주의(passive nihilism)이다. '모든 것은 헛되다', '해봤자 다 쓸데없는 짓이다'라는 생각. 허무주의는 이렇게 완성된다.

최후의 인간은 허무주의의 전형이자 완성처럼 보인다. 니체는 현대성(혹은 유럽 민주주의)이 그런 인간형에 기초하고 있고, 그런 인간형을 양산한다고 보았다. 한 무리의 양떼처럼, 한 무더기의 모래알처럼 그저 모여있을 뿐 아무런 능력도 없는 다수. 이들도 치유가 가능할까? 얼룩쟁이, 난쟁이, 전도된 불구자보다도 더 어려운 환자가 아닐까? 차라투스트라가 웃으며 답한다. "치유 불가능한 환자를 위해 의사가 되고자 해서는 안 된다. …… 종말을 고하는 것은 시구를 짓는 것보다 더 큰 용기를 필요로 한다. 의사와 시인들은 이것을 알고 있다." 종말이라니 너무한 것 아니냐고 묻자 미안했던지 한마디 덧붙인다. '피로에 지쳐 쓰러진 자'가 게으름뱅이가 아닌 영웅이라면 "그에게 시원한 비와 함께 잠이 찾아오도록 내버려두자. 잠이 피로를 물리치고 피로로 하여금 스스로의 가르침을 거두어들이게 할 것이다. 다만 그 영웅의 땀을 즐기는 이른바 '교양인'으로 불리는 해충들만은 쫓아주자!"('낡은 서판과 새로운 서판에 대하여').

12. 춤추고 웃는 법을 배워라

채플린의 영화 「잊지」의 한 장면

채플린을 만나면 비장한 전쟁도 꽉 짜인 시간표도 웃음거리가 되고 만다. 어떤 무시무시한 환영도 그 웃음을 잠재우지 못했으며, 어떤 중력도 그 춤추는 다리를 무겁게 하지 못했다. 숲 속에서 춤추는 소녀들을 만난 차라투스트라도 그와 같지 않았을까?

차라투스트라가 숲을 가로지를 때 풀밭에서는 소녀들이 춤을 추고 있었다. 사랑스런 소녀들이여, 춤을 멈추지 말라! 나는 너희늘의 적인 중력의 영이라는 악마가 아니다. 내 어찌 예쁜 복사뼈를 가진 소녀들의 발에 적의를 품으랴. (『차라투스트라』)
웃는 자의 이 면류관, 장미로 엮어 만든 이 화관. 나 스스로 이 화관을 내 머리에 얹었다. 나는 나 자신의 웃음을 신성한 것으로 드높였다. 춤을 추는 자 차라투스트라, 날개짓으로 아는 체하는 경쾌한 차라투스트라. (『차라투스트라』)

차라투스트라의 여행 경로를 살펴보면 고도 차가 매우 크다는 걸 알 수 있다. 그는 높은 곳에 있는 동굴과 낮은 곳에 있는 인간 세계를 왕복한다. 또한 자신이 세상의 가장 높은 곳과 가장 낮은 곳을 가보았음을 자랑하기도 한다. 높은 곳과 낮은 곳을 자유롭게 왕래하는 것이 왜 그리 중요할까? 그것은 세상을 얼마나 다양한 높이에서 보았는가의 문제이기 때문이다.

인간이 지닌 가치와 가치 감각의 모든 영역을 꿰뚫어 보기 위해, 그리고 여러 관점과 판단을 가지고서 높은 곳에서 사방을 보고, 낮은 곳에서 모든 봉우리를 보며, 한 구석에서 천하를 조망할 수 있는 능력을 갖추기 위해 스스로 비판자나 회의주의자, 독단론자, 역사가, 시인, 수집가, 여행자, 수수께끼 해독자, 도덕주의자, 예언자, '자유주의자' 등등의 거의 모든 유형의 인간이 되어 보아야 한다. (『선악을 넘어서』)

그러나 높낮이를 자유롭게 조절하는 무공은 쉽게 얻어지지 않는다. 공력을 쌓기 위해 차라투스트라 역시 '산정과 심연이 하나인 위대한 길'을 여러 번 걸어야 했다. "나는 지금 나의 가장 높은 산과 가장 긴 방랑을 눈 앞에 두고 있다. 그리하여 나는 우선 내가 일찍이 내려갔던 것보다 더 깊이 내려가야 한다"('방랑자'). 물론 여기에는 대단한 노하우가 있어야 한다. 차라투스트라도 자신의 노하우를 개발하기 위해 별 방법을 다 써보았다.

> 나는 밧줄 사다리로 온갖 창문에 기어오르는 법을 배웠다. 나는 민첩한 발로 높은 돛대에 오르기도 했다. …… 나는 다양한 길과 방법을 통해 나의 진리에 이르렀다. 내가 사다리 하나로만 먼 곳을 볼 수 있는 위치까지 오른 것은 아니다. 나 역시 계속해서 **물어가며 걸었다**. 물음과 시도, 그것이 내 모든 행로였다. ('중력의 영에 대하여', 강조는 필자)

차라투스트라는 말한다. 누구나 자신만의 노하우를 개발할 필요가 있다. 모두가 가야 할 단 하나의 길은 존재하지 않으며 각자 자신의 길을 찾아야 한다. 맞는 말이긴 한데, 그래도 모든 사람들에게 각자 맞는 무공을 개발하라는 건 무리한 요구가 아닐까? 그들에게 최소한의 무공은 전수해야 하는 것 아닐까? 땅에 달라붙은 난쟁이나 땅 속을 파고 다니는 두더지들에게 높은 곳의 공기를 쐬게 만들 방법은 달리 없을까? 그들을 "세상의 모든 별들과 그 자신을 돌아볼 수 있는 곳"으로 데려갈 수는 없을까? 차라투스트라도 고민을 많이 했다. 만약 그렇게만 할 수 있다면 사람들의 가치관도 바뀔 것이다. 누군가 사람들에게 '나는 법'을 가르칠 수만 있다면, 그는 분명히 세상을 크게 바꾸어 놓을 것이다.

언젠가 사람들에게 나는 법을 가르치는 자는 모든 경계석을 옮겨 놓고 말 것이다. 모든 경계석 스스로가 그의 눈 앞에서 하늘로 날아갈 것이고, 그는 이 대지를 "가벼운 것"이라는 이름으로 다시 세례를 베풀 것이다. ('중력의 영에 대하여')

그러나 차라투스트라는 이내 알아차렸다. 자신이 사람들에게 가르치려는 비행술의 대단한 적대자가 있음을. 새처럼 가벼워지려는 몸을 천근만근의 무게로 잡아당기고 있는 자가 있음을. 그것은 바로 '중력의 영'이었다. 차라투스트라가 사람들에게 비행술을 가르치려 할 때 그들은 한결같이 이렇게 말했다. "대지와 삶이 너무나 무겁다"('중력의 영에 대하여'). 결국 사람들의 발목을 붙잡고 심지어 차라투스트라에게조차 부담을 지우는 '중력의 영'을 물리치지 않고서는 어떤 비행도 불가능하다는 게 확실해졌다.

포겔프라이(Vogelfrei)—중력의 정신에 맞서

차라투스트라는 단호했다. "중력의 영은 불구대천의 적이다. 나는 그것이 창조한 모든 것, 이를테면 강제, 율법, 필요와 귀결, 목적과 의지, 선과 악을 뛰어넘고자 한다." 하지만 차라투스트라의 가르침을 이해해서 뭔가를 시도하는 자들도 제도와 법, 관습과 도덕이 그어 놓은 선을 쉽게 넘어서지 못했다. 조금 벗어났다가도 그들은 자석에 이끌리는 쇠붙이처럼 다시 돌아왔다. 끔찍한 사건을 저지른 범죄자마저 창백한 얼굴로 자신의 죄를 뉘우치고 있었다. 모두가 몸을 사렸다. '아무리 신이 죽었다고 그렇게까지야', '그래도 기본적인 도덕은 서로 지켜야지', '좋은 이야기이기는 한데 그게 도대체 얼마나 가능할까', '괜히 나섰다가 나만 쪽박 차는 거 아냐', '다 만족하고 살 수가 있나', '삶이란 원래 고행인 거야'.

이래서는 하늘로 날아오를 수가 없다. 몸을 가볍게 만들어도 시원찮을 판에 코끼리처럼 무거운 발을 해서는 날 수가 없다. 날기는커녕 물구나무서는 것조차 위태로워 보인다. 판갈이를 하지 않고서는 그 어떤 것도 새로 배울 수 없다. 하지만 차라투스트라는 기다린다. 새로운 서판이 쓰여지는 시간은 반드시 올 것이다.

그런 생각을 하자마자 그의 가슴속에 있던 "커다란 동경이 사나운 날개소리를 내기 시작했다". 그는 천성적으로 '발이 무거운 코끼리'보다는 '들판을 질주하는 말'이며, 말보다는 '자유롭게 하늘을 나는 새'이다.

나는 하늘을 날아갈 준비를 하고 초조하게 기다리고 있다. 나의 천성이 이러한데 어찌 그것이 새의 천성이 아니겠는가. 무엇보다도 나는 중력의 영에 적의를 품고 있는데, 그것만 보아도 새의 천성이 분명하다. 나는 진정 중력의 영에 대해 불구대천의 적의와 으뜸가는 적의, 그리고 뿌리깊은 적의를 품고 있다. ('중력의 영에 대하여')

차라투스트라는 날개가 생겨난 이들에게 기대를 건다. 물론 날개가 있다고 해서 바로 날 수 있는 것은 아니다. "말보다 더 빨리 달리는 타조가 날 수 없는 이유는 그 머리를 여전히 무거운 대지 속에 처박기 때문이다"('중력의 영에 대하여'). 분명히 우리 주변에도 시대의 중력장에서 탈주하고 싶은 욕망을 가진 이들이 있다. 심지어 탈주가 초래할 위험성을 감수할 결심이 선 자들도 있다. 그러나 그것만으로는 충분치 않다. 자기 시대 자기 삶에 대한 거부만으로는 결코 날 수가 없다. 부정과 거부는 여전히 무거운 자들의 정신이다. 중력의 영은 그것을 놓치지 않는다. 중력의 영이 던진 그물에 걸리면 부정과 거부는 금세 반동이나 허무로 돌변할 수 있다.

무공을 잘못 익히면 몸을 망친다. 특히 이제 날개가 돋기 시작한 어린 새들이 꼭 염두에 두어야 할 것이 있다. 그것은 바로 부정을 통해 도약해서는 안 된다는 것(변증법처럼 해서는 안 된다는 것)이다. 도약은 긍정을 통해 이루어져야 한다. "가벼워지기를 바라고 새가 되기를 바라는 자는 먼저 자기 자신을 사랑하지 않으면 안 된다. 이것이 나의 가르침이다"('중력의 영에 대하여'). 자기 삶을 사랑하는 자만이 자기 삶을 아름답게 창조할 수가 있다. 자기 삶을 부정하는 자는 탈주할 때 고통의 비명이나 분노의 울분을 토한다. 그러나 자기 삶을 사랑하기 때문에 탈주하는 자, 탈주하는 방식으로 자기 삶을 사랑하고, 아름다운 재창조를 위해 기존의 삶을 허무는 자는 탈주하면서도 콧노래를 부를 수 있다. 즐거움으로 비상했을 때만 하늘은 구름

한 점 없는 순진무구한 모습으로 다가올 것이다. 그때만이 너와 하늘은 함께 미소짓는 친구가 될 수 있을 것이다.

우리[하늘과 나]는 온갖 것을 함께 배웠다. 우리 자신을 뛰어넘어 우리 자신에게 상승하는 법과 해맑게 미소짓는 법을 함께 배웠다. 우리들의 발 아래서 강제와 목적, 그리고 죄과라는 것이 마치 비처럼 자욱한 김을 내뿜을 때, 밝은 눈을 하고 먼 곳에서 아래를 내려다보며 해맑게 미소짓는 법을 배웠다. ('해뜨기 전에')

그런데 차라투스트라가 비행술을 강의할 때 꼭 손들고 이의를 제기하는 사람들이 있다. 그들 대부분은 차라투스트라를 이해해 보려는 마음을 지녔으며, 나름대로 중력의 영에 반발하고 있는 사람들이다. 다만 그들은 너무 '진지한' 사람들이어서 즐거움이니 탈주니 하는 말을 내뱉는 차라투스트라에게 약간의 불쾌감을 느끼고 있다. 그들은 차라투스트라가 사태를 너무나 안이하게 보고 있으며, 경박하기조차 하다고 믿는다. 차라투스트라여, 왜 좀더 깊이 있고 심각한 고민을 하지 않는가? 차라투스트라가 답한다. 오! 그대 심각한 동물들이여, 그대들은 '즐거운 지식' 에 대해 편견을 갖고 있구나.

대다수 인간들의 경우 지성은 잘못 움직이고 둔중하고 음울하며 삐걱거리는 기계다. 이 기계를 움직이기 위해 열심히 사고하는 것처럼 느껴질 때 그들은 '문제를 진지하게 생각하는 것'이라고 부른다. …… 이 사랑스런 '인간동물'은 잘 생각한다는 것을 기분이 우울한 상태에 있는 것[심각한 것]으로 이해한다. 그래서 '웃음과 즐거움이 있는 곳에서의 사고를 무익하다'고 말한다. 이것이 '즐거운 지식'에 대한 심각한 동물들의 편견이다. (『즐거운 지식』)

무겁고 진지한 사고만이 사태를 깊이 인식하는 것이라 믿는 자들은 무게와 깊이를 혼동하고 있다. 그들은 사랑조차 망쳐 놓는다. 사랑에 무거운 저울추를 달아두고는 진정한 사랑이라 우기지만, 그때 사랑은 종종 구속으로 변질된다. 심각한 동물들이여 생각해 보라. 그대들이 가벼워지면 안 되는 이유가 있는지를, 그리고 그대들이 결국 얻고자 하는 게 웃음인지 울음인지를.

댄서의 웃음, 코미디언의 춤

하지만 어떻든 "처음부터 '나는 법'을 배울 수는 없는 노릇이다. '나는 법'을 배우고자 하는 자는 먼저 서는 법, 걷는 법, 달리는 법, 기어오르는 법, 춤추는 법부터 배워야 한다"('중력의 영에 대하여'). 그리고 환하게 웃는 법을 배워야 한다. '나는 법'에 대한 차라투스트라의 강의는 '웃는 법'과 '춤추는 법'에서 시작된다. 심각해선 안 된다. 무거워선 안 된다. 웃고 또 웃어라. 춤추고 또 춤춰라. 그것이야말로 중력의 영을 죽이는 길이다.

나는 춤출 줄 아는 신만을 믿으리라. 그리고 내가 나의 악마를 보았을 때 나는 그 악마가 엄숙하며, 심오하며, 장중하다는 것을 알았다. 그것은 '중력의 영'이다. 그로 인해 모든 사물은 나락으로 떨어진다. 사람들은 분노가 아닌 웃음으로 죽인다. 자, '중력의 영'을 죽이지 않겠는가. ('읽기와 쓰기에 대하여')

언젠가 차라투스트라가 제자들과 숲 속을 가로질러 가고 있을 때, 풀밭에서 춤을 추던 소녀들이 있었다. 소녀들은 한편으로는 놀라고 다른 한편으로는 민망해서 춤을 멈추었다. 하기는 괴상한 모습의 차라투스트라나 떼로 몰려온 제자들을 보고 계속해서 춤출 정상적인(?) 소녀들이 어디 있을까. 어떻든 차라투스트라는 "춤을 멈추지 말아 달라"고 부탁한 뒤 대뜸 소녀들의 춤에 곡을 붙여 노래하기 시작했다(소녀들의 기분은 어땠을까^^). 노래 제목은 "나의 강력한 악마, '중력의 영'에게 바치는 춤노래이자 조롱의 노래"('춤에 부친 노래').

웃음과 춤은 중력의 영으로부터 얼마나 자유로운가를 보여주는 징표이다. 표정과 걸음걸이만큼 사람들의 상태를 잘 보여주는 것은 없다. 차라투스트라는 사람의 말보다도 그의 표정과 걸음걸이를 신뢰한다. 자유롭다고 말하는 사람보다 환하게 웃는 사람, 사뿐사뿐 걷는 사람이 진정으로 자유로운 사람이다. 차라투스트라 역시 웃음과 걸음걸이로써 자신을 표현한다. 사람들에게 복음을 전하기 위해 산에서 처음 내려왔을 때, 산 속의 노인네는 그가 차라투스트라임을 한눈에 알아봤는데, 그 이유도 그처럼 환한 웃음과 춤추는 듯한 스텝을 밟는 사람이 없었기 때문이다.

차라투스트라가 처음부터 웃음과 춤의 달인이었던 것은 아니다. 환하게 웃으며 춤추는 걸음걸이로 하산했을 때 그의 웃음과 춤은 완전한 게 아니었다. 그는 사람들이 사는 걸 보고 배꼽 잡으며 웃다가 그들이 가엾어 금세 비통하게 울기도 했다(『방랑자』). 웃음만큼이나 춤도 리듬을 타지 못했다. 중간중간 스텝이 엉켰기 때문에 그는 자주 피로감을 호소했다. 어찌보면 위버멘쉬를 향한 차라투스트라의 여정은 웃음과 춤을 배우는 과정이기도 했다. 그 역시 그의 가르침처럼 웃고 춤추는 법을 배워나가야 했다.

차라투스트라의 웃음과 춤이 완전하지 않다는 것은 그가 여전히 위버멘쉬가 되지 못했음을 나타낸다. 위버멘쉬가 아님을 보여주는 결정적인 증거 중의 하나가 그의 몸에서 일어나는 구토이다. 구토는 환한 웃음과 선명한 대비를 이루면서 여러 번 반복된다. 비록 말로는 세상에 대한 긍정과 생성을 이야기해도, 구토 증세가 있다는 건 그의 신체가 여전히 세상에 거부 반응을 보이고 있음을 의미한다. 영원회귀를 깨달아 가며 건강을 회복할 때쯤에도 그는 아주 심하게 구토를 했다. 그가 구토를 한 이유는 세상을 병들게 하는 여러 도덕들과 그것들에 의존하는 난쟁이들이 계속 존재할 것이라는 사실 때문이었다. 그는 여전히 세상을 긍정하지 못했던 것이다.

"아 사람들이 영원히 돌아온다니! 왜소한 사람이 영원히 되돌아오다니!" …… 내가 보기엔 가장 위대한 자조차 너무나 인간적이었다! 가장 위대한 자도 너무나 왜소했다. 더없이 왜소한 자들의 영원한 되돌아옴! 이것이 모든 현존재에 대한 나의 혐오이다! 아아 역겹다! 아 구역질이여, 구역질이여! ('건강을 되찾고 있는 자')

그러나 환하게 웃을 수 없다면 위버멘쉬의 꿈은 깨라! 차라투스트라에게 하나의 환영이 수수께끼처럼 다가와 메시지를 던졌다('환영과 수수께끼에 대하여'). 그가 풀어내야 할 그 수수께끼의 내용은 이렇다. 어느 달밤에 한 목자가 쓰러져 있었고 옆에서는 개가 사납게 짖고 있었다. 차라투스트라가 자세히 보니 그 목자는 몸을 비틀면서 캑캑거리고 있다. 심한 경련도 일어났다. 들여다보니 목자의 입에는 시커멓고 묵직한 뱀 한 마리가 매달려 있었다. 놀란 차라투스트라가 힘껏 그 뱀을 잡아당기고 또 잡아당겼다. 그러나 소용없는 일이었다. 그때 그는 자기 몸 안에서 울려나오는 어떤 소리를 들었다. 그 소리는 이렇게 외치고 있었다. '물어뜯어라! 물어뜯어라!' 목자는 그 소리에 따라 뱀을 물어뜯었다. 그것도 단숨에 물어뜯었다. 뱀 대가리를 멀리 뱉어내고는 벌떡 일어났는데, 갑자기 그 주변을 빛이 감싸더니 그가 환하게 웃는 게 아닌가. 그는 더 이상 양치기도 아니고 사람도 아니었다. 차라투스트라는 지금까지 그처럼 환하게 웃는 자를 본 적이 없었다.

이 수수께끼 같은 이야기는 영원회귀와 위버멘쉬에 대한 중요한 암시들을 담고 있다. 환형(環形)의 동물 뱀, 그것이 가하는 끔찍한 고통은 일종의 시험대다. 그것을 긍정하고 환하게 웃을 수 있는가. 그 무거움을 단숨에 벗어 던지고 가볍게 춤출 수 있는가. 거기에 영원회귀와 위버멘쉬의 비밀이 숨어 있다. 목자가 환하게 웃었다는 것은 위버멘쉬로의 변신이 일어났음을 의미한다.

차라투스트라 역시 위버멘쉬로의 변신이 가까워질수록 웃음의 의미를 깨달아 간다. 그가 얼마나 달라졌느냐는 난쟁이와 두더지들의 회귀를 반기는 장면에서 나타난다. 그는 난쟁이나 두더지가 자신의 경공술을 시험하기 위한 장애물로 있었으면 한다는 소망조차 피력한다. 한때 그를 괴롭혔던 악령인 난쟁이를 이제는 놀이를 위한 장난감으로 취급하는 것이다. 그리고 그런 왜소한 인간들에게 구역질했던 자신에 대해서도 우스움을 느낀다. 사실 그 난쟁이들이 그렇게 혐오스러운 것은 아니라는 둥, 인간은 참 흥미로운 동물이라는 둥.

차라투스트라는 확실히 부정이나 혐오, 투덜거림을 통해서는 환한 웃음이 나오지 않는다는 사실을 깨달았다. 비록 구토 증세가 심해지고 있을 때였지만 그는 사람들이 '차라투스트라의 원숭이'라고 부르는 자와 만났을 때 이 점을 분명히 주지시킨 바 있다. 차라투스트라의 원숭이는 그 이름처럼 차라투스트라의 어투와 어법을 익혔고 차라투스트라의 지혜를 흉내내는 자였다. 그는 어느 큰 도시의 문 앞에서 차라투스트라에게 그 도시를 방문하지 말라고 말한다. 그러면서 그 도시에 관한 온갖 험담을 시작했다. 자유정신이 없는 사람들, 말장난에 그치는 역겨운 신문들, 온갖 악덕들, 신앙의 노예들, 도시를 지배하는 소상인들. "차라투스트라여, 이 도시는 허접쓰레기입니다. 이 쓰레기를 향해 침을 뱉으십시오. 일체의 부패, 추잡, 음탕, 음산, 퇴폐, 농양, 음모가 곪아터지고 있는 이 큰 도시를 향해 침을 뱉고 발길을 돌리십시오!" 그러나 차라투스트라는 그의 입을 막고 소리쳤다. "이제 그만하라! 아까부터 그랬지만 나는 네 이야기와 그 꼬락서니가 아주 못마땅하다. 너는 무슨 까닭으로 개구리가 되고 두꺼비가 되도록 그 늪에 그렇게 오래 살았는가? 네가 이같이 꽥꽥거리며 욕을 퍼붓는 것은 바로 네 혈관에도 썩은 거품을 내는 늪의 피가 흐르기 때문 아닌가? …… 사람들은 너를 나의 원숭이라고 부른다만, 나는 너를 투덜거리는 돼지라고 부른다"('그냥 지나쳐 가기에 대하여'). 정 싫으면 그냥 지나쳐 가면 될 것을 그곳에 머물면서 계속 '꽥꽥거리는 것'은 무엇 때문인가? 혹시 험담하고 비난하면서 너 역시 그 도시를 닮아간 것 아닌가? 투덜거리는 돼지는 결코 차라투스트라를 위한 올바른 경고를 할 수 없다. "나의 경멸과 경고의 새는 늪이 아니라 사랑하는 마음에서 날아올리야 하는 것이다!"('그냥 지나쳐 가기에 대하여').

그런 추악함을 죽일 수 있는 것은 험담이나 비난이 아니라 바로 웃음이다. 웃음은 중력의 영을 죽이는 가장 확실한 수단이다. 니체는 『도덕의 계보학』에서 "금욕주의 이상의 단 하나의 적은 코미디언"이라고 말한 적이 있다. 왜냐하면 금욕주의자들 스스로 우스꽝스러운 존재가 되었을 때, 금욕주의는 죽음을 맞을 것이기 때문이다. 들뢰즈는 니체에 관해 말하면서 "위대한 책들은 추악한 현실, 혐오스러운 현실을 다룰 때조차 기쁨과 분리되어 있지 않다. 우리는 지배적 코드가 난처함에 빠졌을 때 웃지 않을 수 없다"고 했다. 추악한 현실은 웃음거리가 되었을 때 되돌아오지 않고, 환하게 웃는 자만이 그 현실을 가볍게 넘어설 수 있다.

춤의 신, 웃음의 신

건강을 되찾아가던 회복기의 환자 차라투스트라가 구토를 이겨냈을 때 처음 반응한 것은 그의 발가락들이었다. 발가락들은 삶이 넣는 박자에 금세 반응하기 시작했다.

> 삶이여, 너는 작은 손으로 캐스터네츠를 고작 두 차례 쳤을 뿐이다. 그런데도 나의 발은 벌써 춤을 추겠다고 야단이다. 나의 발꿈치는 일어서고, 나의 발가락들은 네 의향을 헤아리기 위해 귀를 기울였다. 춤추는 자는 그의 귀를 발가락에 달고 있는 것이다! ('춤에 부친 또다른 노래')

'춤에 부친 또다른 노래'는 '춤에 부친 노래'보다 훨씬 경쾌하고 가볍다. '중력의 영에 대한 조롱의 노래'라고 명명한 첫번째 노래보다 삶과 협연하는 두번째 노래가 더 경쾌한 이유는 긍정의 정신 때문이다. 『차라투스트라』의 제3부를 마무리하며 영원회귀에 대해 이야기하는 '일곱 개의 봉인'에는 신성한 긍정이 들어 있다. 그 부제가 "'예'와 '아멘'의 노래"인 것만 보아도 그것을 알 수 있다. 여기서 춤에 대한 가르침은 "모든 무거운 것들을 가볍게 만드는 것"으로, 그리고 "모든 악을 웃음 속에서 사면하는 것"으로 나타난다.

> 나의 덕이 춤추는 자의 덕이라면, 그리고 내가 자주 두 발로 황금과 에메랄드의 환희 속으로 뛰어들어가 보았다면, / 나의 악의가 웃음을 머금고 있는 악의이고 장미의 언덕과 백합의 울타리를 제 집으로 하고 있다면. / 웃음 속에 온갖 악이 서로 이웃하고 있지만 악은 그 자체의 행복을 통하여 신성시되고 사면되기 때문이다. / 무거운 모든 것이 가볍게 되고, 신체 모두가 춤추는 자가 되며, 정신 모두가 새가 되는 것, 그것이 내게 있어서 알파이자 오메가라면. / 진정 그것은 내게 있어서 알파이자 오메가다! ('일곱 개의 봉인')

이 모든 것들을 깨닫자 차리투스트라는 진정한 춤의 신, 진정한 웃음의 신 '디오니소스'를 만난다. 니체는 『권력의지』에서 "너는 해야 한다'보다 위에 있는 것은 '나는 의욕한다'(영웅)이고, '나는 의욕

한다' 보다 위에 있는 것은 '나는 존재한다'(그리스 신들)이다"라고 말한 바 있는데, 이는 차라투스트라와 디오니소스의 웃음과 춤이 갖는 차이를 보여주고 있다. 차라투스트라의 웃음과 춤에는 위버멘쉬와 영원회귀를 향한 의욕이 들어 있다. 하지만 그 자체로 영원회귀의 신이고 위버멘쉬인 디오니소스는 어떤 특별한 의욕도 갖지 않는다. 긍정을 배우는 차라투스트라의 웃음과 달리 디오니소스의 웃음은 그 자체로 모든 것에 대한 긍정이다. 차라투스트라의 춤, 그 건너뛰기는 매번 모험을 감행하는 것이지만, 디오니소스의 춤, 그 건너뛰기는 모험이 아니라 생성으로 움직이는 세상 원리 자체이다. 세상은 얼마나 다양한 것들로 이루어져 있고, 또 얼마나 많은 다양한 것들을 만들어내고 있는가. 그 모든 것들이 디오니소스의 웃음 소리고 디오니소스의 스텝 밟기이다.

차라투스트라는 그 자신의 마지막 시험대였던 '보다 높은 인간들'과의 만남에서 디오니소스의 웃음과 춤을 가르치고 싶어했다. 니체 역시 차라투스트라의 이 가르침이 너무도 좋아 『비극의 탄생』의 서문('자기비판의 시도')에 집어넣었다. 그는 날아오르고 싶어하는 모든 자들이 "차라투스트라라 불리는 디오니소스적 괴인의 말을 들어야 한다"고 했다. 이것이 차라투스트라 비행술의 완성편이다.

내 형제들이여, 그대들의 가슴을 펴라. 활짝, 더 활짝! 그리고 다리도 잊지 마라! 너희들의 다리도 올리려무나, 그대들 훌륭한 무용가

여, 그대들이 물구나무를 선다면 더욱 좋으리라! 웃는 자의 이 왕관, 장미꽃으로 엮은 이 왕관, 나는 스스로 이 왕관을 머리에 썼노라. 그리고 나 자신이 내 웃음을 신성한 것으로 말하노라……무용가 차라투스트라, 날갯짓으로 아는 체 하는 경쾌한 차라투스트라, 온갖 새들에게 눈짓하며 날 준비를 마치고 각오하는 자, 행복하고 마음이 가벼운 자. 웃고 있는 예언자 차라투스트라.……높이뛰기와 넓이뛰기를 좋아하는 자, 나 자신이 이 왕관을 내 머리에 얹었노라! 웃는 자의 이 왕관, 장미꽃으로 엮은 이 왕관, 형제들이여 이 왕관을 그대들에게 던져주노라! 나는 웃음을 신성하다고 말하노라. 보다 높은 인간들이여, 내게 배울지어다──웃음을." ('보다 높은 인간들에 대하여' 요약, 『비극의 탄생』 서문─'자기비판의 시도')

13. 세상은 주사위놀이를 하는 신들의 탁자다

레나 하데스, 1997년, oil on canvas, 54 by 70 inches

붉게 타오른 하늘, 검은 빛의 대지. 하늘에 던져진 세 개의 주사위에 벌써부터 대지는 요동을 치기 시작한다. 세상을 건 차라투스트라의 도박. 웃는 건 신일까, 차라투스트라일까? 이 작품은 하데스가 『차라투스트라』에 대한 해석을 시도한 일련의 작품들 중 하나이다(www.geocities.com/Athens/Academy/1957. 이 사이트 입구에는 이렇게 쓰여 있다. "모두를 위한, 하지만 그 누구를 위한 것도 아닌 사이트"[A Site for All and None]).

내 일찍이 신들의 탁자인 이 대지에 앉아 이 대지가 요동치고 터져 불길을 토하도록 신들과 주사위 놀이를 했다면……. (『차라투스트라』)

양자역학의 확률론적 해석을 비판하면서 아인슈타인(Einstein)은 "신은 우주를 대상으로 주사위 놀이 따위는 하지 않는다"고 했다. 조물주가 아무 생각 없이 주사위를 던져 세상을 만들었을 리가 없다는 이야기다. 하지만 차라투스트라는 "세상은 주사위 놀이를 하는 신들의 도박대"라고 말한다. 이성을 통해 "얼마간의 지혜는 가능하겠지만, 일체의 사물들을 본다면 차라리 우연이라는 행복한 확신이 든다"는 말도 덧붙였다('해뜨기 전에'). 학자들이 다 잡았다고 느끼는 순간 세상은 다시 '이성의 거미줄'을 빠져나간다. 차라투스트라는 말한다. 얼굴을 찡그리지 말라, 과학자들이여! 이것은 화낼 일도 허무해 할 일도 아니다. 세상이 그만큼 무구하며 새로운 것들을 무한히 생성시킬 정도로 풍요롭다는 것 아닌가. 나는 신들이 주사위를 던지며 놀 줄 안다는 게 얼마나 반가운지 모른다. 나 역시 그들과 함께 세상을 만들 주사위를 던지고 싶다!

세계의 어린이 제우스

과학자들 이야기로 시작했지만 정작 '주사위 놀이'에 분개할 사람들은 신학자들일 것이다. 세상을 창조하는 숭고한 사역을 '노는 것'으로 표현하다니, 이 무슨 망발인가! 신이 놀고 있단 말인가! 그렇다면 세상에 존재하는 모든 것들은 그의 장난감에 불과하다는 말인가! 당장이라도 차라투스트라의 멱살을 잡을 신학자들이 한둘이 아닐 것이다. 그들은 이렇게 말한다. 세계가 어느 순간 창조되었다면 신에겐 그 행위를 시작할 만한 성스러운 동기가 있었을 것이고 그것이 세계의 목적이다. 세계가 존재하고 운동하는 데는 분명히 어떤 목적이 있다(이 점에서는 과학자들의 신념도 신학자들의 신앙과 크게 다르지 않은 듯하다).

스피노자는 『에티카』에서 세계에 대한 목적론적 해석이 세계의 도덕화를 초래하고 있음을 잘 지적한 바 있다. 태양은 왜 창조되었을까? 비추기 위해서. 바다는 왜 창조되었을까? 물고기를 기르기 위해서. 눈은 왜 창조되었을까? 보기 위해서. 이는? 씹기 위해서. 그리고 마침내 최종판. 세계는 왜 창조되었을까? 우리 인간을 위해서. 인간을 위해 세계가 창조되었다면 선악이 무엇인지도 분명하다. 인간에게 이로운 것이 선이고 해로운 것이 악이다! 그런데 왜 우리에게 해로운 벼락이 치고 해일과 지진이 일어나지? (이쯤 되면 스스로의 해석이 틀렸다고 인정할 듯한데 인간은 포기하지 않는다.) 누군가 죄를 지었기 때문에 신이 노한 거야. 아니 그럼 저 착한 사람은 빌딩 무너질 때 왜 함께 죽었지? 속으로 음흉한 생각을 하고 있었는지도 모르지. 아님 신께서 긴히 쓰실 일이 있었던 게지.

차라투스트라는 세상일을 어떤 목적—그것이 아무리 신성한 것이라 해도—에 꿰어 맞추는 것에 질린 사람이다. 제발 저 "순진무구한 하늘"을 내버려둬라! 제발 사물들을 노예로 만들지 말라! 그는 어떤 목적을 가정하고 그 안에 세상을 가두려는 사람들에게 단단히 화가 났다. 제발 세상의 움직임에 초월적인 목적을 찾는 '왜' 라는 질문을 던지지 말자! 무슨 숭고한 목적이 있어서가 아니라 세상이 '노는' 방식이 그런 것일 수 있지 않느냐. 차라투스트라가 말하는 '주사위 놀이'에서 '놀이'의 첫번째 성격이 나타난다. 바로 목적론의 거부가 그것이다. 아마도 노는 데 신성한 목적을 찾는 사람은 없을 것이다. 신성한 목적을 갖는 순간 그것은 더 이상 노는 게 아니다.

'세상이 놀고 있다.' 우리는 이 말을 고대 그리스 철학자 헤라클레이토스(Herakleitos)와 연관짓지 않을 수 없다. 사실 차라투스트라는 헤라클레이토스를 아주 좋아한다. 그것을 보여주는 대목이 있다. 혹심한 겨울이 닥치자 강물이 얼어붙었다. 그러자 만물은 유전한다는 가르침을 따르던 사람들조차 혹시 모든 것들이 고정된 것 아닌가 하는 생각을 했다. 그들은 고정된 불변의 선악 기준이 존재하지 않는다는 차라투스트라의 말조차 의심했다. 이때 차라투스트라는 봄바람이 성난 수소처럼 고정되어 보이는 모든 것들을 무너뜨리고 '만물이 유전'함을 증명할 것이라고 말한다(낡은 서판과 새로운 서판에 대하여). 그런데 차라투스트라가 봄바람이 증명할 것이라고 말한 '만물의 유전'설을 주장한 사람이 바로 헤라클레이토스다.

그런데 헤라클레이토스가 그렇게 말했다. 세상은 놀고 있다고. 헤라클레이토스의 말을 이해하기 위해서는 그 이전에 세상을 도덕적으로 해석했던 아낙시만드로스(Anaximandros)의 말을 들어보는 게 좋을 듯싶다. 아낙시만드로스는 세상에서 생겨난 것 치고 영원한 것이 없음을 비통하게 생각했다. 영원한 것이 진리이고 축복일 텐데 왜 자연에서 태어나는 그 많은 것들은 유한한 삶을 살 수밖에 없을까? 왜 영원히 살지도 못할 존재들이 계속해서 태어나는가? 물론 이런 질문들은 스피노자의 경고처럼 도덕으로 흐를 위험성이 매우 크다. 아니나 다를까, 아낙시만드로스는 이렇게 말한다. 태어남은 죄이다. 그러므로 그것은 죽음으로써 처벌되는 것이다. 그의 눈에는 자연 안에 있는 수많은 존재들이 죄들의 집합으로만 보였다(「그리스 비극 시대의 철학」). 그는 '생성이야말로 저주다'라고 외친다.

그러나 헤라클레이토스는 탄생과 죽음, 즉 생성과 소멸의 끊임없는 반복에서 어떤 우울함도 느끼지 않았다. 그에게는 그것이 하나의 놀이처럼 느껴졌다. 생성과 소멸의 반복은 저토록 많은 다양성을 만들어내지 않는가. 저기에 무슨 도덕적 책임이 거론될 수 있는가?

생성과 소멸, 건축과 파괴는 아무런 도덕적 책임도 없이 영원히 동일한 무구의 상태에 있으며, 이 세계에서는 오직 예술가와 어린아이의 유희만을 가지고 있을 뿐이다. 어린아이와 예술가가 놀이를 하듯 영원히 생동하는 불은 놀이를 하면서, 무구하게 세웠다가 부순다. 영원의 시간 아이온(Aeon)은 자기 자신과 놀이한다. 마치 아이가 바닷가에서 모래성을 쌓듯이 그는 물과 흙으로 변신하면서 높이 쌓았다가 부수곤 한다. 이따금 그는 놀이를 새롭게 시작한다. …… 다른 세계를 소생시키는 것은 자만의 욕구가 아니라 항상 새롭게 깨어나는 유희의 충동이다. 어린아이는 놀이기구를 던져버리지만 곧 그는 순진무구한 기분에서 다시 놀이를 시작한다.(「그리스 비극 시대의 철학」)

헤라클레이토스는 또 이렇게 덧붙인다. "왜 그러냐고 묻지 말라. 그것은 하나의 유희일 뿐이다. 그것을 너무 비장하게 특히 도덕적으로 받아들이지 말라." 니체는 이 말에 깜짝 놀랐다. "누가 이런 철학에 대고 '너는 무엇무엇을 해야 한다'는 필연적인 명법의 윤리학을 요청할 수 있겠는가!"(「그리스 비극 시대의 철학」). 헤라클레이토스는 '놀고 있다'는 말을 통해 세계를 목적론적으로, 그리고 도덕적으로 해석하는 것을 경계한 것이다.

우리는 헤라클레이토스의 주장 속에서 놀이의 또다른 성격을 발견할 수도 있다. "자만의 욕구가 아니라 항상 새롭게 깨어나는 유희의 충동"이라는 표현을 특히 주목할 필요가 있다. 헤라클레이토스식으로 보자면 세계를 완전히 충족시킬 진리를 찾으려는 시도는 대단히 오만한 것이다. 누군가 그것을 찾았다고 믿는다면 그는 더 이상 어떤 것도 하려 하지 않을 것이다. 그러나 놀이는 '자만'을 모른다. 싫증난 놀이기구를 던지지만 다시 새로운 기분으로 놀이하는 어린아이에서 보듯이 놀이에는 원래부터 예정된 종착역이 없다. 놀이를 하다 만 순간이 놀이의 끝이며, 다시 새롭게 뛰어드는 순간이 시작이다. 놀이는 과정으로만 존재한다.

헤라클레이토스가 세계를 '어린아이의 왕국'으로 묘사한 것은 실로 놀라운 것이었다. 니체 말처럼 "사람들에게 헤라클레이토스의 논의는 황당 무계한 것이었지만, 그럼에도 그는 떠들면서 노는 아이들의 유희를 보고 위대한 세계 어린이 제우스의 유희라는 놀라운 것을 생각해냈다". 신이 있다면 그는 어린아이와 같으며, 세계가 신에 의해서 움직인다면 그것은 아이가 노는 것처럼 순진무구한 것이고, 아이의 놀이가 그렇듯이 지칠 줄 모르고 즐거움에 겨워 쭉 계속될 것이다.

우연이라는 귀족

차라투스트라의 주사위 놀이에서 '놀이'가 신학자들을 불편하게 만들었다면, '주사위'의 존재는 과학자들을 불편하게 만든다. 아인슈타인이 주사위 놀이를 못마땅해 했던 것은 아마도 그것이 포괄적인 과학 법칙의 불가능성에 대한 불길한 예언처럼 느껴졌기 때문일 것이다. 도대체 물리학의 기본 체계가 어떻게 도박장에서나 있을 법한 확률 게임에 의존한단 말인가. 아인슈타인은 분명 세상을 아우르는 간명한 신의 말씀이 존재한다고 믿었고 과학은 그것을 밝힐 수 있다는 신념도 가지고 있었다. 물론 모든 과학자들이 아인슈타인과 똑같이 생각한 것은 아니다. 호킹(Hawking)은 "당혹스러운 것은 양자역학이 아니라 아인슈타인"이라고 받아치기도 했다. 양자역학의 지지

자들은 결정론적 인과율을 포기해도 과학적인 세계 기술은 여전히 가능하다는 믿음을 가지고 있다.

그렇다고 해서 양자역학의 지지자들이 말하는 확률론이 차라투스트라의 주사위 놀이와 곧바로 통하는 건 아니다. 차라투스트라가 보기엔 확률로써 세계 속에서 일어나는 사건들을 이해하는 사람들도 주사위 놀이를 하지 않는다. 확률론도 주사위가 던져질 순진무구한 하늘에 '이성의 거미줄'을 치기는 마찬가지다. 그 줄이 비록 예전 것보다 더 탄력적인 것이 되었다고 해도 그것은 여전히 "우연이라는 발로 춤을 추려는 사물들"의 발목을 잡는다. 그들 역시 사물들에게 자유를 주기 위해서가 아니라 사물들을 포획하기 위해서 고민하는 것이다. 그러나 차라투스트라는 오히려 우연을 문제로 여기는 학자들의 고통을 문제로 여긴다.

"모든 사물 위에 우연이라는 하늘, 천진난만한 하늘, 우발성의 하늘, 자유분망한 하늘이 펼쳐져 있다." 내가 이렇게 말할 때 그것은 축복이지 모독이 아니다. "우발적인 것"(von Ohngefähr). 이것이야말로 세상에서 더할 나위 없이 유서 깊은 귀족이다. 이것을 나는 모든 사물에게 되돌려 주었다. 그렇게 하여 나는 모든 사물을 목적이라는 것의 예속 상태에서 구제해 주었다. ('해뜨기 전에')

차라투스트라는 우주에는 목적이 없다는 것, 그래서 모든 사물들을 어떤 목적으로 묶으려 해서는 안 된다는 것을 분명히 하고 있다. 독일 귀족들의 이름에 붙이는 'von' 이라는 말을 '우발성'의 앞에 붙인 걸 보면 그 열의를 느낄 수 있다.

하지만 차라투스트라의 말처럼 모든 것들이 우연으로만 존재하는 걸까? 그도 우연으로만 존재하는 사물들은 "부서진 파편이고 수수께끼일 뿐"이며 "끔찍한 것"임을 알고 있었다('구제에 대하여'). 파편으로 흩어져 있는 사물들은 어떤 것도 생성시키지 못할 것이다. 그렇다면 차라투스트라에게는 필연의 억압성과 우연의 파편성을 해결할 방책이 있는 걸까?

우선 주사위 놀이의 계기를 좀더 세분해서 이해해 보자. 차라투스트라는 주사위가 던져지는 두 개의 탁자에 대해 말하고 있는데, 그것은 각각 하늘과 땅이다.

오, 머리 위에 펼쳐져 있는 하늘이여, 너, 티없이 맑은 존재여! 높은 존재여! 네게는 영원한 이성이라고 하는 거미가 존재하지 않으며 그런 거미줄도 쳐 있지 않다. …… 내게 있어 너는 신성한 우연을 위한 무도장이며 신성한 주사위와 주사위 놀이를 하는 자를 위한 신의 탁자다. ('해뜨기 전에')

내 일찍이 신들의 탁자인 이 대지에 앉아 이 대지가 요동치고 터져 불길을 토하도록 신들과 주사위 놀이를 했다면, / 이 대지가 신들의 도박대이고, 창조적인 새로운 말들과 신들의 주사위 놀이로 인

해 떨고 있기 때문이다. ('일곱 개의 봉인')

하늘도 탁자이고 대지도 탁자이다. 하늘에 던져진 주사위와 땅에 떨어진 주사위. 하늘에 던져진 주사위는 우연을 나타낸다. 거기에는 그것을 구속할 어떤 이성의 거미줄도 존재하지 않는다. 그러나 땅에 떨어지면 그것은 하나의 결정이고 법칙이다. 땅에 떨어진 주사위는 새로운 조합을 구성한다. 차라투스트라는 여기서 자신의 놀라운 요리 실력을 선보인다.

나는 신을 믿지 않는 자다. 나는 아직도 우연이란 것 모두를 내 냄비 속에 넣고 끓인다. 그것이 제대로 익은 후에야 나는 그것을 내 먹을거리로 반긴다. ('왜소하게 만드는 덕에 대하여')

차라투스트라의 냄비는 주사위를 넣고 흔드는 통, 혹은 작은 윷들을 넣고 흔드는 그릇과 같다. 그것은 파편들의 조합이며 무언가를 생성시키는 과정이다. 이것은 중요한 의미를 갖는다. 하나의 생성, 하나의 조합, 하나의 법칙이 출현하는 것은 차라투스트라의 냄비 속에서 '제대로 익은 후'이다. 즉 법칙은 생성 속에서, 생성을 통해서 존재하는 것이다. 필연의 법칙이 생성을 지배하는 것이 아니라 법칙 자체가 생성 속에서만 존재한다는 것이 필연이다.

학자들은 종종 수많은 생성들을 관찰하면서 그것에 주기를 부과한다. 생성이 일어나는 주기. 그리고 그것을 생성의 법칙으로 삼으려 한다. 그렇기 때문에 그들의 주기에는 어떤 우발성이나 혼돈도 없다. 설령 그런 것들이 생긴다 해도 그것은 예외적이며 법칙 바깥 문제이다. 그러나 차라투스트라에게 주기는 부과되는 것이 아니며 혼돈을 배제하는 것도 아니다. 주기 속에는 하늘로 던져지는 과정, 다시 말해서 냄비 속에서 구르고 뒤섞이며 익는 과정이 개입된다. 들뢰즈 말처럼 "니체의 주사위 놀이에서 주기와 혼돈은 대립적이지 않다". 마치 동전의 제3의 면처럼, 혹은 주사위의 제7의 눈처럼, 우발성이나 혼돈도 주기를 결정하는 데 들어가 있다. 언제 어느 순간 제3의 면, 제7의 눈이 나오면서 "대지가 갈라지고 불길을 토해내는 일"이 있을지 모른다. 법칙이란 이렇게 새로움을 토해내는 신들의 도박 속에서 존재하는 것이다.

영원한 돌아옴

사실 학자들과 차라투스트라의 차이는 '우연'을 대하는 태도에만 있는 게 아니다. '주사위'에서의 차이만큼이나 큰 차이가 '놀이'에 대해서도 존재한다. 차라투스트라는 학자들의 '주사위 놀이'에 속지 말라고 당부한다. "학자들 또한 가짜 주사위 놀이도 할 줄 알거니와, 나는 그들이 놀이에 너무 열중하여 땀까지 흘리는 것을 보았다"('학자들에 대하여'). 왜 학자들이 '가짜 주사위 놀이꾼'이라는 걸까? 그것은 바로 주사위를 던질 때조차 "계산하고 셈하고 싶어하는" 성격 때문이다. 학자들은 주사위에 대해서는 잘 알고 있지만 '놀이'에 대해서 전혀 모른다.

그들은 주사위 던지기를 학문이라고 부르면서 땀을 흘린다. 그러나 놀이를 하고 싶어하는 것은 아이들이다. 그리고 참으로, 그것은 아름다운 아이다움이며, 조금 웃는 것은 놀이에 방해되지 않을 것이다. (『유고, 1882~1883/4』)

땀까지 흘려가며 열심히 주사위 던지는 통계학자들의 경우를 보자. 통계학자들과 아이들의 차이는 어디에 있을까? 우선 통계학자들은 통계적으로 유의미한 큰 수를 얻을 때까지만 던진다. 그들은 이렇게 말한다. 주사위? 한 600번 던지면 '눈금 1'은 대강 100번 정도 나올 걸? 그들은 또 이렇게 말한다. 음~ 그 정도면 됐어. 그 정도의 위험은 감수해야지. 설령 우발적인 일이 생겨났다 해도 그것은 큰 수에 비하면 아주 작은 일에 불과해. 그것은 예외일 뿐이지.

그러나 아이들은 그렇게 생각하지 않는다. 그들에게는 매번 던져지는 주사위가 다 새롭다. 주사위가 던져지고 그것이 땅에 떨어질 때마다 상황은 달라진다. 어떤 점에서 보면 아이들의 주사위 놀이는 도박사들과 비슷하다. 도박사들은 매번 나오는 '눈금 1'이 모두 다른 것임을 이해한다. 학자들이 '주사위는 매번 던져질 때마다 6가지의 수밖에 없다'고 해도, 도박사들은 '우린 동전 앞뒷면으로도 충분해' 라고 답한다. 매번 던져지는 주사위에 대한 새로운 기대 때문에 아이들이나 도박사들은 다시 다음 주사위를 던져보고 싶어한다. 이들의 주사위는 항상 다음 주사위를 부른다. 그래서 학자들의 주사위는 던지는 횟수가 커질수록 던질 필요성이 줄어들지만, 아이들이나 도박사들의 주사위는 던지면 던질수록 더 던지게 되는 것이다.

때문에 우리는 학자들의 주사위 던지기와 아이들의 주사위 던지기를 전혀 다른 것으로 불러야 할 것이다. 그 두 가지 모두 어떤 반복을 나타내고 있는 건 사실이다. 하지만 학자들의 경우엔 그것이 '동일한 법칙'의 확인, 다시 말해서 동일성의 반복으로 나타나고 있다. 반대로 아이들의 경우에 반복되는 것은 새로운 상황, 새로운 사건들을 만들어내는 '던지는 행위'이다. 다시 말해서 아이들의 주사위 놀이에서는 '행위의 반복', '생성의 반복'이 나타나고 있다. 그리고 그것은 또한 '새로움의 반복', '차이의 반복'을 의미한다.

이 두 가지 반복을 구분하는 것이 차라투스트라의 영원회귀를 이해하는 핵심이다. 차라투스트라도 처음엔 이것을 제대로 이해하지 못했다. 그래서 중력의 영인 난쟁이가 나타나서 그의 주사위 놀이를 비난할 때 꼼짝도 못했다.

"너 지혜의 돌이여! 너는 너 자신을 높이 던졌지만 그러나 모든 던져진 돌은 떨어질 수밖에 없다. 차라투스트라여 너는 정말로 돌을 멀리 던졌지만 그 돌은 네 위로 다시 떨어지리라." 난쟁이는 이렇게 말하고 입을 다물었다. …… 나는 오르고 또 올랐다. …… 그러나 모든 것이 나를 짓눌렀다. 나는 몹쓸 병에 지쳐 있는 병자와 같았다. ('환영과 수수께끼에 대하여')

난쟁이 이야기 요지는 이런 것이다. 아무리 주사위 던져봐라! 그것은 똑같은 것만을 반복하게 될 것이다. 괜히 무언가 새로운 것이 생겨날 것이라는 기대감에서 던져봐야 네 몸만 상할 뿐이다. 난쟁이가 말하는 동일한 것의 반복, 그것은 법칙이면서 동시에 구속이다.

차라투스트라는 어찌할 바를 몰랐지만, 다행히 그에게는 용기가 있었다. 그는 단순 무식하게 난쟁이에게 덤벼들었다. 완전히 배수진을 친 것이다. 사람 사는 곳 치고 고통이 없는 곳이 있던가! 생이 그런 거라면 뭐 손해 볼 것 없다! 또 던지겠다!

내게는 용기라 부르는 것이 있다. 용기는 심연에서 느끼는 현기증까지 없앤다. 사람이 있는 곳 치고 심연이 아닌 곳이 있던가! …… 용기는 최상의 살해자다. 그것도 공격적인 용기는. "그런 게 생이던가? 좋아! 그렇다면 다시 한 번!" ('환영과 수수께끼에 대하여')

하지만 이런 단순한 태도뿐이었다면 차라투스트라 역시 쉽게 지쳤을 것이다. 주사위 던지기가 놀이가 아니고 반복되는 노동 같은 것이었다면 그 용기도 언젠가는 시들해지고 말 것이다. 그러나 다행히 그는 웃음과 춤을 배울 때처럼 주사위 던지기의 의미 역시 깨우치기 시작했다. 춤을 추면서 더 잘 추게 되고, 웃음을 웃으면서 더 잘 웃게 되듯이, 그의 주사위는 매번 더 높이 던져졌다. 그가 던진 주사위는 분명히 그에게 돌아왔지만, 그 떨어지는 주사위를 받는 그는 예전의 그가 아닌 것이다.

더구나 춤의 의미를 완전히 깨달았을 때 난쟁이나 두더지가 그에게 더 이상 고통을 주지 못하고 하나의 장난감으로 되었던 것처럼, 주사위 역시 내 머리를 찍을 커다란 돌덩이이기를 그치고 장난감이 되었다. 주사위 던지기가 가져 올 새로운 대지에 대한 기대감이 완전히 그를 사로잡았다. 대지 속 얼마나 많은 것들이 그의 주사위가 떨어지기를 바라고 있을 것인가? 모래를 사랑하는 아이가 수많은 탑과 집을 짓고 부수듯이 그는 대지를 그렇게 사랑하고 싶었다. 차라투스트라에게 지금 올라가는 주사위의 성공 확률이 얼마나 되는지는 관심 밖이다. 실패하면 또 하면 되니까…….

보다 높은 인간들이여, 나는 마치 도약에서 실패한 호랑이처럼 수줍어하고 부끄러워하며 서투르게 옆길로 살금살금 달아나는 그대들을 자주 보았다. 그대들은 주사위를 잘못 던졌던 것이다. 그러나 주사위 노름꾼들이여, 무슨 상관이랴! 그대들은 어떻게 노름을 하고 희롱을 해야 하는지 그 방법을 익히지 못했던 것이다! 우리는 희롱을 하고 노름을 하도록 마련되어 있는 거대한 테이블에 언제나 앉아 있는 것이 아닌가? 그대들이 큰 일을 이루지 못했다고 해서 곧 실패한 것인가? 그리고 그대들이 실패작이라고 해서 인류 자체가 실패작이라고 말할 수 있는가? 인류 자체가 실패로 판명되었다 해도, 좋다! 자! 높은 종에 속할수록 성공하는 경우가 그만큼 드물다. 보다 높은 인간들이여. 그대들 모두는 실패작이 아닌가? 그것이 무슨 문제인가. 용기를 잃지 말라! 얼마나 많은 것이 아직도 가능한가! …… 그대들 내부에서 인류의 미래가 분투하고 있지 않은가? ('보다 높은 인간들에 대하여')

주사위 놀이를 통해 엿볼 수 있는 영원회귀의 비밀들

주사위 놀이는 니체의 영원회귀가 어떤 것인지를 보여주는 좋은 예이다. 그냥 넘어가기 아까우니(!) 여기서 니체의 영원회귀 개념을 간단히 정리해 두자(이 절은 13장의 부록 혹은 독자께 드리는 선물이다).
    우리는 니체의 영원회귀를 크게 두 차원에서 이해해 볼 수 있다. 그 중 하나는 자연학적이고 우주론적인 것이다. 니체는 세계를 힘(혹은 에너지)의 바다처럼 생각한다. 비록 세계가 유한해서 그 양에 제한이 있다고 해도 그것은 끊임없이 출렁이고 변전한다. 영원히 고정 불변하는 것은 없으며, 생성과 소멸의 운동만이 영원히 반복될 것이다. 이것이 영원회귀의 세계상이다.

하지만 니체의 영원회귀에는 또다른 차원이라고 할 수 있는 윤리적인 것이 담겨 있다. 세계의 관점이 아닌 우리들의 관점에서 영원회귀는 하나의 선택[의지]을 요구한다. 세계 속에 존재하는 하나의 사물로서 우리 역시 생성과 소멸의 반복하는 운동 속에 있지만, 그럼에도 우리 자신이 구체적으로 그것을 선택함으로써 건강한 변신을 이루는 것은 중요하다. 니체는 살아 있는 우리 자신이 영원회귀를 능동적으로 택하는 것이 좋은 것(도덕적 의미의 '선한 것'과는 다르다)임을 말하고 있다. 왜냐하면 영원회귀에 대한 우리의 선택[의지]은 우리 자신 안에, 그리고 세계 안에 예전부터 존재하고는 있었지만 단지 잠재적 형태로만 그러했던 새로운 존재들을 현실화시키는 중요한 역할을 하기 때문이다. 우리는 모든 사물들과 더불어 거대한 '우주 교향곡'을 공연하는 연주자이다. 우리를 통해서, 세상에 있었지만 한 번도 연주된 적이 없던 하나의 멜로디가 울려퍼질 수 있다면 그것은 멋진 일이 아닐까.

하지만 이러한 영원회귀에 대한 설명을 선물이나 보너스가 아닌, 두뇌에 대한 고문으로 느끼는 사람도 있을 것이다. 그런 사람에겐 주사위 놀이가 영원회귀에 대한 더 좋은 설명이다.

1. 돌아오는 주사위. 하지만 던지지도 않은 주사위가 계속 돌아올 리 없다. 영원회귀라고 하는 것, 즉 영원히 돌아온다고 하는 것은 어떤 반복을 나타낸다. 하지만 반복되고 있는 것은 주사위라는 대상

이나 그 눈이 아니라, '하늘을 향해 던지고 땅을 향해 떨어지는' 과정, 바로 주사위 놀이 그 자체다.

2. 여섯 개의 눈으로 생산할 수 있는 상황은 수천 수만 가지다. 주사위에는 매번 제7의 눈이 숨어 있다. 아이들은 연속해서 나온 똑같은 눈을 보고도 다른 즐거움을 경험한다. 결국 반복되는 놀이에서 생산되는 것은 반복될 수 없는 차이다. 반복은 차이와 다양성을 생산한다. 매번 주사위가 던져지는 세상과 주사위를 던지는 나에게 어떤 일이 일어날지는 누구도 알 수 없다.

3. "세상은 신들의 도박대이며, 신들도 주사위를 던진다"는 말은 대단한 축복이자 복음이다. 그것은 이 세상이 도박사들에게 지급할 막대한 부를 가지고 있으며, 그들이 필요한 눈을 얻어 어떤 대박을 터뜨려도 세상은 그것을 지불할 수 있다는 약속이기 때문이다. 세상은 엄청난 다양성의 소유자이다. 그것은 예전에도 그랬고, 지금도 그러하며, 앞으로도 똑같이 그럴 것이다. 더구나 세상을 통째로 바꿀 수 있는 큰 판도 가끔 열린다는 건 설레는 일이 아닌가. 당신이 원하는 세상을 위해 힘껏 싸워보라. 대박이 터지지 않으면, 아니, 터졌다 해도 이렇게 말하라. "한 번 더!"

4. 중요한 것은 용기를 내는 것. 실패를 두려워하지 말고 주사위를 던져야 한다. 영원회귀는 쿨하지 않고 던지는, 그 던지는 '행위'에 대한 긍정[긍정의 권력의지]을 포함한다. 누군가 필연의 법칙을 들이밀며 겁준다고 해도 과감하게 던져라.

5. 피로야말로 영원회귀의 적이다. 피로를 느낄 때부터 주사위 던지기는 더 이상 놀이가 아니기 때문이다. 세상은 여전히 도박대이고, 같은 의미에서 여전히 영원회귀하지만, 더 이상 주사위 놀이를 하지 않는 이에게는 도박대도 아니고 영원회귀하지도 않는다. 어렵게 말하면 영원회귀는 존재하지만 우리는 그것을 선택해야 한다!
6. 주사위는 누군가를 위해서 던지는 게 아니다. 주사위 놀이를 할수록 건강해지는 것은 던지는 사람 그 자신이다. 타자를 위한 생산이 아니라 자신을 위한 생산이라는 것(노동과 놀이가 다른 점).
7. 영원회귀의 동력은 즐거움이다. 즐겁기 때문에 영원회귀하는 것이고, 영원회귀 또한 즐거움을 생산한다.

14. 사자가 못한 일을 어린아이가 한다

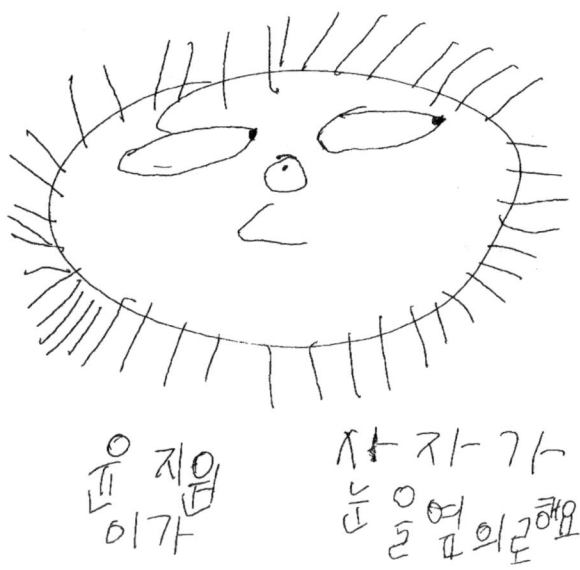

지금 사자의 관심은 온통 옆에 있는 누군가에 쏠려 있다. 거기 누가 있는 걸까. 예쁜 암사자에 마음이 있는 걸까, 아니면 옆에서 먹이를 먹는 아빠 사자 눈치를 보는 걸까. 왜 몸통은 그리지 않느냐고 했더니, 지금 사자에게 몸은 필요 없단다. 조카의 머릿속은 알다가도 모르겠다. 사자 그림을 내밀더니 웃으며 말한다. "낙타도 그려줘?" (다섯 살 윤지원이 그린 「사자가 눈을 '옆의로' 해요」, 2003년)

어린아이는 천진난만이요, 망각이며, 새로운 시작, 놀이, 스스로의 힘으로 굴러가는 수레바퀴, 최초의 운동, 거룩한 긍정이다. (『차라투스트라』)

차라투스트라는 복음을 이해 못하는 사람들에게 많은 가르침을 폈다. 덕, 신체, 열정, 도덕, 독서, 전쟁, 노동, 우정, 여성, 진리, 이성, 교양, 웃음, 춤, 건강 등 정말로 많은 것들을 새로 가르쳤다. 그는 확실히 '삶의 교육자'로 불려도 좋을 사람이다. 그러나 그가 교육자이기만 했던 것은 아니다. 그는 동시에 자신의 삶에 대해서 새로 배우는 학생이었고 구도자였으며, 새로운 체험을 위해 떠나는 여행자였고, 위대한 건강을 찾으려 했던 환자였으며, 이 모든 과정을 즐기는 놀이꾼이기도 했다. 이런 점에서 『차라투스트라』를 읽는 것은 그의 여행에 참여하는 것이고, 그와 함께 수련하는 것일 뿐 아니라 그와 함께 즐기는 것이다. 그리고 무엇보다도 그의 학교에서 함께 배우는 것이다.

차라투스트라의 학교. 이제 그의 가르침을 전하는 일도 거의 막바지에 이르렀다. 다소 엉뚱해 보일지 모르겠지만 나는 막바지에 이른 지금 그의 처음 가르침들에 대해 말하고자 한다. 산에서 내려온 그가 사람들에게 전한 첫 선물은 '신의 죽음'이었다(이 책 2부 1장). 그는 이렇게 말했다. "신은 죽었다, 이제 너희들에게 위버멘쉬를 가르친다." 그러나 우리는 '신의 죽음'과 쌍을 이루는 말인 '위버멘쉬의 탄생'에 대해서는 앞에서 자세히 다루지 않았다. 이 '위버멘쉬' 이야기를 우리 여정(이 책 2부)의 맨 마지막에 다룰 생각이다.

하지만 그가 사실 공식 커리큘럼에서 위버멘쉬를 가르친 것은 아니다. '위버멘쉬'에 대한 가르침은 공식 수업내용이 아니었다. 그는 사람들이 '신의 죽음/위버멘쉬의 탄생' 이라는 복음을 이해하지 못하자 '차라투스트라의 가르침' 이라는 간판을 달고 가르침을 펴기 시작한 것이다. 즉 그는 '위버멘쉬'를 직접 가르친 것이 아니라 '위버멘쉬'를 이해하기 위해서 새로 배우지 않으면 안 될 것들에 대해 가르친 것이다. 그렇다면 공식적인 첫번째 수업내용은 무엇이었는가? 첫 수업은 변신 이야기에 관한 것이었다. 낙타가 사자가 되고, 사자가 다시 어린아이가 되는 좀 이상한 변신 이야기. 이제 우리는 이 변신 이야기를 다룰 때가 되었다. 그것은 우리가 이 이야기를 이해할 수 있을 정도로 차라투스트라의 다른 가르침들에 익숙해졌고, 또 마지막에 다룰 위버멘쉬를 이해하기 위해서도 이 이야기를 이해할 필요가 있기 때문이다. 자, 이제 그의 변신 이야기로 들어가 보자.

세 가지 변신

"잘 들어보라." 교육자 차라투스트라가 말한다. "나는 지금 너희들에게 처음 낙타가 되고, 낙타에서 사자, 마침내 사자에서 어린아이가 되는 정신의 변신 이야기를 하려고 한다"('세 가지 변신에 대하여'). 정신은 어떻게 낙타가 되고, 어떻게 사자가 되고, 어떻게 어린아이가 되는가. 낙타의 정신, 사자의 정신, 어린아이의 정신은 어떻게 다른 것인가. 차라투스트라의 설명을 들어보자.

첫번째 동물은 낙타다. 이 동물을 잘 보라. 여러분들이 알고 있듯이 인내력이 아주 강한 동물이다. 사막의 더위 정도로는 그를 쓰러뜨릴 수 없다. 설령 오아시스가 며칠 동안이나 나타나지 않는다 해도 그는 끄떡없다. 또 그의 등은 아무리 무거운 짐도 가뿐히 실을 수 있을 정도로 넓고 튼튼하다. 여러분이 주목해야 할 곳은 여기 무릎이다. 이 무릎의 굳은 살을 잘 보길 바란다. 그는 정말로 공경심이 강한 동물이다. 그가 얼마나 자주 무릎을 꿇었는지 여러분은 상상도 못할 것이다. 참으로 예의 바르고 착한 동물이다.

그러나 나는 또한 이 동물이 그 자신의 마음, 특히 그 자존심에 얼마나 많은 상처를 주었을지 생각해 본다. 그는 무릎을 자주 꿇어 주인의 자존심을 영광되게 했지만 동시에 자신의 자존심에는 큰 상처를 주었다. 그는 아무리 더러운 물일지라도, 거기에 온갖 흉칙한 개구리나 두꺼비가 살고 있다 해도, 기꺼이 들어간다. 그 모든 짐을 짊어지고 묵묵히 걷는 것이다. 나는 이 동물이 주인에게 한 번도 '아니오'라고 말하는 것을 들어보지 못했다.

나는 이 동물의 삶에 대해 생각해 본다. 나는 이 착한 동물이 자기 삶에 얼마나 못된 고문을 가하고 있는지 생각해 본다. 그의 희생은 정말 그의 착한 마음씨에서 온 것인가. 혹시 희생이라 부를 수밖에 없을 정도로 자기 삶을 고된 것으로 만들어 놓은 것은 그가 아닐까. 나는 지금 내 앞에도 몇 마리의 낙타들이 수업을 듣기 위해 와 있음을 알고 있다. 당신들 중 몇몇은 분명 낙타이다. 자기 스스로가 삶을 '견뎌야 할' 고통으로 만들어 놓고 '삶이란 고된 것이다'라는 말을 진리라고 믿고 있는 건 아닌가. 만약 그렇다면 당신은 당신의 세계를 사막으로 만들고 있는 셈이다. 언젠가 내가 말하지 않았던가. 중력의 영은 그런 착한 당신을 원한다고.

낙타와 다를 바 없는 이 동물도 주목하길 바란다. 나귀다. 귀가 길어서 남들의 명령을 놓치지 않고 잘 듣는다. 이 동물의 울음 소리를 들어보라. "이-아"(I-a) 그 소리가 "예"(독일어의 '예'는 Ja임)와 비슷하지 않은가. 먹는 것도 별로 가리지 않는다. 그러나 여러분, 주의해야 할 것이 있다. 이것저것 아무 거나 돼지처럼 먹어치우는 동물들은 맛을 감별하지 못하는 것이다. 좋은 것이 무엇인지를 감별해낼 수 없어서 무엇을 줘도 "예"하고 잘 받아 먹는다. 이 동물은 나중에 '보다 높은 인간들'이 위버멘쉬가 되지 못하는 이유와 관련된 것이니 잘 기억해 두길 바란다.

자, 이제 두번째 단계의 동물인 사자를 소개한다. 나는 이 동물처럼 남의 말을 안 듣는 동물을 본 적이 없다. 이 동물에게 무언가 명령을 내리려는 사람은 그 자신의 목숨도 걸어야 할 것이다. 무언가를 시키려 하면 우선 으르렁거리기부터 한다. 이 동물에겐 자유를 향한 열망이 있다. 만약 아까 그 낙타가 변신에 성공해서 사자가 되었다면, 그는 이제 더 이상 어떤 주인도 섬기려 하지 않을 것이다. 그는 사막을 자기의 왕국으로 만들 것이다.

언젠가 나는 사자가 '황금빛 비늘'을 가진 용과 대적하는 걸 보았다. 아마 사자가 자신을 지배하려 했던 모든 주인들을 물리친 후 마지막 남은 주인, 바로 신에게 대적하려 가는 길이었던 것 같다. 사자는 몰랐지만 사실 그 용은 신이 위장한 모습이었다. 사자의 정신이 신을 인정하지 않았기 때문에 신은 부득이하게 용의 모습으로 나타날 수밖에 없었다. 용이 말했다. "너는 해야만 한다." 용의 말이 무엇을 의미하는 것 같은가? 여러분들은 평소에 용의 말을 많이 들어 왔다. 용은 사자에게 의무나 당위(Sollen)에 대해 말한 것이다. '이것만은 지켜야 한다.' '꼭 이렇게 해야 한다.' 평소에 이 같은 말을 많이 듣지 않았는가. 용의 목소리는 도덕의 목소리이고 법의 목소리이고, 관습이나 제도의 목소리이다. 용은 다시 말했다. "모든 사물의 가치는 내게서 빛난다." 그는 자신이 가치를 창조했을 뿐 아니라 가치를 평가하는 자라고 말한다. 옳고 그름, 귀하고 천함은 오로지 신(神)인 자신만이 정하는 것이라고 했다. 그때 사자는 으르렁거리며 이렇게 외쳤다. "나는 하고 싶다." 그는 누구의 명령도 듣지 않고 오직 자신의 욕망을 따르고자 한다. "나를 내버려두라. 나는 그 누구의 명령도 받고 싶지 않다. 나는 자유를 원한다." "그냥 하고자 한다고?" 용이 받아친다. "모든 가치는 이미 창조되었고, 이 창조된 일체의 가치, 그것이 바로 나다. 따라서 '나는 하고자 한다' 따위의 말은 용납될 수 없다."

여러분 이 짐승을 다시 보자. 왜 정신은 낙타에 머물러서는 안 되는가, 왜 정신은 사자를 필요로 하는가. 여기 혹시 자유의 쟁취, 가치의 창조 그런 것을 꿈꾸는 이들이 있는가? 그렇다면 먼저 사자가 되어야 한다. "형제들이여, 자유를 얻으려면, 그리고 의무에 대해서도 신성한 '아니오'를 말할 수 있으려면 우선 사자가 되어야 한다." 낙타가 사자가 되었다면 "참으로 큰 소득을 올린 것이다. 낙타의 눈엔 사자의 행동이 약탈로 보일 것이다. 그러나 기꺼이 명령받기를 사랑했던 낙타가 자유를 찾아오기 위해서는 신성한 것에서조차 미망과 자의를 찾아야 한다".

분명히 위협이나 협박, 강제가 있을 것이다. 때론 엄청난 유혹도 있을 것이다. "노란 모래 속에서 햇볕을 쬐고 있다면 어떻게 많은 샘이 있을 섬을 향해 곁눈질을 하지 않을 수 있겠는가?" 그러나 "사자는 갈증에 굴복하여 안락한 자들처럼 되지 않는다. 오아시스가 있는 곳이라면 우상숭배 또한 있기 마련임을 알고 있는 것이다"('이름 높은 현자에 대하여'). 여러분들은 내가 『인간적인 너무나 인간적인』을 쓸 때를 알고 있을 것이다. 내가 '돌아갈 배를 불태우면서까지' 용기를 내었던 것을 기억하는가. 신과 함께 안락하기보다는 외롭고 굶주리더라도 신 없이 지내는 것, 그때 나의 정신은 분명 사자였다.

(차라투스트라는 잠시 말을 멈추고 청중들을 바라보았다. 웅성거리던 청중들도 쥐죽은 듯이 조용해졌다. 모두가 차라투스트라를 바라보고 있을 때, 차라투스트라는 어른들 분위기에 굴하지 않고 구석에서 놀고 있는 두세 명의 아이들을 보고 있었다. 모두가 차라투스트라의 시선을 따라 아이들을 보았다. 부모들이 얼른 아이들에게 뛰어갔다. 그때 차라투스트라가 소리쳤다. 아이들의 신성한 놀이를 멈추게 하지 말라. 너희 모두는

내게 많은 것들을 새로 배워야 하지만 저 아이들은 내게 아무 것도 배울 필요가 없는 자들이다. 배울 필요가 없이 생을 즐기고 있는 신성한 아이들에게 못난 배움을 강요하지 말라! 그러고는 차라투스트라의 강의가 다시 이어졌다.)

지금까지 나는 여러분들에게 낙타가 되고 사자가 된 정신에 대해 이야기했다. 아까 용과 싸우던 사자의 운명이 궁금하지 않은가? 사자는 용과 격렬하게 싸웠다. 그러나 불행히도 사자는 용을 완전히 물리칠 수가 없었다. 그는 용의 지배를 인정하지 않고 있었지만 계속되는 싸움에서 그가 언제까지 버틸 수 있을지 걱정이다. 낙타처럼 삶을 사막으로 만들지는 않았지만, 그의 삶 역시 웃고 즐길 만한 것은 아니었다. 그는 끝을 알 수 없는 전쟁에 내몰린 병사와 같았다. 무엇이 문제였던가. 그는 용에게 '나는 싫다'고 반항했지만 그러고 나서 무엇을 할 수 있을지는 말하지 못했다. 그는 자신이 싫어하는 것만을 알고 있었을 뿐 좋아하는 것에 대해선 많이 알고 있지 못했다. 용으로부터 자유를 찾아왔다고 해도 그는 그것을 어떻게 써야 하는지를 몰랐다.

여러분 저기 아이들을 보라. 저 아이들이 정신의 세번째 단계이다. 정신은 어린아이가 되어야 한다. 여러분은 내게 물을지도 모르겠다. "사자조차 할 수 없는 일을 어떻게 어린아이가 해낼 수 있는가? 왜 자유를 강탈해 왔던 사자가 이제 어린아이가 되어야 하는가?" ('세 가지 변신에 대하여'). 나는 이렇게 답하겠다. "어린아이는 천진난만이요, 망각이며, 새로운 시작, 놀이, 스스로의 힘으로 굴러가는 수레바퀴이고, 최초의 운동이자 신성한 긍정이다." 어린아이는 자기 욕망에 충실하다. 도덕이나 법률, 제도는 아이의 행동을 심판할 수 없다. 아이는 천진난만하게 웃을 뿐이다. 어린아이에게는 양심의 가책이 없다. 그는 비도덕적 존재이다. 그것은 그가 악한 존재라는 의미에서가 아니라 도덕을 필요로 하지 않고 도덕을 갖고 있지도 않다는 의미에서 그렇다.

사자와의 차이를 알겠는가? 아이는 으르렁대지 않는다. 그냥 웃을 뿐이다. 아이는 용을 보고도 웃음짓는다. 사자의 적수였던 용은 아이의 적수가 되지 못한다. 용이 나타났다면 그것은 아이의 장난감이 되고 말았을 것이다. 용을 죽일 수 있는 건 사자가 아니라 아이다. 물론 아이의 무기는 으르렁거림이 아니라 웃음이다. 사자에게 힘든 전투였던 것이 아이에게는 재미있는 놀이가 된다. 아이는 자신의 욕망에 따라 굴러가는 바퀴인 것이다. "그렇다, 형제들이여. 창조의 놀이에는 아이의 신성한 긍정이 필요하다. 아이에 이르러서야 정신은 자기 자신의 의지를 의욕하며, 세계를 상실한 자는 자신의 세계를 되찾는다"('세 가지 변신에 대하여').

헤라클레이토스가 제우스를 '세계의 어린아이'라고 불렀던 것을 기억하는가? 그 역시 어린아이의 천신난만함을 이해했던 것이다. 여러분들은 아무 것도 모르는 어린아이에게 그 위대한 학자가 너무도 많은 것을 기대했다고 생각할지 모른다. 그러나 정말 아무 것도 모르는 것은 여러분들이다. 과도한 욕망 때문에 시달리는 것도 여러분이고, 결핍된 욕망으로 고통받는 것도 여러분 아닌가. 어린아이들은 자기 욕망에 대해 잘 알고 있는데, 여러분만이 자기 욕망에 대해 아무 것도 모르고 있다. 다른 사람의 욕망을 욕망하는 사람들이 세계의 주인일 수 없는 이유를 아는가? 스스로 자기 욕망의 주인인 자만이 자기 세계를 갖는 것이다.

(그때 청중 중에 누군가 손을 들고 물었다. 차라투스트라여, 우리는 이미 어린아이가 아닙니다. 당신의 말처럼 우리는 우리 자신에 대해 많은 걸 잊고 있는지 모릅니다. 그러나 모든 어린아이는 어른이 될 수밖에 없습니다. 그리고 어떤 어른도 다시 어린아이로 돌아갈 수는 없습니다. 그러자 차라투스트라가 답했다.)

당신은 내 말을 이해하지 못했구나. "우리 안에는 어린아이가 있다"(『유고, 1882~1883/4』). 우리 안에는 어린아이만이 아니라 낙타도 있고 사자도 있다. 중요한 것은 어린아이가 그 모든 것들 제압해야 한다는 사실이다. 너희도 변신해야 하리라. 너희는 말하고 싶을 것이다. 우리 안에 있는 어린아이를 보여 달라고. 그러나 나는 이렇게 답한다. 너희의 아이들은 너희가 직접 찾아야 한다. 나 역시 내 아이들을 찾고 있다. 나는 내 아이들이 뱃속에 잉태되었음을 느끼고 있다. 내가 자주 입덧(구역질)을 하는 건 그 때문이다. "나는 나의 아이들에게 다가가기도 하고 돌아서기도 하면서 나의 과업을 수행하고 있다. 나는 내 아이들을 위해서도 내 자신을 완성해야 한다는 걸 알고 있다. 내가 내 자신을 위대한 방식으로 사랑할 때 나도 사랑의 결실인 임신을 하는 것이다"('뜻에 거슬리는 행복에 대하여'). 창조하는 자는 자신이 먼저 그들을 창조하지 않고서는 그들을 발견할 수 없다. 너희도 너희 아이들을 보고 싶다면 너희가 직접 낳도록 하라. 그러나 아이를 낳기 위해서는 먼저 사랑하지 않으면 안 된다. 네 자신의 삶을 사랑해야 아이가 나오는 것이다.

(교육자 차라투스트라의 첫 강의는 이렇게 끝났다. 그는 청중들에게 아이들의 천진난만함, 그 신성한 긍정을 배울 것을 강조했다. 또한 어린 아이가 되기 위해서라도 그 스스로 어린아이를 낳는 어머니가 되어야 한다고도 했다. 우리 자신이 낙타에서 사자로, 사자에서 어린아이로 변신할 수 있다면 우리는 그 모든 것들의 어머니인 셈이다. 어제의 '나'가 오늘 '나'로 새롭게 변신했다면 어제의 '나'는 오늘의 '나'의 어머니이고, 오늘의 '나'는 그 아이인 것이다. 차라투스트라의 여성에 대한 가르침[이 책 2부 8장]을 다시 확인해 보면 도움이 될 것이다.)

너희들은 너희 아이들의 나라를 사랑해야 한다. 이 사랑이 너희들의 새로운 귀족적 기품이 되기를 바란다. …… 너희들이 너희 아버지의 아이들이었다는 사실을 너희들의 아이들에게 **보상해 주어야** 한다. ('낡은 서판과 새로운 서판에 대하여')

'예' 와 '아니오' 를 가르친다

차라투스트라가 변신 이야기를 통해 가르치고 싶었던 것은 무엇일까? 그것은 바로 긍정에 대해서다. 그 동안 그는 삶을 부정하고 비난하는 자들에 맞서 '삶을 사랑하라'고 외쳐왔다(특히 이 책 2부의 2, 3, 4장 참조). '삶을 사랑하라'는 것은 '삶을 긍정하라'는 말과 같다. 하지만 '사랑'이란 말이 그랬듯이 '긍정'이라는 말도 많은 오해를 불러일으켰다. 당장 차라투스트라의 가르침을 받은 자들부터 긍정의 의미를 혼동하고 있었다. 우리는 긍정에 대한 오해를 최소한 세 군데서 발견할 수 있다.

첫번째 오해는 '저편의 또다른 세계를 신봉하는 자들'의 경우이다. 이들은 '이 세계' 아닌 다른 세계, 즉 '저 세계'가 있음을 긍정한다. 심판 뒤의 천국과 지옥에 대해 떠들어대는 성직자들, 이데아의 세계나 실재계에 대해 탐구하는 철학자들, 그리고 신체를 경멸하고 정신과 이성을 떠받드는 자들이 대표적인 예이다. 이들은 '저 세계'의 실재와 아름다움에 대해서 대단한 긍정을 보이고 있다. 하지만 이들의 긍정은 사실상 부정을 기반으로 한 것이다. 왜냐하면 '저 세계'에 대한 이들의 높은 평가는 '이 세계'에 대한 부정과 평가절하에서 나온 것이기 때문이다. 이들은 마치 이 세계가 죄악만 들끓고 오류로 가득 차 있으며 온갖 유혹과 쾌락만이 난무하는 세계인 것처럼 묘사한다. 이들은 '이 세계'를 부정하고 '이 세계' 속에서의 삶을 부인하고 싶기 때문에 '저 세계'에 있는 천국과 진리를 긍정하는 것이다.

두번째 오해는 낙타나 나귀의 긍정이다. 낙타는 온갖 짐을 다 떠맡는다. '아니오'라는 말을 못하고 무조건 '네'라고만 말한다. 나귀 역시 어떤 여물에 대해서도 '네'라고만 말한다. 이들은 주인의 어떤 명령도 거부할 줄 모른다. 부정을 할 수 없을 때의 긍정, 그것은 사실 긍정이 아니다. 이런 긍정에선 그들 자신이 부정되고 있다. 사람들은 이들의 '희생 정신'을 긍정의 최고 표상인 것처럼 생각하지만 이들은 자신의 삶을 참고 견뎌야 하는 사막으로 만들고 있는 자들이다. 흥미로운 것은 차라투스트라가 함께 위버멘쉬가 되기를 원했던 '보다 높은 인간들'의 실패 이유가 표면상 이 두번째 오해와 관련되어 있다는 사실이다. 이들은 신의 죽음을 받아들였고 세상의 모든 가치들을 뒤집어 볼 줄 알았던 사람들이지만 마지막에 나귀를 '긍정의 신'으로 섬기는 '나귀제'를 열고 말았다. 긍정이란 '긍정의 신'을 포함해서 어떤 신도 섬기지 않는 것이다. '보다 높은 인간들'의 경우엔 긍정이 중요하다는 건 알았지만 그것이 부정을 모르는 나귀의 긍정일 수는 없음을 몰랐던 것이다.

세번째 오해는 '보다 높은 인간들'의 경우에 해당하는데, 자세한 것은 다음 장에서 다룰 것이다. 다만 자기 자신을 사랑하라는 긍정의 가르침을 자기 보신으로 착각하는 경우임을 밝혀둔다. 자기 자신을 사랑하라는 차라투스트라의 가르침은 '자기극복'의 가르침이지 '자기보존'의 가르침은 아니다. 자기를 사랑하는 것은 기존의 자신을 죽이고 새로운 자기를 창조하는 것으로, 스스로 자기 아이를 낳아야 한다는 가르침과 통한다. 그러나 '보다 높은 인간들'의 경우엔 자신들을 죽이는 데 있어 주저한다. 한편에서는 새로운 자기 자신을 만들고 싶으면서도 다른 한편으로는 기존의 가진 것들을 내놓고 싶지 않았던 것이다. 기존의 자신에 대한 집착이 긍정에 대한 깨우침을 가로막은 셈이다.

긍정이란 낙타나 나귀, '보다 높은 인간들'이 오해하는 것처럼 부정과 대립된 개념이 아니다. 오히려 긍정은 부정조차 긍정한다. 니체는 긍정의 신 디오니소스에 대해 가르치면서 그 가르침의 전제가 있다고 말했다. "디오니소스적 사명에 대한 전제 조건은 '망치의 단단함', '파괴에서 느끼는 기쁨'이다. '단단해져라'는 명령, '모든 창조자는 단단하다'는 가장 기본적인 확실성, 이것이 디오니소스의 가장 특징적인 표시이다"(『이 사람을 보라』). 새로운 사원을 건설하고 싶은 자는 낡은 사원을 부술 수밖에 없다. 새로운 삶을 조각하고 싶은 자는 낡은 삶을 지워낼 수밖에 없다. 긍정은 자기 안에 부정을 갖는다. 긍정 안에는 "네"와 "아니오"가 모두 들어 있다.

오, 나의 영혼이여, 나는 구름 한 점 없이 확 트인 하늘처럼 "네"라고 말할 수 있는 권리와, 폭풍처럼 "아니오"라고 말할 수 있는 권리를 네게 주었다. ('위대한 동경에 대하여')

그러나 긍정 안에 있는 부정은 사자의 부정과는 다른 것이다. 사자는 긍정을 이해하지 못한 부정이다. 긍정 안에 있는 부정과 긍정 밖에 있는 부정은 그 질이 전혀 다르다. 앞의 부정은 부정이 아니라 긍정이다. 들뢰즈는 니체가 말하는 긍정과 부정 사이에 독특한 위계질서가 있다고 말한 적이 있다. 그에 따르면 긍정은 부정조차 긍정하지만, 부정은 긍정을 부정한다. 따라서 긍정은 부정을 포함하지만 부정은 긍정을 포함하지 못한다. 부정으로부터는 긍정이 나오지 않는다는 이야기다(눈치가 빠른 사람은 이 이야기가 '부정의 부정'을 통해 '긍정'을 설명하는 변증법과 정면으로 충돌하고 있음을 알 것이다). 파괴와 거부를 아무리 열심히 한다고 해도 그것이 어떤 창조와 생성을 만들어내는 건 아니다. 중요한 것은 단 한 번이라도 그것이 무언가를 만들기 위한, 다시 말해 긍정의 한 단계로서 위치하는 것이다. 파괴와 해체라 하더라도 그것이 긍정의 한 단계로서 자리하고 있다면 그것은 부정이 아니라 긍정인 것이다.

자 여기 망치가 하나 놓여 있다. 이것은 긍정의 도구인가 부정의 도구인가, 이것은 창조와 생성의 도구인가 파괴와 해체의 도구인가? 그 자체로는 아무 것도 말할 수 없다. 우리는 그 다음을 보아야 한다. 망치가 무너뜨린 건물 자리에 새로운 건물이 만들어지고 있다면 그것은 파괴를 하고 있을 때조차 창조와 생성의 도구이다. 그것은 부정의 도구가 아니라 긍정의 도구이다. 누군가가 현재의 삶에서 일탈하고 있다면 그것은 긍정일까 부정일까? 그가 단순히 현실에서 도피했을 뿐이라면 그것은 부정이지만 그가 새로운 삶을 생성시키고 있다면 긍정이다. 차라투스트라는 '낡은 가치표를 파괴하는 범죄자'를 칭찬했다. 그러나 그 파괴자가 단지 '창백한 범죄자'로 전락하지 않을까 무척 걱정했다. 낡은 삶이 부여하는 의무와 규율을 거부하며 사자처럼 으르렁댈 수도 있고, 약물을 복용해서 그 고통에서 도피할 수도 있을 것이다. 그러나 그것은 그 자체로 결코 긍정이 될 수 없다.

　여기서 우리는 긍정의 아주 중요한 성질을 발견한다. 어떤 행위가 긍정인지를 판단할 수 있는 기준은 무엇인가? 그것은 바로 다음의 긍정에 의해 긍정될 때이다. 파괴가 긍정의 질을 갖기 위해서는 다음 번 생성이 있어야 한다. 즉 다음 번 생성의 긍정을 통해 파괴는 부정이 아닌 긍정이 되는 것이다. 그리고 한 번의 생성은 다음 번의 생성에 의해 다시 긍정의 질을 획득한다. 한 번의 생성으로 그친다면 다음 번부터 그것은 집착을 의미하게 된다. 한 번의 파괴는 다음의 긍정에 의해, 그리고 한 번의 긍정은 다음의 긍정에 의해 긍정되어야 한다. 변증법에서 말하는 '부정의 부정'과는 전혀 다른 개념인 '긍정의 긍정'이 이렇게 탄생한다. 긍정은 꼭 다음 번의 긍정을 불러 온다. 긍정은 자신을 긍정해 줄 긍정이 영원회귀하기를 요구하는 것이다. 여기까지 이해했다면 우리는 니체가 차라투스트라의 '거대하고 무제한적인 긍정'에 대해서 말한 다음 이야기를 받아들일 수 있을 것이다.

차라투스트라의 전형에 있어 문제는 이런 것이다. 이제까지 '예'라고 말해진 모든 것에 대해서 전혀 들어보지 못했을 정도로 '아니오'라고 말하고 그렇게 행동하는 차라투스트라가 어떻게 부정의 정신의 반대일 수 있는가. 또 가장 무거운 운명, 하나의 사명으로서 그러한 운명을 타고난 정신이 어떻게 해서 가장 가볍고 초월적일 수 있는가. 또 현실에서 가장 가혹하고 가장 무서운 통찰력을 지녔으며, 가장 깊은 심연의 사상을 생각해낸 그가 어떻게 해서 그 사상을 삶에 대한 반대라고 생각지 않으며, 그 사상을 삶의 영원회귀에 대한 반대로 생각지 않는가. 그는 오히려 자기 자신을 만물에 대한 영원한 긍정이며, '거대하고 무제한적인 긍정과 아멘'이라고 말하고 있다. 차라투스트라는 말했다. "모든 심연 속으로 나는 여전히 나의 긍정이라는 축복을 가지고 간다"고. (『이 사람을 보라』)

15. 위버멘쉬를 가르친다

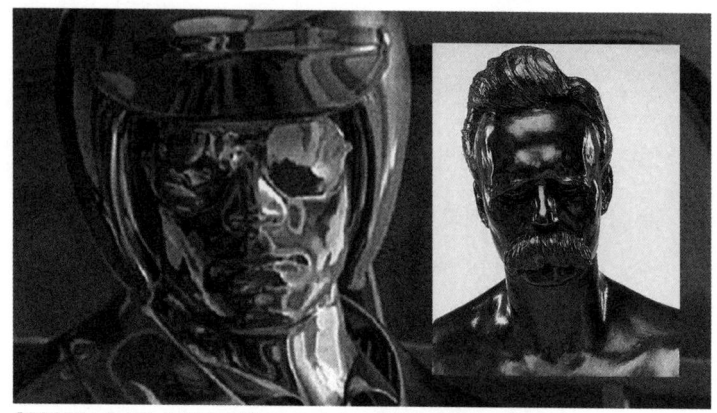

「터미네이터 2」에 나오는 액체 금속 사이보그 T-1000과 막스 클링거의 1904년 작품 「니체」

T-1000, 금속이지만 그는 무엇으로도 변신이 가능하다. 도대체 그는 얼마나 많은 존재들을 품고 있는 것일까? 혹시 니체로도 변신이 가능하지 않을까?

우리는 자주 오해를 받는다. 왜냐하면 우리 자신이 계속 자라고 변하기 때문이다. 우리는 허물을 벗고 봄마다 새로운 껍질을 입는다. 우리는 계속해서 젊어지고, 더 커지고, 더 강해진다. (『즐거운 지식』)

이제 차라투스트라의 가르침 중 마지막 것인 '위버멘쉬'에 이르렀다. '위버멘쉬'는 그 동안 '초인'이라는 말로 옮겨져 왔고 지금도 많은 사람들이 '위버멘쉬' 보다는 '초인'이라는 말을 사용한다. 그럼에도 여기서 원어 그대로를 소리내어 읽은 '위버멘쉬' 라는 말을 사용하는 이유는 '초인'이라는 말을 사용함으로써 생겨날 수 있는 오해를 피하기 위해서다. '초인'이라는 말은 마치 인간 중에 특별한 타입인 '슈퍼맨'(슈퍼인간)이나, 인간을 초월한 어떤 특별한 종(외계인?)을 연상시킨다. 비록 니체의 몇몇 표현들이 그런 냄새를 풍기는 게 사실이라 해도 우리는 '위버멘쉬'를 특별한 인간이나 인간 아닌 특별한 종으로 취급할 수 없는 이유들을 가지고 있다. 그 이유들은 '위버멘쉬'에 대한 설명에서 자연스럽게 드러날 것이다.

하나의 매듭

처음 산에서 내려왔을 때 차라투스트라는 '신의 죽음'과 '위버멘쉬의 출현'을 선언했다. 왜 그는 '신의 죽음'과 '위버멘쉬의 출현'을 함께 선언했던 걸까? 그것은 아마도 두 사건이 동일한 의미를 지녔기 때문일 것이다. 실제로 『차라투스트라』에서 '신의 죽음에 대한 이해'와 '위버멘쉬의 출현'의 템포는 같다. '신의 죽음'이 갖는 의미를 올바로 이해했을 때 위버멘쉬가 출현하며, 위버멘쉬만이 신의 죽음을 바로 이해한다. 『차라투스트라』의 마지막 부분에서 차라투스트라가 위버멘쉬로 변신하는 데 반해 '보다 높은 인간들'이 변신에 실패한 것도 신의 죽음의 의미를 이해하지 못했기 때문이다.

하지만 여기엔 하나의 딜레마가 있다. 신의 죽음을 이해하기 위해서는 위버멘쉬가 되어야 하고, 위버멘쉬가 되기 위해서는 신의 죽음을 이해해야 한다. 그런데 인간에겐 신도 어려운 문제고 위버멘쉬도 어려운 문제다. 어느 쪽 고리도 다른 쪽 고리를 풀지 않으면 풀리지 않는데, 차라투스트라는 이것을 어떻게 푼 것일까? 해법은 다른 곳에 있었다. 두 개의 고리가 아니라 그 둘이 연결된 매듭을 주목해야 한다. 두 고리를 동시에 풀 수 있는 해법이 거기에 있었다. 그리고 그 매듭은 인간이 한 번도 주목하지 않았고 주목할 수도 없었던 것, 바로 인간 자신이다.

우리는 2부의 첫 장에서 신의 죽음을 다루면서 신이 '시체로도 살 수 있다'고 말한 바 있다. 그렇다면 도대체 신은 언제 죽는가? 그것은 신을 존재하게 하는 원인이 소멸되었을 때이다. 신을 존재하게 하는 원인? 그런 게 있나? 있다. 모든 것의 존재 원인으로 간주되어 왔던 신도 존재하기 위해서 원인을 갖는다. 그 원인이 바로 인간이다. 인간은 신보다 오래된 신앙을 지녔고, 그 신앙으로 신조차 창안했다. 신이 백 번 죽어도 다시 살아나는 이유는 바로 신의 창조자인 인간이 살아 있기 때문이다.

신앙을 가진 자들은 신이 인간을 창조했다고 말하지만 차라투스트라는 반대로 생각한다. 그는 신이야말로 인간의 피조물이고 그림자라고 본다. 인간은 태양이 넘어가는 황혼녘에 드리워진 자신의 긴 그림자를 보고 깜짝 놀라 그것을 섬기고 있는 게 아닐까. 그림자가 사라질 '위대한 정오'가 오면 모든 것이 분명해질 것이다. 그 시간은 자기 '그림자의 그림자'로 존재했던 인간이 스스로를 극복했을 때 찾아오는 위버멘쉬의 시간이다. 따라서 신의 죽음도 위버멘쉬의 출현도 모두 인간의 죽음을 의미한다. '위버멘쉬'라는 말 자체가 '인간을 넘어섬', '인간을 극복함'이라는 뜻이다. 차라투스트라는 말한다. "나는 너희들에게 위버멘쉬를 가르치노라. 사람은 극복되어야 할 그 무엇이다"('차라투스트라의 머리말').

문제는 결국 인간이다. 신의 죽음도 위버멘쉬의 출현도 인간에 관한 물음으로 귀착된다. 인간이 인간을 극복할 수 있는가. 인간이 자기 자신의 죽음을 욕망할 수 있는가. 꿈꾸는 자가 스스로 잠에서 깨어날 수 있는가.

인간, 세계의 코미디언

'인간의 죽음'을 욕망하라고? 그러나 걱정할 것은 없다. 차라투스트라가 말하는 '인간의 죽음'은 여러분이 상상하는 그런 섬뜩한 이야기가 아니다. 그것은 지구를 정복하고 싶은 외계인이 보내는 메시지도 아니고, 어느 사교집단이 전하는 집단 자살의 메시지도 아니다. 그것은 마치 "어떤 신이 일어나 스스로를 유일신으로 선언했을 때

다른 신들이 배꼽 잡고 웃다가 죽은 것"(이 책 2부 1장)처럼 희극적인 것이다. 차라투스트라는 "진정한 신의 살해자는 웃음으로써 신을 죽인다"고 했는데, '인간의 죽음' 역시 우리가 지금까지 인간적인 것으로 떠받들고 내면화했던 것에 대해 웃음을 터뜨리는 일이다. 우리가 인간적인 코미디에서 벗어날 때 우리는 다른 존재가 되며 그때 인간적인 것은 죽음에 이르게 된다.

그러나 우리는 먼저 '인간적인 것'이 얼마나 우스꽝스러운 것인지부터 알아야 한다. 특히 자신을 지구, 아니 우주의 특별한 존재로 느끼는 인간의 놀라운 망상에서 벗어나야 한다. 우주의 망원경이 항상 자신을 향해 있다고 느끼는 대단한 '스타의식', 세상의 모든 것이 자신을 위해 창조된 것이라고 믿는 '황제병', 그리고 지구는 자신이 지킨다는 독수리 5형제 식의 '주인의식'.

만약 우주에서 누군가 지구 대표를 보내달라고 하면 인간은 자기 이름을 부른 줄로 알고 뛰쳐나갈 것이다. 하지만 다른 생물들도 그렇게 생각할까? 그들이 과연 자신들과 공존할 줄 모르는 망나니를 대표선수로 인정해 줄까? 만약 어떤 생물이 일어나서 민주주의 원칙에 따라 다수결로 하자고 하면 어떻게 할 것인가? 무식하게 힘으로 붙어보자고 할 텐가.

니체는 지구를 자기 것으로 착각하는 인간을 비웃으며 이렇게 말했다. "숲 속 개미도 숲의 존재 목적이 자기 자신이라고 믿고 있을 것이다"(『인간적인 너무나 인간적인』). 도대체 지구 나이가 몇인지 알고나 있는가? "지구의 나이를 하루로 치면, 인간 아니 생명체 자체가 존재한 기간은 한 순간의 타오름에 불과하다"(『인간적인 너무나 인간적인』). 그런데도 지구라는 행성이 인간을 낳기 위해 그 많은 시간을 보내고 있었다고 생각하는가. 그렇게 생각한다면 인간은 "세계의 코미디언"이다.

하지만 한 종으로서의 인간 전체가 이런 집단적 망상에 빠진 것은 비교적 최근의 일이다. 아니 더 정확히 말하자면 인간은 비교적 최근에 일어난 집단적 망상을 통해 태어난 신생종이라고 해야 할 것이다. 프랑스 철학자 푸코는 『말과 사물』에서 인간을 19세기적 산물이라고 말한 바 있다. 19세기 이전에도 얼마나 많은 인간들이 살다 갔는데 무슨 자다 봉창 두드리는 소리냐고 반문할 수도 있겠지만 그의 이야기를 들어보면 이해 못할 바도 아니다. 분명히 19세기 이전에도 숨쉬는 인간들이 있었고, "인간이 만물의 척도"라는 말은 예전부터 있었다. 그러나 이때의 사람들은 모두 인간에 대한 객관적 규정 자체를 가지고 있지 않았고, 그런 것을 갖는 것에도 관심이 없었다. 그래서 지금 기준으로는 영락없는 인간인 데도 인간으로 취급받지 못했던 자들(노예나 야만족 등)이 있었고, 도저히 인간 세계에 들어올 수 없는 자들(반인반수나 천사 등)이 인간 대접을 받으며 살아가기도 했다.

인간이 자연의 모든 것들과 분리되어서 그 자체로 고찰된 것은 근대에 들어서다. 우리에겐 이상한 일로 생각되지만 인간을 분석 대상으로 삼고 있는 책들이 근대 이전에 거의 존재하지 않았던 것도 이같은 상황을 잘 보여준다(지금까지 발견된 것들 중 인간을 분석의 대상으로 삼은 최초의 책은 15세기 말에 나왔다). 더구나 인간을 하나의 종(species)으로 사유해서 그 능력에 대해 질문을 던진 것은 19세기에 와서다. 칸트는 이렇게 물었다. '우리는 무엇을 알 수 있는가' '우리는 무엇을 해야 하는가' '우리는 무엇을 원해도 좋은가'. 여기서 '우리'라는 말은 인간이라는 종 전체를 가리킨다. 칸트는 인간의 인식 능력, 도덕 능력, 미적 능력을 자기 사유의 대상으로 삼고 있다. 철학만이 인간을 주목한 게 아니다. 생물학은 진화론을 통해 진화의 정점에 있는 인간을 발견했고, 경제학은 '노동가치설'을 통해 가치의 원천인 노동의 주체로서 인간을 발견했다. 이때부터 인간에 대한 연구들이 쏟아져 나오기 시작했고, '인문학'(Human Science)이라는 말도 처음 생겨났다.

오늘날 인간은 객관적인 얼굴을 갖고 있다. 이제 그 누구도 인간과 다른 존재를 혼동하지 않는다. 자신에 대한 객관적인 기준을 갖게됨으로써 인간은 자연이나 세계와 분리된 자신을 상상할 수 있게 되었다. 또 인간은 자신을 발견해냈던 그 잣대로 자연을 측량하고 계산했다. 그래서 니체는 "인간(Mensch)이라는 말은 측량자(Messende)를 뜻한다"고 했다. 인간은 자신의 잣대로 자연을 측량하면서 자신이 그 주인이라는 생각을 갖게 되었다. 그러나 인간의 잣대가 자연에 대한 올바른 척도인지는 누구도 알 수 없다. "자연은 인간이 자연의 이름을 부를 때 느끼는 것과는 완전히 다른 것인지도 모른다"(『인간적인 너무나 인간적인』). 우리가 알고 있는 것은 인간적으로 포착된 자연의 얼굴뿐이다. 우리는 우리 척도와 맞지 않는 자연이 있다는 사실을 자주 잊는 경향이 있다. 그리고 이러한 망각은 세계 안에 존재하면서도 세계를 자신의 저울대 위에 제멋대로 올려 놓을 수 있는 것처럼 상상하는 오만함과 밀접하게 연관되어 있다. 니체는 인간의 오만함이 불거질 때마다 웃음을 터뜨리곤 했다.

존재 자체를 자기 저울대 위에 올려 놓는 세계의 심판자 인간. 이런 태도가 얼마나 비정상적이고 어처구니없는가를 생각해 보라. 우리는 '인간과 세계'라는 말에 웃음을 터뜨린다. 마치 인간과 세계가 '과'라고 하는 귀여운 글자에 의해 나란히 서 있을 수 있는 것처럼 보이지 않는가. 그 작은 글자에는 인간의 뻔뻔함이 들어 있다. (『즐거운 지식』)

인간은 짐승과 위버멘쉬 사이의 밧줄이다

차라투스트라는 위버멘쉬를 가르치기 이전에 인간에 대한 경멸부터 가르쳤다. 이 기고만장한 동물의 기를 죽여 놓지 않고서는 도저히 자기극복에 대해 가르칠 수 없었기 때문이다. 그는 이렇게 말했다. "너희들이 체험할 수 있는 것 가운데 더없이 위대한 것은 무엇인가? 그것은 위대한 경멸의 시간이다. 너희들의 행복이, 그와 마찬가지로 너희들의 이성과 덕이 역겹게 느껴지는 바로 그런 때 말이다"('차라투스트라의 머리말').

차라투스트라는 말한다. 너희들이 최고 이상으로 섬기는 모든 것들에 대해서 다시 검토해 보라. 너희들이 '인간적'이라며 자부심을 갖는 모든 것들에 대해 다시 생각해 보라. 너희가 그것들을 다시 느낄 때에 비로소 너희는 이전과 다른 존재가 될 수 있을 것이다. 너희가 너희 자신에 대해 부끄러움을 느끼지 못한다면 너희는 스스로를 결코 극복할 수 없다. 그래서 나는 인간에 대한 경멸을 가르친다. "대지는 지금 여러 피부병에 시달리고 있는데, 그 피부병들 중의 하나가 '인간'이라는 존재다"('크나큰 사건에 대하여'). 인간은 또한 세상을 오염시키는 '더러운 강물'과도 같다.

참으로 사람은 더러운 강물과 같다. 더럽혀지지 않은 채 더러운 강물을 모두 받아들이려면 사람은 먼저 바다가 되어야 하리라. 보라, 나는 너희들에게 위버멘쉬를 가르치노라. 이 위버멘쉬가 바로 너희들의 크나큰 경멸이 그 속에 가라앉아 몰락할 수 있는 그런 바다다. ('차라투스트라의 머리말')

차라투스트라가 볼 때 인간이 불명예를 극복하는 방법은 하나다. 그것은 '인간을 넘어서는 것', 즉 '위버-멘쉬' 하는 것이고, 위버멘쉬를 낳는 것이다. 작가의 위대함이 그가 낳은 작품들에 있듯이 인간의 위대함도 그가 낳을 존재에 달려 있다. 둘 사이에 차이가 있다면 후자에게는 창작의 대상이 따로 존재하지 않고 주체 자신이 그 대상이라는 점뿐이다. 앞서 우리는 차라투스트라에게 '임신'과 '출산'이 갖는 의미를 살펴본 바 있다(이 책 2부 8장). 차라투스트라에게 출산은 사실상 변신을 의미한다. 스스로의 힘에 의해 어떤 변신을 이루었을 때, 차라투스트라는 변신 전의 존재가 변신 후의 존재를 낳았다고 표현한다. 따라서 위대해지고 싶다면 인간은 위대한 존재로 변신해야 한다.

그러나 인간의 변신을 가로막는 커다란 장애물이 있다. 그 장애물은 다름 아닌 인간 자신의 오만이다. 오만 때문에 인간은 자신보다 나은 존재의 출현을 원치 않는다. 그는 위대한 자를 낳는 자가 아니라 그 자체로 위대한 자이고 싶어한다. 그들은 위대한 자를 낳는 산통을 두려워한다. 하지만 고통을 겪지 않고서 도대체 무엇을 낳을 수 있을까. "여인들에게 물어보라. 즐거워서 아이를 낳는 게 아니다"('보다 높은 인간들에 대하여'). 불행히도 인간들은 손쉬운 방법을 택했다. 착각하기와 망상에 빠지기.

인간들은 말한다. 우리는 더 이상 위대한 것을 낳을 필요가 없다. 바로 우리들이 세계의 목적이며 최종적인 목표이다. '존재하는 모든 것들이 자신을 뛰어넘어 그들 이상의 것을 창조해 왔다'는 차라투스트라의 말은 옳다. 그러나 그것은 우리 인간이 나올 때까지의 이야기다. 저기 아메바에서부터 원숭이에 이르기까지 모든 것들은 자신을 극복하는 존재를 낳아 왔다. 그 마지막 결과물이 바로 인간인 것이다. 모든 생물들은 인간을 향해 진화해 왔다. 인간이야말로 진화의 목적이다. 그러자 차라투스트라가 되받아친다. "너희에게 원숭이는 무엇인가? 일종의 웃음거리 아니면 일종의 견디기 힘든 부끄러움이 아닌가. 위버멘쉬에게는 인간이 그렇다. 인간은 일종의 웃음거리 아니면 일종의 견디기 힘든 부끄러움일 뿐이다"('차라투스트라의 머리말').

인간은 자신을 진화의 끝매듭으로 간주하지만 차라투스트라는 인간을 연결된 밧줄로 규정한다. "인간은 짐승과 위버멘쉬 사이를 잇는 밧줄이다"('차라투스트라의 머리말'). 인간은 자신을 목적으로 간주하지만 차라투스트라는 인간을 과정이자 몰락으로 간주한다.

사람에게 위대한 점이 있다면 그것은 그가 목적이 아니라 하나의 다리라는 점이다. 사람에게 사랑받아야 할 점이 있다면 그것은 그가 하나의 과정이요 몰락이라는 점이다. ('차라투스트라의 머리말')

여기서 우리가 주의해야 할 점이 있다. 차라투스트라 이야기를 잘못 이해하면, 우리는 '위버멘쉬'를 인간이 더 진화한 종으로 생각할 수 있으며, 또 '위버멘쉬'야말로 진화의 최종 단계라고 생각할 수도 있다. 그러나 차라투스트라는 위버멘쉬를 인간이 진화한 종으로 생각하지 않았고, 위버멘쉬가 진화의 최종 목적지라고도 생각하지 않았다. 그는 오히려 최종 목적지를 생각하는 것이야말로 대단히 인간적인 것이라 생각했다.

진화와 변신

니체는 여러 가지 이유에서 진화론에 거부 반응을 보였는데, 그 이유 중 하나는 진화론에 목적론적 성향이 있다는 점이었다. 그는 『즐거운 지식』에서 "다윈의 진화론은 헤겔 철학 없이는 불가능했을 것이다"라고 말한 바 있다. 헤겔은 역사에 '발전'이라는 개념을 도입한 사람이다. 그는 역사가 목적을 가지고서 자기 자신을 전개한다고 생각했다. 다윈의 진화론 역시 자연의 시간에 어떤 목적이 있다는 인상을 심어주고 있다.

    물론 다윈의 진화론은 자신을 '자연 안의 특별한 존재'로 간주했던 인간의 자존심에 대단한 상처를 입혔다. 그의 이론은 동물과 인간 사이에 근본적 차이가 없음을 보여주었기 때문이다. 니체 역시 다윈의 이 '위험한 생각'을 대단히 높이 평가했다. 그러나 문제는 인간과 동물이 연속적이라는 점에 있는 게 아니라 '더 고등한 유형'이 '더 저급한 유형'을 압도해 왔다는, 즉 저급한 유형에서 고등한 유형으로 생물들이 '발전'해 왔다는 사고 방식에 있었다. 사람들은 동물과 인간 사이의 근본적 차이가 부정됨으로써 입었던 자존심의 상처를 쉽게 회복했다. 인간은 자연 안에 존재하는 가장 고등한 유형이기 때문이다. 심지어 다윈 이론을 무차별적으로 적용한 '사회적 다윈주의'의 경우엔 약소 민족에 대한 침략과 지배를 다윈의 이름으로 정당화하기조차 했다.

헤겔의 역사철학이 시간상 늦게 나온 것들을 더 고등한 유형으로 묘사하듯이, 다윈주의 역시 늦게 나온 것들을 더 고등한 유형으로 보고 있는 것이다. 이는 강함과 약함, 진보와 퇴보를 시간의 방향에 내맡기는 것과 같다. 다윈이 주장한 실제 내용과는 상관없이 다윈주의는 역사의 진보를 주창하는 이론으로 변질되었으며, 역사에서 살아남거나 뒤늦게 출현한 것들을 정당화하는 이론적 근거로 받아들여졌다(이는 다윈의 본래 생각과는 큰 차이가 있는 듯하다. 그는 '진화'라는 목적론의 냄새가 나는 단어의 사용을 극히 자제했으며, 고등한 존재의 생존이 아니라 환경에 적합한 존재의 생존을 말했고, 시간이 흐르면 환경과의 상호작용을 거쳐 종들이 다양하게 변신한다는 주장을 폈기 때문이다).

니체는 "어떤 소 같은 학자들이 나를 다윈주의자로 의심한다"(『이 사람을 보라』)고 불평한 적이 있다. 아마도 자신이 말하는 위버멘쉬로의 '변신'을 '진화'의 관점에서 이해하는 것이 못마땅했기 때문일 것이다. 인간이 다윈주의의 논법에 따라 탄생했는지는 몰라도 위버멘쉬는 그런 식으로 탄생할 수 없다. 차라투스트라는 생물들의 긴 역사를 자기 탄생의 준비 과정으로 이해하고 있는 오만함에 또 한 번 웃음을 터뜨리기도 했다. 만약 진화의 모든 과정이 인간을 향한 것이었다면, 인간은 결국 '완성된 벌레'이고 '자기목적을 실현한 원숭이'가 아닌가. 확실히 "너희들의 많은 부분은 여전히 벌레이고, 어떤 원숭이보다도 더 철저한 원숭이다"('차라투스트라의 머리말').

차라투스트라는 인간에서 위버멘쉬로 넘어가는 것이 '발전'이나 '진화'라기보다는 철저한 '몰락'을 거친 '변신'임을 주장한다. 헤겔적인 의미에서의 '발전'과 차라투스트라의 '변신'은 전혀 다른 것이다. 위버멘쉬는 인간적인 것의 축적을 통해 일어난 질적 변화가 아니다. 위버멘쉬는 인간적인 그 어떤 것도 승계하지 않는다. 인간적인 것의 철저한 몰락만이 위버멘쉬의 출현 조건이다.

앞 장에서 이야기한 낙타에서 사자로, 사자에서 어린아이로의 변신을 떠올려 보자. 사자는 낙타의 강화를 통해서 출현한 것도, 낙타의 부정을 통해서 출현한 것도 아니다. 사자는 긍정적으로든 부정적으로든 낙타를 닮지 않았다. 낙타가 무조건 '예'라고 말하는 짐승이라고 해서 사자가 무조건 '아니오'라고만 하는 짐승은 아니다. 사자가 '아니오'라고 말하는 것은 '해야만 한다'는 명령에 대해서다. 정확히 말하자면 사자는 '아니오'를 말하는 짐승이 아니라 '하고 싶다'고 말하는 짐승이다. 낙타가 자기욕망을 포기한 짐승이라면 사자는 자기욕망을 표출하는 짐승인 것이다. 이 둘은 전혀 다른 종이다.

사자와 어린아이의 관계도 마찬가지다. 어린아이는 긍정이든 부정이든 사자를 전혀 닮지 않았다. 사자는 '아니오'를 말할 때 으르렁거리지만 아이는 '아니오'를 말할 때 웃는다. 사자는 자기 욕망을 '하고 싶다'로 표출하지만 아이는 자기 욕망을 그대로 실현한다. 아이의 욕망은 '하고 싶다'가 아니라 '존재한다'이다. 아이는 사자가 발전한 모습이 아니다. 사자는 아이가 되기 위해 철저히 변신해야 한다. 벌레나 원숭이를 갖고 있는 인간과 달리 아이는 낙타나 사자를 전혀 갖고 있지 않다.

인간적인 너무나 인간적인

정말로 인간적인 것은 철저히 몰락해야만 하는 걸까? 인간적인 것을 더 높은 차원으로 끌어올리는 식으로 문제를 해결할 수는 없을까? 차라투스트라는 '보다 높은 인간들'에게서 그 가능성을 검토하고 있다. '보다 높은 인간들'은 실제로 보통 사람들과는 차원이 다른 내공의 소유자들이다. 그들은 인간적 가치들을 경멸해서 세속으로부터 탈출했고 차라투스트라를 만나 구원을 꿈꾸는 자들이다. 이들은 과연 구원받을 수 있을까? 이들 '업그레이드 된 인간들'은 과연 '위버-멘쉬' 할 수 있을까?

'보다 높은 인간들' 그 면면을 자세히 살펴보자. 제일 먼저 나타난 자는 차라투스트라에게 '보다 높은 인간들'의 구조 요청이 있을 것임을 예언하는 예언자이다. 이 예언자는 "모든 것은 헛되고 모든 것이 똑같고 모든 것이 이미 지나간 것"이라며 차라투스트라를 깊은 병의 굴레 속으로 빠져들게 한 위인이었다('예언자'). 차라투스트라는 그 예언을 듣고는 "사흘 동안 아무 것도 먹지 못했으며 마시지도 쉬지도 않고 돌아다녔고 마침내는 말조차 잃어버렸다". 이 예언자는 세상에 대한 부정의 운동이 극에 이르러서 결국 수동적 허무주의에 빠져든 사람이다(수동적 허무주의에 대해서는 이 책 2부 11장의 '최후의 인간' 참조). 그는 행복에 겨워 하는 차라투스트라를 보자마자 그에게 곧 죄의 유혹이 있을 것임을 예언하며, 차라투스트라의 행복이 매우 불안정한 것임을 환기시킨다. 그도 차라투스트라처럼 세상에 대해 웃는다. 하지만 그의 웃음은 말 그대로 웃음이 아닌 '비웃음'과 냉소이다.

나는 행복을 지복의 섬에서, 그리고 저 멀리 잊혀진 바다에서 찾아야 하는가? 그러나 모든 것은 한결 같다. 아무 소용없다. 무엇을 찾는 힘이 되지 못한다. 지복의 섬은 더 이상 존재하지 않는다. ('구조를 간청하는 외침')

예언자의 냉소적 예언을 뒤로 하고 '보다 높은 인간들'에 대한 구조에 나섰을 때 차라투스트라가 처음 만난 사람은 한 마리의 나귀를 탄 두 명의 왕들이다. 왕들은 천민적 도덕과 문화에 염증을 느껴 자신들보다 '더 높은 인간'을 찾아 나선 자들이다. 그들은 군중들이 승리한 것을 목격하자마자 왕국에서 떠나왔다.

우리는 천민을 피해 도망친 것이다. 이들 울부짖는 자들과 글을 쓰는 금파리, 소상인의 악취, 몸부림치는 야심, 고약한 숨결을 피해서. 제기랄, 천민들과 더불어 살다니. 제기랄, 천민들 사이에서 으뜸가는 척하다니! 아, 역겹다! 역겹다! 역겹다! 우리 왕들이 이제 무슨 소용이랴. ('왕들과의 대화')

그들의 마음을 지배한 것은 전통적 관습에 대한 추억이다. 그들은 차라투스트라에게 자신들의 조상이 누린 행복에 대해 수다스럽게 떠들었다. 과거는 얼마나 아름다웠던가! 두 명의 왕들은 과거의 추억 속에서 현실을 비난한다.

차라투스트라가 왕들 다음으로 만난 사람은 거머리를 연구하는 전문가였다. 그는 과학의 정신을 표상한다. 그는 확실하게 증명되지 않은 많은 것들을 너무 쉽게 믿어버리는 사람들의 태도를 경멸한다.

나는 정신의 양심을 지닌 자다. 그리고 정신의 문제에서 나보다 더 엄격하고 엄밀하고 가혹한 자는 없다. …… 반쯤 알기보다는 차라리 아무 것도 모르는 게 낫다! 낯선 사람의 판단에 힘입어 현자가 되기보다는 차라리 자신의 주먹을 믿는 바보가 되라! 나는 사물들의 근본까지 파고드는 사람이다. ('거머리')

그래서 그가 연구 주제로 택한 것은 거머리다. 거머리도 다 연구하는 게 아니다. 그것조차 너무 많다. "나는 거머리 두뇌에 대해서만 전문가이다." 그의 정신은 파르메니데스의 신에 대한 기도, 즉 '널빤지 크기'라도 좋으니 제발 확실한 것을 내려달라는 그 기도를 떠올리게 한다. 그는 "모호하고 환상적인 모든 것들"을 경멸한다. 그는 학문에 있어 철저히 금욕적인 사람이었다.

차라투스트라가 그 다음 만난 사람은 마술사였다. 마술사는 거짓과 속임수로 이루어진 세계를 연기함으로써 장난을 친다. 차라투스트라가 화가 나서 지팡이로 내리치자 그는 몸을 빼며 이렇게 말한다. "그만, 오 차라투스트라여! 나는 다만 재미 삼아 그랬을 뿐이다." 차라투스트라는 그를 배우, 화폐 위조자, 철저한 거짓말쟁이, 양심의 가책의 발명자로 부른다. 그만큼 그의 속임수는 '저 세계를 믿는' 성직자나 철학자들의 거짓을 잘 재현하고 있다. 그는 '고통'을 죄로 해석하거나 신의 시험으로 해석하는 성직자들처럼 고통에 새로운 의미를 부여하려다 차라투스트라의 분노를 샀다.

그 다음 차라투스트라는 '신을 섬기는 성직'을 잃은 '마지막 교황'을 만났다. 그는 신앙을 상실한 허무주의적 대중들을 보았고, 신의 자리를 대체한 과학도 보았다. 이제 아무도 신 같은 것을 믿지 않는다. 차라투스트라가 처음 하산하면서 만났던 신앙심 깊었던 노인네까지 죽자 교황은 자신의 직업을 잃을 수밖에 없었다. 그는 신에 대한 봉사만으로 평생을 보낸 사람이다. 심지어 유일신을 섬기는 데 방해된다는 이유로 두 눈 중 하나를 제거한 사람이다.

다음에 만난 사람은 '가장 추악한 인간'이다. 그의 모습은 얼마나 추악하던지 그를 본 어떤 사람도 그를 본 것에 대한 대가를 치루어야 했다. 그 대가란 다름 아닌 '동정과 연민으로 쓰러지는 일'이다. 차라투스트라마저 그를 보자마자 기절했을 정도로 그는 추악했다. 그는 인간들이 아름다운 심성으로 떠받드는 동정과 연민이 얼마나 그 대상을 비참하게 만드는지를 보여준다.

나는 동정하는 무리에서 힘겹게 빠져나왔다. '동정은 뻔뻔스러운 짓이다'라고 가르치는 유일한 사람, 오 차라투스트라 당신을 찾기 위해. 신의 동정이든 인간의 동정이든, 동정은 수치심을 모르는 짓이다. 돕겠다고 달려드는 덕보다 도와주지 않으려고 하는 것이 더 고결할 수 있다. 동정, 그것은 오늘날 온갖 소인배들이 덕이라고 부르는 것이다. ('가장 추악한 인간')

그를 더욱 추악하게 만든 것은 동정의 시선이다. 사람들의 동정과 연민을 받을수록 그는 더 비참한 자가 되어가고 있었다. 양심의 가책에 시달리던 그가 가장 비참한 자가 되었을 때 그를 목격하고 있던 신이 연민에 빠져 죽고 말았다. 차라투스트라는 그를 신의 살해자로 지목했다. 신은 자신이 창조한 인간이 그렇게 추악한 존재일 수 있다는 사실을 너무 슬퍼하다가 죽고 만다.

그 다음에 만난 '보다 높은 인간'은 '자발적으로 거지가 된 자'

이다. 그는 자신이 부자라는 사실이 부끄러워 모든 재산과 풍요로움을 가난한 자들에게 나누어 주었던 사람이다. 차라투스트라가 보았을 때 그는 암소들에 둘러싸여 무언가를 배우고 있는 중이었다. 차라투스트라는 그가 가난한 사람들에게서 쫓겨났음을 알아챈다. "그대는 배웠을 것이다. 제대로 주는 것이 제대로 받는 것보다 얼마나 어려운 일인가를." '자발적으로 거지가 된 자'는 가난한 자들에게서 "음란한 탐욕과 쓰디쓴 시샘, 분노로 이글거리는 복수심, 천민의 자부심"들을 보았다고 말한다. 그는 부자들의 "차디찬 눈길과 의기양양한 심보, 쓰레기에서 이득을 취하려는 태도, 부에 대한 예속, 금으로 번지르르하게 겉칠한 천민에 대한 역겨움"을 경멸했지만 결국엔 가난한 자들에게도 크게 다를 바 없는 악덕을 목격했던 것이다. 그는 세계를 욕하면서 숲으로 도피했다.

위에 천민, 아래도 천민! 오늘날 무엇이 '가난함'이며 무엇이 '부유함'인가? 나는 이들 사이의 차이를 잊고 말았다. 그리하여 나는 거기서 멀리, 더 멀리 도망쳐 이들 암소에게까지 온 것이다. ('자발적으로 거지가 된 자')

그는 그저 암소들처럼 양지에 누워 되새김질하며 빈둥거리고 무언가 씹을 거리를 찾고 있을 뿐이었다. 그는 그런 되새김질과 빈둥거림을 행복으로 삼고 있는 사람이었다.

마지막 '보다 높은 인간'은 차라투스트라의 '그림자'였다. 그는 차라투스트라와 함께 여러 곳을 방랑했던 자이다. 그는 차라투스트라와 함께 "온갖 금지된 것, 더없이 고약한 것, 더없이 먼 것에 침투하려 했고, 어떤 금지된 것도 두려워하지 않았다. 마음속으로 숭배했던 수많은 우상들을 파괴했으며 위험스러운 모험도 마다하지 않았다." 그런 그가 이제 피로를 느끼기 시작했다. 그는 오랜 방랑으로 고향에 대한 그리움이 더욱 간절해져 있었다.

내 고향에 대한 추구. 오, 차라투스트라여. 그대는 알고 있지 않은가. 이 추구가 나의 재앙이라는 것과 그것이 나를 탈진시킨다는 것을. '나의 고향은 어디 있는가?' 나는 그것을 묻고 또 찾고 있다. 일찍이 그것을 찾아보기도 했지만 찾아내지는 못했다. 오, 영원히 어디에나 있으면서 어디에도 없는, 오, 영원한 허사여! ('그림자')

피로라는 방랑자의 최대의 적이 그를 덮친 것이다. 우상 파괴의 놀이도, 중력의 영을 놀려대던 자유분방한 춤도, 금욕주의를 웃어넘기던 그 환한 미소도 고향에 대한 향수 때문에 위험에 빠졌다. 차라투스트라의 그림자, 그는 자유로운 전사에서 피로한 자로의 '반동적인 변신'을 나타낸다.

예언자에서 그림자까지 '보다 높은 인간들'은 모두 인간을 깊이 경멸하는 자들이다. 적어도 겉으로 보기에는 그렇다. 그러나 이들의 경멸은 무언가를 넘어선 자가 자신이 넘어선 것에 대해서 터뜨리는 웃음과는 거리가 멀었다. 모두가 차라투스트라의 동굴에 모였을 때, 오른편 왕은 이렇게 말한다. "오, 차라투스트라여, 다시 희망하기를 배우지 않고서는, 그대에게서 위대한 희망을 배우지 않고서는 더 이상 살 의사가 없는 자 모두가 오고 있다"('환영인사'). 약간의 차이가 있긴 하지만 이들을 지배하는 건 허무주의다. 약간의 차이가 있다는 것은 허무주의가 나타난 양상들이 다르다는 말이다. 어떤 이들은 '반동적 허무주의'(지고한 것으로 떠받들어져 온 가치를 저주하고 그것을 다른 가치로 대체, 변증법의 '반' 反에 해당)를, 다른 이들은 '수동적 허무주의'(모든 것은 결국 헛되다는 허무주의의 궁극적 도달점)를 표현하고 있을 따름이다(더 자세한 것은 이 책 2부 11장 참조). 어떻든 이들 모두는 허무주의자들이다.

많은 짐과 추억이 그대들의 어깨를 짓누르고 있다. 많은 고약한 난쟁이들이 그대들의 몸 구석구석에 쪼그리고 앉아 있다. 그대들 안에도 천민이 숨어 있는 것이다. ('환영인사')

모든 익은 것들은 죽기를 원한다

하지만 차라투스트라는 '보다 높은 인간들'에 대한 희망을 버리지 않았다. 비록 허무주의자들이기는 하지만 그들은 변신의 기본인 '위대한 경멸'을 흉내내고 있었기 때문이다.

그대들에게도 나로 하여금 사랑을 하고 희망을 갖도록 하는 것이 많이 있다. 그대들이 경멸하고 있다는 그 사실이 나로 하여금 희망을 갖도록 한다. 보다 높은 인간들이여, 위대한 경멸자가 곧 위대한 숭배자이기 때문이다. 그대들은 절망했다. 바로 거기에 존경할 만한 점이 많이 있다. ('보다 높은 인간들에 대하여')

"순종하느니 차라리 절망하라!" 차라투스트라는 기대를 한껏 높였다. 현실에 순응하지 않는다는 것은 지금과는 다른 미래가 만들어질 수 있는 출발점이 된다. "좋다! 자! 보다 높은 인간들이여! 이제야 비로소 인류의 미래라는 산이 해산의 진통으로 괴로워한다. 신은 죽었다. 이제 우리는 위버멘쉬가 살게 되기를 소망한다."

차라투스트라는 '보다 높은 인간들'을 위하여 만찬까지 열어주었다. 그들이 형편없는 노래를 불러대고 말도 안 되는 연설을 늘어놓을 때조차, 절망에 빠진 허무주의자들이 웃고 있다는 사실에서 위안을 얻었다. 그리고 그들이 분명 건강을 되찾고 있는 조짐이라고 받아들였다. "아 저들이 즐거워하고 있구나. …… 그들이 내게서 웃는 법을 배우기는 했지만 그것은 내 웃음이 아니다. 그러나 무슨 상관인가. 저들은 하나같이 늙은 사람들인 것을. 저들도 저들 방식으로 웃고 있는 것이다"('각성').

그러나 '보다 높은 인간들'은 차라투스트라의 믿음을 철저히 배신하고 말았다. 제 아무리 업그레이드를 했다고 해도 그들은 여전히 인간이었다. 그들은 제 발로 서는 것을 두려워했다. 차라투스트라는 나귀를 타고 온 왕들을 꾸짖으며 높이 오르려거든 스스로의 발을 사용하라고 말한 적이 있었다('보다 높은 인간들에 대하여'). 그러나 그들은 스스로 서는 것에 대한 두려움을 가지고 있었다. 무언가 의지할 것이 있어야만 한다는 생각, 죽어버린 낡은 신을 새로운 신이 대체해야 한다는 생각이 그들의 공포를 이용해서 퍼져나갔다. 그들은 점차 깊은 신앙의 세계, 순종의 세계로 들어가고 있었다.

'나귀제'는 그것을 단적으로 보여준 사건이었다. 차라투스트라가 잠시 동굴 바깥으로 나온 사이 만찬장에서는 희한한 일이 벌어졌다. 보다 높은 인간들인 두 사람의 왕, 실직한 교황, 고약한 마술사, 자발적으로 거지가 된 자, 정신의 양심가, 가장 추악한 자, 차라투스트라의 그림자를 자처했던 방랑자, 늙은 예언자 등이 모두 '신앙심 깊은 노파'처럼 무릎을 꿇고 나귀를 경배하고 있었던 것이다. 가장 추악한 자가 낭송한 기도문에는 나귀를 숭배한 이유에 대해 이렇게 밝히고 있다.

그는 우리의 무서운 짐을 대신 짊어진다. 그는 종의 모습을 하고 있고, 진심으로 참고 있으며, 아니다라고 말하는 법이 없다. …… 그는 말하지 않는다. 그가 창조한 이 세계를 향하여 그렇다(긍정)고 말하는 것 말고는. …… 그는 긴 귀를 가지고 있고, 그렇다[긍정]고 말할 뿐 결코 그렇지 않다[부정]고 말하지 않는다. 이 얼마나 숨겨진 지혜인가. …… 그대는 곧은 길도 구불구불한 길도 간다. 그대는 사람들이 무엇을 곧다고 하는지 무엇을 구불구불하다고 하는지 신경도 쓰지 않는다. 그대의 제국은 진정 선악의 저편에 있는 것이다. 그대는 무엇이 순진무구함인지를 알지 못한다. 그것이 바로 그대의 순진무구함이다. 그대는 누구도 마다하지 않는다. 거지도 왕도 마다하지 않는다. ('각성')

그들은 차라투스트라가 가르친 긍정을 완전히 오해했다(이 책 2부 14장 참조). 그들은 '이-아'(I-a) 하고 우는 나귀의 울음소리를 '야'(Ja ; 독일어의 "예")와 구분하지 못했다. 나귀는 앞서 본 바 있던 낙타처럼 부정할 줄 모르는 동물이다. 나귀의 긴 귀는 주인의 명령을 빨리 알아채는 데만 유용할 뿐이다. '보다 높은 인간들'은 아무런 가치 판단도 하지 못한 채 그냥 '예'라고 말하는 나귀를 선악의 가치 판단을 넘어선 존재로 착각하고 있다. 니체는 『도덕의 계보학』에서 자신의 '선악을 넘어서'라는 표현이 '좋음과 나쁨을 넘어선다는 의미가 아님'을 강조한 적이 있다. 그는 도덕적 선악을 비판했을 뿐 좋음/나쁨의 판단을 포기한 것이 아니다. 오히려 추상적이고 보편적인 선악의 판단이 아니라 자기에게 맞는 좋음/나쁨을 판단하는 것이야말로 강자의 특징이다.

"사람의 자식들이여 이 무슨 짓들인가!" 나귀를 섬기는 '보다 높은 인간들'을 보고 깜짝 놀란 차라투스트라가 그들 하나하나를 잡고 다시 신앙으로 돌아간 이유를 캐물었다. 우선 교황에게 물었다. 우상을 숭배해도 되느냐고. 교황은 이렇게 답한다. "지상에 아직도 경배할 것이 있다는 사실에 나의 늙은 마음은 기뻐 날뛴다. 오, 차라투스트라여 늙고 경건한 교황의 심정을 용서하라." 차라투스트라의 그림자를 자처한 방랑자에게도 물었다. 스스로를 자유정신으로 자처한 그가 어떻게 나귀 따위를 신으로 섬기느냐고. "그대 말이 옳다. 그러나 어찌하랴! 차라투스트라여, 그대가 무슨 말을 하든지 옛 신이 되살아난 것을. 신들에게 있어 죽음이란 늘 그랬듯이 선입견에 지나지 않는다." 마술사에게도 물었다. 나귀 같은 것을 신으로 섬긴다면, 늘 연기하는 당신의 말을 이제 누가 믿겠느냐고. 마술사가 답한다. "오, 차라투스트라여 그대 말이 옳다. 그것은 어리석은 짓의 하나다. 내게도 그것은 참 어려운 일이었다." 과학자인 정신의 양심가에게도 물었다. 과학을 한다는 작자가 이런 나귀를 신으로 섬기는 어리석은 일을 해도 되느냐고. 그가 답했다. "아마도 나는 신을 믿어서는 안 될 것이다. 하지만 분명한 것은 이런 모습을 하고 있는 신이 다른 어떤 신보다도 믿을 만한 신으로 생각된다는 것이다." 마지막으로 신의 살해자였던 가장 추악한 자에게 물었다. 도대체 여기서 무슨 짓을 저질렀는지. 그러자 그는 자신이 신의 살해자였음을 부인한다. 오히려 신을 웃음으로 살해한 자는 차라투스트라 아니었느냐고 차라투스트라를 몰아세웠다.

이들의 말이 의미하는 것은 무엇일까? 이들은 왜 신앙의 세계로 다시 돌아간 걸까? 교황의 말처럼 신은 죽었으나 신앙이 남았고, 그 신앙은 새로운 신을 만들 수밖에 없다는 것, 다시 말해서 그들은 신앙을 만드는 것 자체를 그만두지 못했던 것이다. 미신과 주술을 거부하고 실증성과 엄밀성을 최고의 원칙으로 삼는 과학자조차 또 하나의 주술, 또 하나의 신앙에 빠져들 수 있다. 바로 실증성과 엄밀성 자체가 신앙으로 변질될 수 있는 것이다. 이는 다른 신보다는 관찰 가능하고 실험 가능한 신이 좋다는 과학자의 이야기에서 잘 나타나고 있다.

'보다 높은 인간들'은 모두 '인간적인 것'에 대한 경멸을 보여주었지만 그것을 극복하는 데 주저했다. 그들은 '인간적인 것'을 비웃은 것까지만 할 뿐 막상 그것을 넘어서려 하지 않는다. 왜냐하면 '인간적인 것'에 대한 넘어섬은 역시 '인간'인 자신들까지 넘어서는 일이 되기 때문이다. 변신이라는 불확실한 과정에 자신을 내맡기기보다는 뭔가 의지할 것을 찾음으로써 자신을 보존하고 지탱하는 쪽을 택한 것이다.

너에게는 너 자신을 잃고 몰락할 용기가 없다. 그래서 너는 결코 새로워지지 못할 것이다. 우리에게 오늘은 날개, 색, 옷, 그리고 힘이었던 것이 내일은 단지 재가 되어야만 한다. (『유고, 1882~1883/4』)

차라투스트라는 이들과 다른 길을 택했다. 차라투스트라의 자기 삶에 대한 긍정은 '자기보존'이 아니라 '자기극복'이었다. "보라, 나는 항상 스스로를 극복해야 하는 존재이다"('자기극복에 대하여'). 차라투스트라는 '오늘의 나'를 죽여야 '내일의 나'가 태어난다는 사실을 이해했다.

죽는 법을 배워야 한다. …… 나는 너희들에게 내 방식의 죽음을 권한다. 내가 원할 때 찾아오는 자유로운 죽음 말이다. …… 가장 맛이 들었을 때에도 남에게 계속 맛을 보이는 일이 없도록 하라. 오랫동안 사랑받기를 원하는 사람들은 이 점을 잘 알고 있다. 신 맛을 내는, 그리하여 마지막 가을날까지 기다려야 하는 운명을 지닌 사과도 있다. 그런 사과는 무르익자마자 노랗게 변색되고 주름투성이가 된다. ('자유로운 죽음에 대하여')

풋과일들만이 떨어지지 않으려고 나뭇가지에 매달린다. 모든 익은 것들은 집착을 버리고 떨어진다. 그것이 더 많은 생명들의 탄생임을 알기 때문이다. 제물로 바쳐질 운명을 타고난 '맏아들'처럼 스스로를 제물로 바쳐라('낡은 서판과 새로운 서판에 대하여'). "그렇다, 창조하는 자들이여. 니희들의 삶에는 쓰디쓴 죽음이 무수히 많아야 한다"('지복의 섬에서').

차라투스트라가 택한 길을 따라가 보면 그 스스로 얼마나 많은 죽음을 경험했는지를 알 수 있다. 그를 시험하고 유혹했던 많은 악마들과 광대들은 어찌보면 그가 죽여야 했던 그 자신인지도 모른다. 시장에서 겁많은 줄광대를 뛰어넘어 결국 죽음에 이르게 했던 어릿광대는 차라투스트라를 위협하며 이렇게 말한 적이 있다. "차라투스트라 그대는 진정 어릿광대처럼 이야기했소." 그러나 누군가를 뛰어넘는 자였던 그야말로 차라투스트라처럼 행동했다. "하늘로 올라간 모든 돌들은 결국 그대의 머리로 떨어질 것이다"라고 말했던 난쟁이는 차라투스트라에게 영원회귀를 오해하게 만들었다. 그리고 도시로 들어가는 길목에서 차라투스트라 흉내를 내며 도시를 저주하던 차라투스트라의 원숭이는 차라투스트라의 위대한 경멸을 부정의 정신과 혼동하게 했다. 끝으로 '보다 높은 인간들' 역시 차라투스트라의 여러 가르침들을 가져다 쓰며 그의 긍정의 정신을 왜곡시키고 있었다. 그러나 차라투스트라는 자신을 닮은, 자신의 분신이라고 불러도 좋을 이 많은 악마들과 광대들을 극복해 왔다.

그리고 마지막 순간에 그는 다시 한 번 죽음을 통해 변신을 감행했다. 그러나 이 죽음은 앞서의 작은 죽음들과는 의미가 사뭇 다른 것이었다. 이 죽음은 모든 부정을 극복한 긍정 그 자체였다. 사자는 차라투스트라의 무릎에 머리를 기대고 부드럽게 포효하며 웃고 있었고, 비둘기들은 주변을 평화롭게 날았다. '보다 높은 인간들'은 그 광경을 보고 무서워서 달아났으나 차라투스트라의 마음속은 지극히 평화로웠다. 그의 마지막 깨달음은 '연민'과 '집착'에 대한 것이었다. 지금의 자신에 대한 연민과 집착, 그리고 구원해 주고 싶은 그 누군가에 대한 연민과 집착, 이 모든 것들이 매 순간의 변신을 가로막고 있음을 깨우친 것이다. "나의 고통과 나의 연민, 그것이 무슨 상관인가! 나는 행복을 열망하고는 있는가? 나는 나의 작품을 열망하고 있을 뿐이다. 좋다! 사자는 왔으며 내 아이들도 가까이에 있다. 차라투스트라는 성숙해졌다. 나의 때가 온 것이다"(「신호」). 어떤 연민이나 집착도 없는 말 그대로의 '떠남', 그것이 그의 위버멘쉬로의 변신이었다.

이제 '위버멘쉬'에 대한 차라투스트라의 생각을 정리해 볼 때가 되었다. 위버멘쉬라는 말은 그 자체로 '인간을 넘어섬', 혹은 '인간의 죽음'을 의미한다. 그러나 그것은 숨쉬고 있는 생물학적 존재인 사람들의 사망을 의미하는 건 아니다. 푸코가 '인간의 탄생'을 지칭하면서 말했듯이, 인간을 인간이게끔 하는 많은 규정들이 있다. 그런 규정들은 '우리'를 '우리'로 만들어 주는, 다시 말해서 우리 정체성을 구성하는 것들이다. 위버멘쉬란 이런 규정들로부터 떠나는 것을 의미한다. 일본 애니메이션 「공각기동대」에는 이런 대사가 나온다.

인간이 인간이기 위해서 수많은 부품이 필요하듯이 자신이 자신이기 위해서는 놀랄 만큼의 많은 것이 필요해. …… 그것들 전부가 내 일부이고 나라는 의식 그 자체를 만들어내지 …… 하지만 그것들이 동시에 나를 어느 한계로 제약해.

위버멘쉬란 인간적 한계를 극복하는 것이다. 어떤 의미에서 보자면 '위버멘쉬로의 변신'이라는 말은 동어반복이라는 느낌이 든다. 왜냐하면 위버멘쉬라는 말 속에 들어 있는 '넘어섬'이라는 단어는 사실상 '변신'을 뜻하기 때문이다.

그런데 이 '넘어섬'은 한 번으로 끝나는 걸까? 변신은 한 번으로 족한가? 만약 그렇다면 우리는 위버멘쉬를 인간 다음에 오는 새로운 종으로 불러야 할 것이다. 그러나 차라투스트라는 자기극복을 한 번이라고 하지 않는다. 오히려 그는 여러 번이라고 말한다. 그의 주사위 놀이가 그것을 잘 보여준다(이 책 2부 13장). 주사위 놀이는 영원회귀한다. 누군가 주사위 던지기를 멈추었다면, 다시 말해서 변신하기를 멈추었다면 그는 틀림없이 연민과 집착을 갖고 있는 것이다. 차라투스트라가 위버멘쉬에 성공했을 때 그는 자신의 작품을 열망할 뿐이라고 했다. 우리는 니체가 『트리스트럼 샌디』를 쓴 영국 작가 로렌스 스턴을 칭찬하면서 했던 말을 차라투스트라의 작품(차라투스트라의 삶)에도 적용시켜야 할 것이다. "그의 작품이 위대한 것은 완결된 멜로디를 구사한다는 점에 있는 것이 아니라 끊임없는 멜로디를 구사한다는 점에 있다"(『인간적인 너무나 인간적인』).

그렇다면 우리는 위버멘쉬를 어떻게 불러야 할까. 명사로서 접근한다면 우리는 위버멘쉬를 항상 넘어서는 자들로, 넘어섬을 통해서 자신을 규정하는 자들로 불러야 할 것이다. 자신을 규정하는 정체성이 따로 있는 것이 아니라 그런 정체성 자체를 끊임없이 변형시키는 것을 유일한 정체성으로 갖는 자들이라고 할 수 있다. 우리가 위버멘쉬를 어떤 '종'(species)으로 부를 수 없다고 한 이유도 여기에 있다. '종'이란 개별적 정체성을 가져야 하지만 위버멘쉬에겐 그런 정체성이 없다. 굳이 정체성을 말한다면 '정체성을 극복하는 것만을 정체성으로 갖는다'고 해야 할 것이다. 그러나 이 말은 모순적으로 들린다. 그래서 나는 위버멘쉬를 동사적으로 접근할 필요가 있다고 생각한다. 위버멘쉬는 '인간적인 것'을 '넘어서기', 혹은 '인간적인 것'으로부터 '변신하기'라고 할 수 있기 때문이다.

3부
『차라투스트라』의 구성과 스타일

1. 『차라투스트라』 여행 가이드북

본격적으로 차라투스트라의 여정을 살피기 전에 그 여정을 함께 하고픈 사람들을 위한 '가이드북'이 있으면 좋을 듯싶다. 책을 읽는 것도 하나의 탐사 여행인 만큼 다양한 정보를 수집해 두는 것은 좋은 일이다. 하지만 어떤 가이드북이 좋을까. 낯선 곳을 여행해 본 사람들은 알겠지만, 여행에 필요한 것은 추상적인 공자님 말씀보다는 구체적인 지침과 전략들이다. 더구나 그곳이 정글 같은 곳이라면 '네 행위의 준칙이 보편적 정언명령이 되게 하라'는 식의 가르침보다는 어떻게 생긴 것은 위험하니 먹지 말고, 어떤 동물 만나면 괜히 시비 걸지 말고 달아날 것이며, 이쪽 지형은 험한 곳이니 유념해서 걸어라는 식의 정보가 더 절실할 것이다.

『차라투스트라』를 읽는 데도 필요한 정보들이 있다. 차라투스트라는 산과 계곡, 섬과 바다, 그리고 도시를 여행했다. 우선 중요해 보이는 것은 여행지의 고도나 지형 같은 것이다. 높이와 깊이는 얼마나 되는지, 길은 얼마나 험준한지, 그리고 그가 그런 곳을 몇 번이나 거쳐가는지. 다음으로 여행 중에 겪는 날씨나 기후도 체크해 보자. 그가 주로 여행한 것은 하루 중 어떤 때였을까. 그는 아침 저녁으로 무슨 생각을 했을까. 마지막으로 여행 중 만나게 되는 동물들에 대해서도 알아두자. 어떤 동물이 이롭고 어떤 동물이 해로운지.

고도의 변화

차라투스트라가 깨달음을 얻기 위해 기거했던 동굴은 아주 높은 곳에 있다. 그곳은 "사람들 사이에 있으면 보지 못하는 모든 것들"을 한 번에 내려다 볼 수 있을 정도로 높다. 깨달음의 장소인 동굴의 높이가 이렇게 높다는 것은 다른 사람들이 한 번도 보지 못했던 높이에서 세상을 본다는 의미가 있다. 그의 동굴은 또한 용감하고 긍지를 가진 동물인 독수리의 둥지를 닮았다. 독수리가 절벽 높은 곳에 둥지를 틀어 지상의 동물들이 자기 둥지를 침탈하지 못하게 하는 것처럼, 차라투스트라의 동굴은 지상의 악덕들이 쉽게 기어오르지 못하도록 아주 높은 곳에 위치한다. 니체는 『차라투스트라』의 내력을 설명하면서 이 책의 핵심 개념과 형식들이 아주 높은 바위에서 떠올랐기 때문에 "인간과 시간을 초월한 6천 피트"라는 주석을 달아 놓았다고 말하기도 했다(『이 사람을 보라』).

그러나 차라투스트라는 동굴의 높이만큼이나 깊은 곳을 향해서도 여행을 한다. 세계를 이해하기 위해서는 "모든 별들까지도 내려다 볼 수 있는 높이"만이 아니라 더없이 깊은 계곡과 물 속도 들어가 봐야 한다. "이 높디 높은 산들은 어디서 온 것일까? 나는 그들이 바다에서 솟아올랐다는 것을 알게 되었다. 더없이 깊은 심연에서 더없이 높은 것이 그 높이까지 올라왔음에 틀림없다"('방랑자'). 높은 곳은 그 자체로 깊은 곳이기도 하다. 차라투스트라는 대지를 배경으로 할 때 높은 것이 하늘을 배경으로 할 때는 깊은 것임을 알았다. "머리 위에 펼쳐진 하늘이여. 네 높이로 날 던져 올리는 것, 그것이 나의 깊이다!"('해뜨기 전에'). 그래서 "산정과 심연은 하나다"('방랑자').

차라투스트라의 여정을 살펴보면 이러한 높이와 깊이가 반복적으로 나타남을 알 수 있다. 그는 고도를 바꾸는 것에 익숙한 여행자다. 처음에 그는 높은 동굴에서 하산해 '얼룩소'라 불리는 도시에 도달한다. 『차라투스트라』 제1부는 '얼룩소'라는 도시에서 펼친 가르침들로 구성되어 있다(얼룩소는 역사적 인물인 차라투스트라가 실제로 가르침을 편 곳이다). 그러나 복음을 전하러 왔다가 비웃음만 산 차라투스트라는 다시 높은 곳에 있는 자신의 동굴로 돌아간다.

오랜 시간이 흘렀고 그 사이 내공이 더욱 커진 차라투스트라는 다시 '벗들을 찾기 위해' 하산을 시작한다(『차라투스트라』의 제2부). 이번에 그가 향한 곳은 '지복의 섬'이라고 불리는 곳이었다(지복의 섬은 그리스의 영웅들이 죽으면 간다는 낙원이다). 섬에서 많은 경험을 한 차라투스트라. 그러나 그는 다시 한 번 스스로의 성숙을 위해 고독해져야 한다는 것을 깨닫고는 벗들을 떠나 동굴로 돌아가려 한다

(『차라투스트라』의 제3부). 그는 섬에서 나와 배를 타고 뭍에 오른 후 감람산을 거치고 도시를 지나서 다시 자신의 동굴로 올라온다. 그리고 동굴 속에서 깊은 수련에 들어간다.

『차라투스트라』의 제4부에 오면 그는 다시 한 번 하산과 등정을 반복한다. 물론 이것은 앞서 이루어진 두 번의 '하산/등정' 보다는 작은 규모이다. 동굴 속에서 위버멘쉬로의 변신이 임박했을 때 그에게 구원을 요청하는 '보다 높은 인간들'의 비명 소리를 듣고 산 아래 쪽으로 내려갔다가 그들을 모두 동굴로 데리고 올라온다.

『차라투스트라』에 나타난 하강과 상승의 반복은 이후에 살펴보게 될 영원회귀의 '반복'과도 관련이 있다. 반복이라는 형식 자체는 동일해 보이지만 반복이 있을 때마다 차라투스트라에게 차이가 나타난다는 것은 놀라운 사실이다. 그는 반복을 거칠 때마다 건강한 신체로 변신해 간다. 또 하강과 상승을 반복하면서 고도를 자유롭게 조절할 수 있게 된 점도 눈여겨볼 대목이다. 그것은 중력으로부터 자유로워지고 있음을 의미하며, 세계를 여러 가지 시각에서 통찰할 수 있게 되었음을 의미하기도 한다.

계절

다음으로 차라투스트라의 여행 중에 나타난 계절들에 대해 알아보자. 여름과 겨울은 마치 높은 산정과 깊은 계곡처럼 '왜소한 자들의 덕'을 걸러내는 역할을 한다. 우선 여름은 천한 자들의 도덕에 역겨워하는 자들이 심한 갈증을 겪는 계절이다. 모두가 시원한 샘물을 찾으려 한다. 그러나 시원한 샘물이 있는 곳은 저 높은 곳, 바로 차라투스트라의 동굴이다.

짧고 무더운 여름, 우울하면서도 행복으로 가득한 나의 여름이 심장 위에서 작열하고 있다. 이 뜨거운 심장이 어찌나 너의 냉기를 갈망하는지. …… 나는 온통 여름이 되었으며 여름의 한낮이 되었다. 차가운 샘물이 있고 행복한 정적이 서려 있는 곳은 이 높은 산정이다. 이곳이야말로 우리의 높은 경지이자 고향이다. 더러운 자들이 올라와 갈증을 풀기에는 너무나 높고 가파른 곳에 우리는 살고 있다. ('천민들에 대하여')

겨울은 여름보다도 더 혹독하다. 차라투스트라가 '지복의 섬'을 여행하고 난 후 뭍에 올랐을 때, 그는 너무나도 왜소해진 인간들을 목격한다. 마치 소인국에 온 걸리버처럼 그는 난쟁이가 된 인간들의 도덕을 보고 너무나도 실망한다. 그러고 나서 겨울이 왔다. 겨울은 '시장터의 파리떼'처럼 들끓는 왜소한 덕들을 모두 쫓아낸다.

나는 이 엄한 손님을 재미있어 한다. 그러면서도 나는 여전히 그에게 호감을 갖고 있다. 그가 내 집에서 파리들을 쫓아내고 수많은 작은 소란들을 잠재운다. …… 그는 가혹한 손님이다. …… 나는 내가 사랑하는 자를 여름보다는 겨울에 더욱 사랑한다. 겨울이 내 집을 찾아온 이래 나는 나의 적들을 보기 좋게 그리고 한층 더 비웃는다. ('감람산에서')

하지만 겨울은 사람들의 엉뚱한 오해를 불러온다. 차라투스트라가 사람들에게 '생성'과 '변신'을 가르쳤을 때 겨울은 그것을 부인이라도 하듯이 모든 것들을 얼어붙게 만든다. 처음에 어떤 사람은 흐르는 강물에 솟아 있는 기둥과 난간을 보고, 어떤 흐름 속에도 고정된 것은 있다고 말한다. 세상이 아무리 변해도 변하지 않는 무언가가 있다고. 그러다가 겨울이 닥쳐 강물까지 얼어붙으면 이제는 모든 사람들이 그것을 믿게 된다. "근본적으로 모든 것은 정지해 있다"고. 그러나 겨울에 생긴 오해를 박살내는 것은 '봄바람'이다.

"근본적으로 모든 것은 정지해 있다." 그러나 봄 바람은 이 가르침에 반대되는 설교를 한다! 봄 바람은 밭이나 갈도록 길들여진 얌전한 황소가 아니라 성난 뿔로 얼음을 깨부수는 난폭한 황소이며 파괴자다! 깨진 얼음은 다시 기둥과 난간마저 무너뜨린다. …… "재앙이로다! 축복이로다! 따뜻한 봄바람이 불어오고 있다." 나의 형제들이여, 골목골목 누비면서 이렇게 설교하라! ('낡은 서판과 새로운 서판에 대하여')

봄은 겨우내 얼어붙었던 땅을 갈아 엎는 계절이기도 하다. 차라투스트라는 자신을 '쟁기'에 비유하기도 했는데, 계절로 치면 그것은 봄에 해당한다. 봄은 모든 신성한 것들의 거짓을 파헤쳐 태양 아래 놓는 계절이다.

마지막으로 가을은 결실의 계절이다. 잘 익은 무화과 열매가 떨어지는 계절, 하늘은 맑고 대지는 풍요롭다. 그러나 차라투스트라는 자신을 "잘 익은 무화과에 불어닥치는 북풍"이라고 말한다('지복의 섬에서'). 왜냐하면 그는 다 익은 과일들이 떨어질 때를 놓치지 않도록 돕기 때문이다. 가을은 차라투스트라의 중요한 가르침 하나를 담고 있다. "제때 죽어라." 사람들은 죽음을 두려워하여 그것을 축제로 만들지 못한다. 잘 사는 법을 배우기 위해서는 잘 죽는 법도 배워야 한다. 떠날 때를 놓쳐 지나치게 늦지 않도록 조심해야 한다.

명성을 추구하는 사람은 언제 그 명성과 작별해야 하는지 그 시간을 놓치지 말아야 한다. 그리고 제때에 떠날 수 있기 위한 어려운 수련을 쌓아야 한다. 가장 맛이 들었을 때에도 남에게 계속 맛을 보이는 일이 없도록 해야 한다. 오랫동안 사랑받기를 원하는 사람들은 이것을 알고 있다. 신맛을 내는, 그래서 마지막 가을날까지 기다려야 하는 운명을 지닌 사과도 있다. 그런 사과는 익자마자 노랗게 변색되고 주름 투성이가 된다. 마음이 먼저 늙는 사람도 있고 정신이 먼저 늙는 사람도 있다. 그런가 하면 젊은 나이에 백발 노인이 되는 사람도 있다. 그러나 뒤늦게 젊음을 누리는 사람이 그 젊음을 오랫동안 유지하는 법이다. ('자유로운 죽음에 대하여')

풋과일들만이 가지에 오래 붙어 있으려고 안간힘을 쓴다. 그러다가 깜박 때를 놓치면 그러한 고집과 집착 때문에 썩게 되는 것이다. 모든 익은 것들은 잘 알고 있다. 때를 맞추어 떨어지는 것이 새로운 생명, 새로운 젊음을 얻는 길임을. 가을은 자유로운 죽음을 선택하는 계절이다. 새로운 생명을 위해서.

하루 중 시간

차라투스트라가 산에서 내려와 강연을 시작한 것은 오후였다. 오후는 저녁을 앞둔 시간으로 태양은 사라져가고 그림자가 길어지는 때이다. 그림자가 길어진다는 것은 불길한 느낌을 준다. 사람들은 길어진 자신의 그림자를 자기보다 위대한 존재인 양 숭배하는 일도 있다 (신이란 길어진 인간의 그림자에 불과한 존재가 아닐까).

 흥미롭게도 헤겔은 철학의 시간을 황혼녘에 두었다. 생이 충분히 익어 곧 떨어질 것이라고 판단될 때, 철학자는 비로소 생에 대해 말한다. 그래서 철학은 늙은이의 직업이다. "미네르바의 부엉이는 황혼이 깃들 무렵에야 비로소 날기 시작한다"(『법철학』 서문). 하지만 니체에게 황혼의 철학은 위험한 것이다. 늙고 지친 상태에서, 생보다는 죽음이 가까운 시점에서 생을 판단하는 것은 바람직하지 않다. 황혼은 오히려 낡은 것들이 사라져가는 시간으로 이해해야 한다. 니체가 자기 책 중의 하나에 '우상의 황혼'이라는 제목을 달았듯이 황혼은 고집스러웠던 낡은 신이 서서히 죽음을 맞이하는 시간이다. 물론 그 뒤에 무슨 일이 일어날지 장담할 수 없는 만큼 불확실하고 걱정스러운 시간이기도 하다.

"오, 내 생애의 오후여! 오, 저녁을 앞에 둔 행복이여! 오, 먼 바다에 있는 포구여! 오, 불확실성 속에 깃들여 있는 평화여! 내 너희들을 어찌 믿으랴! …… 가라, 너 행복한 시간이여! 너와 함께 내 뜻에 반하는 행복이 나를 찾아왔다! 가장 깊은 고통을 감내할 각오로 나, 여기 서 있다. 너는 좋지 못한 때에 찾아온 것이다! …… 마침 저녁이 가까이 오고 있다. 해는 기울고 있다. 가라, 나의 행복이여! ('뜻에 거슬리는 행복에 대하여')

차라투스트라는 용기를 내어 밤을 맞을 준비를 했다. 밤새 어떤 불행이 닥친다 해도 '우상의 황혼'을 두려워하지 않으리라. 그러나 차라투스트라에 따르면 "밤은 오히려 밝고 조용했으며, 밤에 찾아온 것은 고통이 아니라 행복이었다".

세상의 잘못된 덕들을 꾸짖던 차라투스트라는 자신이 처해 있는 상황을 밤에 빗대기도 했다. 그는 밤에 스스로 반짝이는 빛이다.

"밤이다. 아, 내가 빛이어야 하다니! 그리고 밤과 같은 것에 대한 갈증이여! 외로움이여!"('밤의 노래'). 그러나 밤은 또한 가장 고요한 시간이다. 그래서 낮엔 소리도 내지 못했던 "샘들도 밤에는 소리를 높여서 이야기한다". 그래서 사랑하는 자들의 노래 소리를 들을 수 있는 시간이기도 하다. "밤이다. 이제야 비로소 사랑하는 자들의 노래가 모두 잠에서 깨어난다. 나의 영혼 또한 사랑하는 자의 노래다"('밤의 노래').

사랑은 연인들의 은밀한 속삭임을 통해 이루어지기 시작해서 마침내 어떤 위대한 결실을 낳는 것으로 이어진다. 그 결실이 태어나는 것은 다른 시간이지만 그 결실이 만들어지는 것은 밤이다. 그래서 차라투스트라는 밤을 여인이라고, 그것도 자신의 여주인이라고 부른다('더없이 고요한 시간'). 차라투스트라와 밤이라는 여인의 은밀한 속삭임이 계속된다. 차라투스트라는 연인에게 투정을 부리듯이 이렇게 말한다. "내가 말한 것은 사람들의 마음에 닿지도 않았다. 나는 진정으로 사람들에게 다가갔지만 그들의 마음에는 이르지 못한 것이다." 그러자 여인이 답한다. "네가 그것에 대해 무엇을 알랴! 이슬은 더없이 고요한 밤에 풀 위에 내리지 않는가." 차라투스트라가 사람들이 자신을 조롱한다고 투정하자 밤의 여인은 말한다. "그들의 조롱이 무슨 대수인가. 너는 순종하는 법을 잊은 자가 아닌가. 이제는 명령을 하라." 차라투스트라는 다시 자신에게 사자처럼 우렁찬 목소리가 없다고 말했다. 그러자 밤의 여인은 "폭풍을 일으키는 것은 가장 고요한 말들이다. 비둘기처럼 오는 사상이 세계를 끌고 가지 않는가"라고 가르친다. 자신을 쪽팔려 하는 차라투스트라를 보고 밤의 여인은 웃음 지으며 말한다. "너는 이제 어린아이가 되어야 한다." 밤은 곧 차라투스트라의 미래인 차라투스트라의 어린아이를 잉태한다. 알아차리기는 힘들지만 중요한 변화는 밤에 일어난다.

밤을 지난 새벽은 황혼과 대비를 이루는 시간이다. 그것은 곧 태양이 떠오를 것을 예고한다. 밤에 이루어진 일이 입덧처럼 어떤 조짐이나 신호로 나타나는 시간이다. '해뜨기 전에' 하늘을 바라보고 있는 차라투스트라는 벌써부터 어린아이가 되어가고 있다. 그는 스스로 자신의 아이로 태어날 준비를 하고 있는 것이다. 티없이 깨끗한 하늘은 순진무구한 아이들이 주사위 놀이를 하기에 안성맞춤인 곳이다. "오, 머리 위에 펼쳐져 있는 하늘이여, 너, 티없이 맑은 존재여! 높은 존재여! 내게 있어 너는 신성한 우연을 위한 무도장이며 신성한 주사위와 주사위 놀이를 하는 신의 탁자다. 내게는 그것이 바로 너의 깨끗함이다"('해뜨기 전에').

그리고 마침내 차라투스트라가 위버멘쉬로 변신했음을 암시하는 신호가 나타나는 것도 '해뜨기 전'이다. 사자가 몸을 부비고 비둘기가 날아오는 아침, 그는 자신의 때가 왔음을 느낀다. "좋다! 사자는 왔으며 내 아이들도 가까이에 와 있다. 차라투스트라는 성숙해졌다. 나의 때가 온 것이다. 이것은 나의 아침이다. 나의 낮이 시작된다. 솟아올라라, 솟아올라라, 너, 위대한 정오여!"('신호').

위대한 정오는 신이라는 인간의 그림자가 완전히 사라지는 시간이라는 점에서 위버멘쉬의 시간이기도 하다. 모든 오류가 사라지는 시간, 그리고 태양이 가장 많은 에너지를 베푸는 시간, 그것이 정오이다. 그러나 그 시간은 위버멘쉬가 되지 않고서는 경험할 수 없는 시간이다.

동물들

『차라투스트라』에는 참 많은 동물들이 등장한다. 각각의 동물들은 어떤 덕의 특성을 표현하기도 하고 어떤 인간형을 표현하기도 한다. 차라투스트라의 여정에 참여할 때 특히 세심한 주의가 요구되는 대목이다.

먼저 차라투스트라와 가장 깊이 연관된 동물들은 독수리와 뱀이다. 이들은 차라투스트라의 동굴에 함께 거주하는 벗들이다. 독수리는 높이 날 수 있다는 점에서 긍지를 지닌 동물이며, 무리지어 날지 않고 혼자서 사냥을 한다는 점 때문에 고독하면서도 강한 동물이다. 특히 아침의 독수리는 황혼의 미네르바와 선명한 대조를 이룬다. "네가 추구하는 것은 독수리의 일종인가, 아니면 미네르바가 사랑하는 부엉이인가?"(『즐거운 지식』). 독수리는 공격하고 행동하는 새이지 부엉이처럼 반성하고 사색하는 새가 아니다.

독수리의 목을 사랑스럽게 감고 있는 뱀은 지혜의 상징이다.

『성경』에서는 알려서는 안 될 지식을 알렸다는 죄로 끔찍한 형벌을 받았지만 차라투스트라에게는 진정한 지혜의 상징이다. 뱀은 땅을 기어가며 대지를 읽는다. 또 뱀의 원형 이미지는 영원회귀를 나타내기도 한다. 하지만 다른 이미지를 갖는 뱀들도 있다. 차라투스트라의 환영 속에 나타난 검고 무거운 뱀이 있는데, 그 뱀은 목동의 입에 들어가 삶에 대한 긍정을 시험하는 끔찍한 고통을 나타낸다. 또 서로 똬리를 틀고 있다가 봄이 되면 기어나오는 습성 때문에 우리 자신의 가장 깊은 곳에 있다가 어떤 계기로 우리 신체를 장악하기 위해 경쟁하는 여러 충동들을 나타내기도 한다.

다음으로 주목할 동물은 낙타와 사자이다. 앞에서 자세히 보았으므로(이 책 2부 14장) 여기서 길게 반복할 필요는 없을 듯하다. 낙타는 부정을 모르는 동물, 그래서 어떤 명령에도 '예' 라고 복종하는 동물이다. 낙타의 인내는 자기 삶을 사막으로 만든다. 어쩌면 그는 모든 것에 '예' 라고 답하지만 정작 자신의 삶에 대해서는 '아니오' 라고 말하고 있는지도 모른다. 낙타와 비슷한 동물로는 나귀가 있다. 나귀는 그 울음소리와 식성 때문에 통찰력이 없는 사람들에게 긍정에 대한 오해를 불러온다(이 책 2부 14장, 15장 참조).

낙타나 나귀와 달리 사자는 누구의 명령도 들으려 하지 않는 사나운 동물이다. 거대한 용이 나타나 사자기 '해야만 하는' 의무를 환기시킬 때조차 그는 '하고 싶은' 것만을 하겠다고 으르렁거린다. 사자는 자유정신을 나타낸다. 비록 어린아이처럼 자기 욕망대로 존재하는 수준에 이르지는 못하지만.

　새와 두더지는 '중력의 영'으로 불리는 악마와 관련해서 반대되는 이미지를 지니고 있다. 지상의 모든 것들을 아래로 잡아당기는 중력처럼, 중력의 영은 법, 제도, 도덕, 관습 등으로 화해서 자유롭고자 하는 모든 영혼들을 잡아당긴다. 새의 비상은 중력으로부터의 탈주를 의미한다. 차라투스트라는 '중력의 영'에게 적의를 품고 있는 자신이야말로 새의 천성을 가지고 있다고 말한다. 새와 반대로 중력에 대한 철저한 예속을 상징하는 것은 난쟁이와 두더지다. 난쟁이는 중력에 굴복해서 키가 자라지 않고, 두더지도 중력 때문에 땅으로만 파고든다. 차라투스트라가 절벽을 오를 때 난쟁이는 그의 어깨 위에 올라타 차라투스트라의 몸을 무겁게 만든다. 새와 두더지의 중간쯤 되는 동물들도 있다. 새처럼 자유롭게 날 수는 없지만 대지 위에서 자유롭게 뛰고 춤추는 동물들. 가령 말이 그렇다. "나의 발, 그것은 말의 발과 같다. 이 발로 나는 들판을 이리저리 가로질러 요란하게 달린다. 질주하면서 나는 미친 듯한 기쁨을 느낀다"('중력의 영에 대하여'). 말과 반대되는 이미지를 가진 동물은 타조나 코끼리일 것이다. 타조는 말보다 빨리 달릴 수도 있을 뿐 아니라 날개까지 있는데도 머리를 항상 무거운 대지에 처박고 있기 때문에 날 수 없는 새다. 코끼리는 다리가 너무 무거운 동물이어서 춤추는 것이 서툴다. 간혹 서커스 장에 나타나 물구나무를 서기도 하지만 [가치의 전도] 그것은 너무나 불안한 풍경이다.

차라투스트라의 여정에서 정말로 조심해야 할 동물은 '타란툴라'라 불리는 독거미다. "타란툴라여, 네 등에는 세모꼴 모습과 표식이 까맣게 찍혀 있다. 나는 네 영혼 속에 무엇이 도사리고 있는지 알고 있다. 네 영혼 속에는 앙갚음이 도사리고 있다. 네가 어디를 물어뜯든지 그곳에는 검은 부스럼이 솟아오르고, 너의 독은 영혼에 현기증을 일으킨다"('타란툴라에 대하여'). 타란툴라는 니체의 『도덕의 계보학』에 등장하는 '원한의 정신'이라는 독으로 무장한 곤충이다. 원한의 정신은 자기 능력과 덕에 기초하지 않고 타자의 능력과 덕을 사악한 것으로 비난하는 방식으로 자기 덕을 기초지으려 했던 약자들의 정신 세계이다. 각각의 능력과 덕이 보여주는 다양성의 세계, 차이의 세계를 인정하지 않고, 모두가 따라야 하는 보편적 도덕을 정립하려는 의지. 그래서 모든 것은 동일하고 동등하다는 '평등을 향한 의지'가 타란툴라의 가슴 깊은 곳에 들어 있다. 신 앞에 영혼의 평등, 그리고 법 앞에 만인의 평등. 그것이 타란툴라들의 '정의'(justice)다. 말이 너무나 그럴듯해서 많은 영혼들이 타란툴라의 유혹에 넘어가 결국에는 거미줄에 걸려 먹이가 되고 만다.

다른 곳에서 니체는 객관성이나 확실성을 내세우며 사물이나 사건의 고유한 생명력을 없애버리는 학자들을 거미에 비유한 적도 있다. 이때 거미는 거미줄에 걸린 먹이들의 생명과 영혼을 빨아먹는 '흡혈귀'와 같다. 니체는 앙상한 개념들에서 뼈의 달그락거리는 소리가 난다며 학자들을 조롱하기도 했다. 어떤 사물이나 사건이 학자들의 거미줄에 걸리면 피와 살은 사라지고 결국에는 앙상한 뼈만 남는다는 것이다.

거미처럼 독을 지니긴 했지만 조금 덜 위험한 곤충도 있다. 그것은 독파리다. 독파리들이 서식하는 곳은 시장터다. 시장은 소상인들이 돈을 흔들어대는 곳이고 군중들이 광대들의 몸짓에 현혹되는 곳이다. 여기서는 많은 돈을 얻을 수 있는 것만이 가치 있는 것으로 평가된다. 새로운 가치를 창조하려는 자가 존재하지 않고 모두가 돈 때문에 이전투구하는 곳, 그곳이 독파리들에겐 이상적인 환경이다. 차라투스트라는 시장에 들어갔다가 자신에게 아첨하며 무언가를 빨아먹으려 달려드는 독파리들 때문에 무척 곤혹스러워했던 적이 있다. "나의 벗이여, 너의 고독으로 달아나라. 너는 독파리떼에 물려 만신창이가 되고 있다. …… 그들을 잡겠다고 팔을 올리지 마라. 셀 수 없을 만큼 많은 게 그것들이다. 파리채가 되는 것은 지금 네가 할 일이 아니다"('시장터의 파리들에 대하여').

여행 중 '불개'라는 동물을 만나면 먼저 자세히 살펴보아야 한다. 온갖 개폼을 다 잡고 있는 불개라면 그리 대단한 존재가 아니니 그 폼에 속지 말자. 차라투스트라는 그 불개를 인간처럼 '대지의 질병' 중의 하나라고 불렀다. 그것은 온갖 야단법석을 떨면서 대지 위에 연기와 소음을 만들어낸다. 대지의 표면 중 진흙밭을 골라 그것을 들끓게 만들어 세상에 '대단한 사건'이 난 것처럼 요란을 떠는 동물이다. 차라투스트라는 그 동물에게 이렇게 말한다. "세계는 새로운 소란을 일으키는 사람이 아니라 새로운 가치를 창출하는 사람 주위로 돈다." 흥미로운 것은 차라투스트라가 그 불개에게 같은 족속을 또 하나 소개해 준다는 것이다. "너와 마찬가지로 국가도 위선에 찬 개의 일종이다. 국가도 너처럼 연기와 울부짖음으로 말한다. 사람들의 믿음을 끌어내기 위해 국가도 너처럼 복화술을 쓴다"('크나큰 사건에 대하여'). 즉 국가는 사람들의 충성을 끌어내기 위해 온갖 소란스런 사건들을 만들고 연기를 피워댄다는 것.

그러나 또다른 불개가 있다. 이 불개는 대지의 표면에서 들끓는 게 아니라 대지의 심장으로부터 말을 한다. "그의 숨결은 황금과 황금빛 비를 내뿜는다. …… 그리고 그에게는 오색찬란한 구름과도 같은 웃음이 터져나온다. 황금과 웃음. 그는 그것들을 대지의 심장에서 끄집어낸다." 이 불개는 대지를 긍정하는 진짜배기다. 차라투스트라가 이 불개에 관한 이야기를 들려주자 앞의 위선적 불개는 "꼬리를 내리고 기어드는 소리로 멍!멍! 짖어대고는 자기 동굴로 기어들어가고 말았다".

개 이야기가 나왔으니 고양이 이야기도 해보자. 『차라투스트라』에서 고양이, 특히 밤에 어슬렁거리며 돌아다니는 수코양이들을 보거든 "나서서 회초리로 때려주어야 한다"('낡은 서판과 새로운 서판에 대하여'). 그것들은 무언가 훔쳐먹기를 즐기는 짐승이기 때문이다. 달밤에 지붕 위를 다니면서 이 고양이들은 열린 창문을 훔쳐보기를 좋아한다. 하지만 정작 낮에는 때묻지 않은 순수한 인식을 추구한다고 떠들어댄다. 이 동물은 고상한 학자 행세를 하지만 사실은 추잡한 속물에 불과하다. 자신들의 욕망이 추잡하기 때문에 남들의 욕망도 그런 것으로 상상해서 비난한다. 이 동물이 발 소리를 죽여 걷는 것은 스스로 떳떳하지 못함을 입증한다.

소도 차라투스트라의 여행 중에 자주 만나는 동물 가운데 하나다. 우선 소 중에는 지성과 감성 지수가 거의 제로에 가까운 물소가 등장한다. 차라투스트라는 시인들의 허영심을 비꼬아서 물소 앞에 꼬리를 펼치고 있는 공작이라고 했다. 시인들은 앞에 있는 물소들에게 온갖 치장을 다하고 떠들어대지만 "물소는 그저 거만하게 바라본다. 물소의 영혼은 모래에 가깝다. 그보다는 덤불에 가깝고, 그보다 늪지에 더 가깝다"('시인에 대하여'). 물소는 전혀 위엄이 없는 동물이다. 하지만 만약 황소를 만났다면 그 뿔에 받치지 않도록 주의해야 한다. 황소는 상상하기 힘들 정도의 강한 의지와 뚝심을 가진 동물이다. 겨울에 모든 것이 얼어붙자 사람들은 생성과 흐름에 대해 불신하게 되었는데, 봄 바람이라는 황소가 나타나 그 모든 얼음과 고정된 것처럼 보였던 기둥들을 박살내고, 다시 만물을 흐르게 만들었다. 차라투스트라의 여정 마지막쯤에는 암소가 등장한다. 암소는 부자와 가난한 자 모두에게 염증을 느끼고 세상을 등진 채 '자발적으로 거지가 된 자'에게 되새김질을 가르치는 동물로 나온다. 엄격히 말하자면 암소가 가르친 게 아니라 그 '자발적인 거지'가 배운 것이다. 모든 것을 오랫동안 곱씹으면서 반추하는 동물, 그것이 암소다.

기타 돼지나 원숭이, 곰 같은 동물도 나온다. 돼지는 어떤 것도 가리지 않고 먹어대며 시끄럽게 꿀꿀댄다. 어떤 점에서는 낙타와 비슷한 점도 있다. 낙타가 어떤 짐도 가리지 않고 진다면 돼지는 어떤 것도 가리지 않고 먹어치운다. 이들에게는 취향이 없다. 세상의 좋은 것과 나쁜 것을 가릴 줄 모른다. 원숭이는 흉내내는 동물이다. 차라투스트라의 원숭이라고 불리는 인물도 나오는데, 그는 차라투스트라 흉내를 내며 자신이 서 있는 도시가 온갖 천한 도덕들로 가득 차 있다고 비방하고 있었다. 그렇게 더러운 곳이라면 그냥 지나쳐 가면 될 것인데, 그 더러운 곳을 욕하기 위해 그는 그곳에 거주한다. 우리는 그를 더러운 곳에 살면서 스스로를 더럽힌 자라고 부를 수 있을 것이다. 곰은 꿀을 좋아하는 동물이다. 차라투스트라가 내공을 많이 쌓아 축적한 꿀을 받아먹는다. 어떤 때는 차라투스트라 스스로가 곰이기도 하다. 하지만 차라투스트라는 불평하는 곰이 아니라 춤추는 곰이니, 다른 곰과 혼동될 염려가 없다.

2. 차라투스트라 – 질병과 치유의 체험

『차라투스트라』를 읽는 방법은 한두 가지가 아니다. 훌륭한 책일수록 잠재된 독서법이 많은 법이다. 우리가 『차라투스트라』를 여러 가지 방법으로 읽고 또 다양하게 해석할 수 있는 것은 책의 내용이 모호해서가 아니라 그만큼 풍성하기 때문이다. 진리에 이르는 길에 대한 차라투스트라의 가르침은 『차라투스트라』를 읽는 데도 적용되어야 할 것이다.

나는 다양한 길과 방법을 통해 나의 진리에 이르렀다. 내가 사다리 하나만으로 먼 곳을 내려다 볼 수 있는 높이에까지 이른 것은 아니다. …… 나는 길을 물어가며 길을 찾으려 시도했다. 시도와 물음, 그것이 나의 모든 행로였다. …… "이것이 이제는 나의 길이다. 너희들의 길은 어디 있는가?" 나는 내게 "길"을 묻는 자들에게 이렇게 답했다. 이를테면 모두가 가야 할 단 하나의 길은 존재하지도 않는다고!('중력의 영에 대하여')

'질병과 건강'이라는 주제도 『차라투스트라』를 이해하기 위한 하나의 길일 수 있다. 니체는 『차라투스트라』의 전제가 '위대한 건강'에 있다고 밝힌 적이 있는데(『이 사람을 보라』), 그것은 이 책이 무엇보다도 건강과 긴밀히 관련된 것임을 보여준다. 여기서 '위대한 건강'이란 차라투스트라가 "대지의 질병"이라고 표현한 '인간적인 것'들과의 결별이자 '인간적인 것'을 넘어서는 '위버멘쉬'를 의미한다. 따라서 인간에서 위버멘쉬로의 변신 과정을 담고 있는 차라투스트라의 여정을 추적하는 데 '질병과 건강'만큼 적절한 주제도 없을 듯싶다. 인간이었던 차라투스트라는 어떻게 인간적 질병을 극복하고 위버멘쉬라는 위대한 건강을 얻게 되었을까? 권력의지와 영원회귀는 그 과정에서 어떤 역할을 수행한 것일까?

차라투스트라 지상으로 내려오다

차라투스트라는 나이 서른이 되던 해에 고향과 고향의 호수를 떠나 동굴에서 십여 년을 수련했다. 차라투스트라의 이야기는 깨달음을 얻은 그가 사람들이 사는 곳으로 하산하면서 시작된다. 나이 서른이 되던 해에 깨달음을 얻기 위해 십여 년을 수련했다는 이야기는 '조로아스터'로 많이 알려진 역사적 인물 '차라투스트라'에서 따온 것이다. 『즐거운 지식』 초판의 마지막 절도 차라투스트라의 하산 장면을 소개하고 있는데, 여기에는 '우르미'(urmi)라는 호수 이름까지 밝혀 놓고 있다. 이 호수 역시 역사적 인물 차라투스트라의 고향에 있던 호수다.

그러나 동굴에서 깨달음을 얻어 하산하는 장면은 역사적 인물 '차라투스트라' 보다는 플라톤을 떠올리게 한다. 물론 차라투스트라의 동굴은 플라톤의 동굴과는 정반대다. 플라톤에게 동굴은 진리를 깨닫는 장소가 아니라 오류의 감옥이다. 사슬에 묶인 채 동굴 벽면만을 보고 있는 사람들은 벽에 비친 그림자를 실체로 간주한다. 동굴 바깥으로 나간 철학자는 자신이 본 것을 동굴 속 사람들에게 알려주지만 그의 말을 믿는 사람은 아무도 없었으며 결국 그는 자신의 눈을 파내야 했다. 플라톤의 철학자와 반대로 차라투스트라는 동굴 안에서 진리를 깨닫는다. 그리고 그는 진리에 대한 사명감 때문에 눈까지 파낼 만큼 진리에 목을 매는 존재가 아니었다. 그는 자신이 동굴에서 얻은 것을 '꿀'에 비유했는데, 그가 동굴 바깥으로 나온 이유는 그 꿀을 나누어주기 위해서였다.

차라투스트라가 동굴 속에서 깨달은 '꿀'처럼 달콤한 진리란 '신의 죽음'이다. 그는 사람들에게 '신의 죽음'을 선물로서 전하고 싶어했다. 그러나 사람들은 그것을 쉽게 받아들이지 못했고, 결국 차라투스트라가 인간을 새로 가르치기 시작하면서 『차라투스트라』의 제1부가 시작된다. 그가 말하는 신의 죽음은 단순한 그 누구의 죽음과는 차원이 다르다. 신이 죽었다는 건 하늘 나라의 임금 자리가 비었다는 게 아니라 하늘 나라 자체가 없다는 것을 의미한다. 사람들은 세계를 둘로 나누는 것에 익숙해 있다. '이 세계'(이승)와 '저 세계'(저승), 인간의 세계와 신의 세계, 현상 세계와 실재 세계, 이성적인 세계와 감성적인 세계. 그러나 신의 죽음과 함께 한쪽 세계, 그것도 진리와 아름다움, 구원으로 불리던 세계가 사라진 것이다. 차라투스트라는 사람들에게 지상의 모든 것들의 원본인 세계, 지상에서 일어난 모든 일을 심판하는 그런 세계가 따로 존재하지 않는다고 말한다.

형제들이여, 맹세코 대지에 충실하라. 하늘 나라에 대한 희망을 설교하는 자들을 믿지 말라! 그들은 그들 스스로가 알고 있든 모르고 있든 간에 독을 타 사람들에게 화를 입히는 자들이다. ('차라투스트라의 머리말')

차라투스트라는 말한다. 신과 진리가 산다는 '저 세계'에 대해 잊어버려라. 당신은 그런 이야기들이 '이 세계'의 삶을 비난하고 평가절하 하는 데 이용되고 있음을 모르는가. 그런 신앙에 너무 깊이 빠지면 이 세계의 삶이 하찮아지고 온통 죄로 들끓는 것처럼 보인다. '저편의 또다른 세계를 신봉하고 있는 사람들', '신체를 경멸하는 자들', '죽음의 설교자들' 이야기를 너무 많이 들으면 심각한 착시 현상이 생겨난다(이 책 2부 4장 참조). 관심을 두어야 할 곳은 '저 세계'가 아니라 '이 세계'다. 중요한 것은 하늘 나라가 아니라 이 지상이다. 신의 죽음에 대한 차라투스트라의 가르침은 천상에 있는 것을 지상으로 끌어내리려 했던 맑스를 떠오르게 한다.

종교를 비판함은 인간을 미몽에서 깨워 일으키기 위해서이고, 이는 인간이 각성된, 분별있는 인간으로서 행동하고 자신의 현실을 형성하도록 하기 위해서이고, 인간이 자기 자신을 중심으로 그리고 그의 현실적 태양을 중심으로 움직이도록 하기 위해서다. 인간이 자기 자신을 중심으로 움직이지 않는 한 종교는 단지 인간을 중심으로 움직이는 환상적 태양일 뿐이다. 그러므로 진리의 피안[저 세계]이 사라진 뒤에 차안[이 세계]의 진리를 확립하는 것이 역사의 임무이다. 인간의 자기 소외의 신성한 형태가 폭로된 뒤에 그 신성하지 않은 형태들 속의 자기 소외를 폭로하는 것은 무엇보다도 역사에 봉사하는 철학의 임무이다. 이리하여 천상의 비판은 지상의 비판으로, 종교의 비판은 법의 비판으로, 신학의 비판은 정치의 비판으로 전환된다. (『헤겔 법철학 비판』 서문)

차라투스트라는 말한다. "형제들이여, 내가 꾸며낸 이 신은 다른 신들처럼 사람들이 만든 작품에 불과했으며 망상에 불과했다. 그는 사람, 그것도 사람과 자아의 빈약한 부분이었을 뿐이다"('저편의 또다른 세계를 신봉하고 있는 사람들에 대하여'). 신이 존재하는 것은 그가 위대한 존재이기 때문이 아니라 인간이 빈약한 존재이기 때문이다. 그러나 인간이 그 주위를 돌았던 '환상적 태양'은 사라졌다.

그렇다면 어떤가. "당신은 별들을 강요하여 당신 주위를 돌게 만들 생각은 없는가?"('창조하는 자의 길에 대하여').

천상이 사라졌다면 의미의 기반은 어디가 되어야 할까? 그것은 당연히 대지이다. 그래서 차라투스트라는 신의 죽음을 가르치는 자리에서 '대지에 충실하라'고 가르친다. "내가 사랑하는 것은 대지의 덕이다." 우리는 대지에 살면서도 대지에 대해 아는 게 거의 없다. 대지는 "아직 그 누구의 발길도 닿지 않은 길을 천 개나 가지고 있다. 천 개의 건강법, 천 개의 생명의 섬들이 있다. 그것은 무궁무진하여 아직도 발견되지 않은 채로 있다"('베푸는 덕에 대하여').

그러나 차라투스트라가 대지의 중요성에 대해 가르칠 때 대지는 이미 '인간'이라 불리는 심각한 피부병을 앓고 있었다. 물론 니체는 병든 양떼와 그것을 잘못 이끈 목자를 혼동하지 말아야 한다고 말한다. 그는 돌팔이 의사들이 환자를 치유한답시고 더 심각하게 병을 옮기고 있다고 비난했다. 이 돌팔이 의사들은 차라투스트라가 죽음의 설교자, 신체의 경멸자, 저편의 세계를 신봉하는 자들로 자세하게 분류했던 이들과 같다. "그들은 의사로 나서기 전에 먼저 사람들에게 상처를 입히며, 상처를 진정시키면서 동시에 감염시킨다"(『도덕의 계보학』). 아무리 건강한 사람도 '삶은 고통이다'라는 주문을 자꾸 들으면 최면에 걸린다.

일단 사람들이 걸려들면 돌팔이 의사들은 괴로워하는 환자들에게 마취제와 진정제를 투여한다. 그 고통이 사실은 신이 당신을 택해서 시험하는 것이라는 둥, 언젠가 구원을 받을 것이라는 둥. 가끔은 기계적으로 반복되는 활동을 권한다. 열심히 노동해라. 그럼 너를 고통에 빠뜨리는 충동 같은 게 자주 일지 않을 것이다. 어떤 때는 작은 즐거움도 제공한다. 교회에 다니는 사람들끼리 서로 돈도 빌려주고, 가게 단골도 되어주고, 간혹 외로움도 풀어주고. 이웃 사랑과 공동체 활동도 장려한다.

그러나 이 돌팔이 의사들의 결정적 기술은 이식술이다. 삶에 죄의식을 이식하는 것. 그들은 말한다. 고통은 죄에 대한 처벌이다. 너는 환자가 아니라 사실 죄수이다. 아니 우리 인간 모두가 죄지은 자들이다. 누가 누구를 탓하기 전에 우리 모두가 회개하고 반성해야 한다. 돌팔이 의사들의 이식 수술이 끝나면 인간들은 양심의 가책이라는 이름으로 스스로를 물어뜯는 짐승으로 전락한다.

제1부를 두고 보건대 차라투스트라의 처방은 거의 먹히지 않았다. 그러나 그는 서두를 생각이 없었다. 돌팔이 의사처럼 자기가 모든 것을 고칠 수 있다고 말하고 싶지도 않았다. 그는 먼저 자신이 어떻게 병을 치유하는가를 환자들에게 보여주고 싶었다. 모든 의사들은 먼저 제 자신부터 치유해야 한다. 건강한 의사만이 환자를 감염시키지 않고 건강하게 치유할 수 있다.

의사여, 네 자신의 병을 고쳐라. 그렇게 하는 것이 환자에게도 도움이 될 것이다. 환자가 먼저 그 자신을 치유한 경험을 지닌 자를 직접 보도록 하는 것, 그것이 그 환자에게는 최선의 도움이 될 것이다. …… 진실로 대지는 치유의 장소가 되어야 한다. ('베푸는 덕에 대하여')

따지고 보면 차라투스트라 역시 완전한 건강의 소유자는 아니었다. 비록 인류를 치유하고자 하는 의사처럼 말하고 있지만, 그도 '의사는 먼저 자신의 병부터 고쳐야 한다'는 말에서 자유롭지 않다. 그는 사람들에게 대지에서 건강법을 찾으라고 했지만 대지의 의미가 구체적으로 어떤 것인지 말하지 못했으며, 사람들에게 잘 웃고 잘 춤추는 행복한 존재가 되어야 한다고 말했지만 그 역시 그렇게 행복해 하지는 않았다. 그는 사람들을 떠나 다시 고독 속으로 돌아갔다.

차라투스트라 권력의지를 말하다

몇 년 후 차라투스트라의 두번째 하산이 이루어졌다. 오랜 수련을 더한 그는 이제 '대지에 충실한다'는 의미를 말할 수 있을 정도로 내공이 높아졌다. 그는 단순히 '저편의 세계'가 사라졌다고 말하는 데 그치지 않고 '이 세계'에 충실하다는 것의 의미를 말한다. 그는 '이 세계 외 능력, 즉 대지와 우리 자신의 능력에 초점을 맞춘다. 대지는 무엇을 할 수 있는가, 우리 자신은 무엇을 할 수 있는가? 차라투스트라는 우리의 능력의 관점에서 세계를 다시 볼 것을 요구한다.

너희들은 과연 신을 창조할 수 있는가? 가능한 일이 아니니 일체의 신들에 대해 침묵해야 할 것이다! 그러나 위버멘쉬는 창조해낼 수 있을 것이다. 나의 형제들이여, 너희들 자신은 위버멘쉬를 창조해낼 수 없을 수도 있다! 그러나 너희 자신이 위버멘쉬의 선조가 되고 조상이 될 수 있도록 할 수는 있을 것이다. …… 너희들은 신을 사유할 수 있는가? 그러나 모든 것을 사람이 사유할 수 있는 것으로, 사람이 볼 수 있는 것으로, 사람이 느낄 수 있는 것으로 변화시키는 것, 그것이 진리를 향한 너희들의 의지를 의미하기를! 너희들은 너희들의 감각을 끝까지 사유해야 한다. ('지복의 섬에서')

차라투스트라는 말한다. 창조 업무를 대행해 주던 신이 죽었다면 이제 세계 창조 업무는 당연히 너희의 몫이다. 너희들이 세계 속에서 행복하고자 한다면 우선 너희는 너희 세계를 창조해야 한다. "너희들이 세계라고 불러 온 것, 그것을 너희들은 창조해야 하리라. 이 세계는 너희들의 이성, 너희들의 이미지, 너희들의 의지, 너희들의 사랑 안에서 형성되어야 하리라!" ('지복의 섬에서'). 지금까지의 세계가 신의 것이었다면 앞으로의 세계는 너희의 것이어야 한다. 신을 위한 세계가 아니라 너희 자신을 위한 세계가 태어나야 한다. 지금까지 너희는 신의 관점에서 세계를 평가해 왔고, 신의 감각으로 세계를 느껴 왔다. 그러나 이제는 세계에 대한 새로운 가치 평가, 새로운 감각이 필요하다.

이 세계를 사랑하라! 그러나 "위대한 사랑은 자신이 사랑할 자까지 창조한다"('연민의 정이 깊은 자에 대하여'). 이 세계를 진정으로 사랑한다면 이 세계를 사랑스럽게 창조해야 한다. 세계가 병들었다면 세계를 건강하게 창조해 주는 것이 세계를 사랑하는 것이다. 인간이 병들었다면 인간을 전혀 다른 존재로 만들어 주는 것이 인간을 사랑하는 것이다. "창조, 그것은 고통으로부터의 위대한 구제이며 삶을 경쾌하게 만드는 것이다"('지복의 섬에서').

창조와 생성, 이것이 '대지에 충실함'의 진정한 의미다. 대지에서는 끊임없이 무언가 태어나고 소멸한다. 그것은 생성과 소멸을 반복한다. 탄생이 있고 죽음이 있다. "그렇다, 창조하는 자들이여. 너희들의 삶에는 쓰디쓴 죽음이 허다하게 있어야 한다!"('지복의 섬에서'). 그러나 대지 위에서 이루어지는 죽음은 생에 대한 부인이 아니다. 그것은 항상 더 크고 다양한 생을 위한 예비 작업일 뿐이다. 대지는 생성과 소멸을 반복하는 방식으로 자기 위에서 자라는 모든 것들을 사랑한다.

그러나 기독교나 플라톤주의는 '대지의 사랑'을 받아들이지 못했다. 그들은 물었다. 왜 한 번 태어난 것들은 영원하지 않고 소멸해야 하는 걸까? 그리고 결론을 내렸다. 생성과 소멸을 반복하는 것은 죄지은 자들, 불완전한 자들의 피할 수 없는 숙명이라고. 대지는 완전한 자, 불멸한 자가 살 수 없는 사악하고 척박한 곳이라고.

차라투스트라는 반대로 가르친다. "유일한 자, 완전한 자, 부동자, 충족자, 그리고 불멸자에 대한 가르침을 나는 악이라고 부른다. 불멸하는 것이란 한낱 비유에 불과하다. …… 최상의 비유라고 한다면 불멸이 아니라 시간의 흐름과 생성에 대해서 이야기해야 한다'('지복의 섬에서'). 아무런 흐름도 생성도 없는 그런 불멸의 세계야말로 척박한 곳이 아닐까. 어떤 생식도 일어나지 않는 불임의 세계야말로 죄지은 땅이 아닐까.

하지만 그런 세계는 있든지 없든지 내버려두자. 중요한 것은 이 세계에서의 우리 자신의 생성 능력이다. 기독교나 플라톤주의는 이 세계를 능력이 아닌 결핍으로서만 보아 왔다. 그러나 우리는 우리 자신의 능력에 주목해야 한다. 힘은 어떤 매개도 거칠 필요없이 직접 우리 자신으로부터 분출되어야 하며, 그 힘만이 우리의 의지, 우리의 명령을 실현한다. "더-이상-의욕 않기, 더-이상-평가 않기, 더-이상-창조 않기"를 가르치는 피로한 자들의 말을 들어서는 안 된다. 우리에게 필요한 것은 적극적으로 의지하고(wollen), 평가하고, 창조하는 일이다.

차라투스트라는 여기서 처음으로 '권력의지'(Wille zur Macht)를 가르친다. 그 동안 이 개념은 숱한 오해를 받아 왔다. 사람들은 '권력의지'를 '권력에 대한 탐욕'과 자주 혼동했다. 그러나 차라투스트라가 말하는 '권력'(Macht)이 우리가 알고 있는 그 권력도 아니고, '의지'가 그런 탐욕을 지칭하는 것도 아니다. '권력'은 우리가 일상에서 접하는 '정치적 강제력'(Gewalt)이나 물리학자들이 사용하는 '힘'(Kraft)과는 거리가 있는 개념이다. 'Macht'의 의미에 가장 근접한 말은 아마도 '능력'(能力, potentia)일 것이다. 끊임없이 무언가를 자라게 하는 대지의 능력, 새로운 가치를 창조할 수 있는 우리 자신의 능력. 스피노자도 말한 바 있지만, 실존하는 모든 것들은 그 자신의 능력만큼 실존한다.

물리적 힘이든, 정치적 힘이든 그 본질에는 능력이 있다. 능력은 그만큼의 힘을 발생시킨다. 그러나 힘의 본질에는 능력만이 있는 게 아니다. 힘에는 또한 방향이 있다. 힘은 특정한 방향으로 제 능력을 실현하려 한다. 이것이 '의지'(Wille)이다. 우리는 '의지'라는 말을 보통 정신적인 것과 관련해서만 사용하지만, 차라투스트라가 말하는 의지는 모든 힘에 본질적으로 내재한 것이다(따라서 그것은 생명체에만 한정되는 것도 아니다). 차라투스트라는 '의지'를 종종 '명령'(Befehl)과 동일하게 사용하는데, 그것은 힘의 방향이 사실상 그 힘이 마주하고 있는 것에 대한 힘의 명령이기 때문이다.

존재하는 것 일체는 너희들에게 순응해야 하며 굴복해야 한다! 너희들의 의지가 바라는 것이 이것이다. …… 가장 지혜로운 자들이여, 이것이 권력의지의 일종으로서 너희들 의지의 전부다. 너희들이 선과 악에 대해, 그리고 가치 평가에 대해 말할 때조차도 그렇다. ('자기극복에 대하여')

'권력'도 '의지'도 오해하기 쉬운 단어들이다. 하이데거도 말했지만 그 단어들이 일상적으로 너무나 명백해 보이기 때문에 그렇다. 우리는 '권력'을 '능력'으로, '의지'를 '명령'으로 이해했다. 여기서 유의할 게 하나 있다. '권력'과 '의지'를 따로 떼서 설명하다 보니 우리는 '권력의지'가 '권력'과 '의지'를 합친 복합 개념인 것처럼 취급했다. 그러나 '권력의지'는 그 자체로 하나의 개념이다. 명령할 수 있는 것은 능력이며, 그 명령 또한 능력을 실현하라는 명령이기 때문이다.

니체는 이처럼 명령할 수 있는 능력을 지녔고, 또 그 능력을 실현하는 사람을 강자라고 불렀다. 그가 말하는 강자는 스스로 힘을 발생시키며 그 힘의 주인인 사람이다. 강자는 신에게 의지하지 않으면서도 스스로 무언가를 평가할 수 있는 사람, 그래서 그 평가의 주인인 사람이다. 하지만 군사적 강제력을 빌려 지배하는 사람, 돈의 힘으로 지배하는 사람, 신의 이름을 빌려 지배하는 사람, 법이나 제도의 힘을 빌려 지배하는 사람 등은 강자라고 할 수 없다. 그런 사람들은 그 힘의 주인이 아니기 때문이다. 그들은 단지 자신이 빌려 온 힘에 헌신하고 복종함으로써만 그것을 사용한다. 이렇게 말하는 편이 더 적절할 것이다. 오히려 신이나 돈, 법과 제도가 그들을 통해서 지배하는 것이라고. 차라투스트라는 이런 부류의 사람들을 '천민들'이라고 불렀다. 이들은 설령 지배자가 되었다 해도 결코 강자가 되지 못한다.

차라투스트라는 존재하는 모든 것들, 특히 생명체들에서 권력의지를 발견한다. "생명체를 발견할 때마다 나는 권력의지도 함께 발견한다"('자기극복에 대하여'). 생명체는 자기 주변에 있는 것들에 명령을 내리며, 주변을 굴복시켜 자기 삶을 구성한다. 물론 그 명령의 과정에는 큰 모험이 따른다. "명령을 할 때 생명체는 언제나 자기 자신을 거는 모험을 한다." 그것이 자기 증식의 과정일 수도 있지만 자기 파괴의 과정일 수도 있기 때문이다. 그 과정이 능력의 확대를 가져올지 축소를 가져올지는 알 수 없다. 그것은 일종의 주사위 놀이다. 하지만 강한 자들, 주인이 되고자 하는 자들은 그것을 감행한다.

약자들에게도 권력의지가 있을까? 명령보다는 복종을 택하는 생명체에도 권력의지가 있는 걸까? 물론이다. 권력의지가 명령이라면 그것은 분명 주인의 욕망일 것이다. 하지만 노예들도 그 명령에 참여하고 싶어하는 점에서는 다를 바 없다. 차라투스트라는 말한다.

심지어 누군가를 섬기고 있는 자의 의지에서조차 나는 주인이 되고자 하는 의지를 발견할 수 있었다. 보다 약한 자 위에 주인으로서 군림하려는 의지는 보다 강한 자에게 예속되어야 함을 자신에게 설득시킨다. 약자도 주인이 되는 즐거움 하나만은 버릴 수가 없다. ('자기극복에 대하여')

약자들은 자기보다 더 약한 자를 지배하기 위해서 주인에게 빌붙는다. 약자들은 자기 힘이 아닌 타자의 힘에 빌붙음으로써만 지배에 참여할 수 있다. 그들은 항상 이렇게 말한다. 주인의 이름으로, 돈의 이름으로, 신의 이름으로, 법의 이름으로 내가 너희를 지배한다고. 증세가 심각해지면 이들은 사실상 주인과 돈, 신과 법의 명령을 수행하고 있음을 망각하고 스스로 그것들의 지배자처럼 생각한다.

차라투스트라가 보기에 현대인들은 스스로를 강자로 착각하고 있는 약자들이다. 현대인들은 자신들이 따르는 덕의 주인이 아니다. 현대인들은 덕에 주인이 있다는 생각 자체를 받아들이지 않는다. 덕이란 모든 사람들이 따를 수 있도록 보편적인 것이어야 하는데, 어떻게 그 주인이 따로 있을 수 있단 말인가. 중요한 것은 덕의 주인을 밝히는 것이 아니라 그 덕 앞에서 '만인이 평등' 하다는 것이다. 신 앞에서 모든 영혼이 평등하듯이 법 앞에 만인은 평등하다! 현대인들은 그것을 정의(justice)라고 부른다.

그러나 차라투스트라는 이 '정의' 속에서 현대인들이 앓고 있는 깊은 질병을 발견한다. 현대인들의 영혼은 독거미에 물린 것처럼 온통 원한의 감정으로 가득 차 있다('타란툴라에 대하여'). 보편적 가치의 정립과 그것의 평등한 적용. 거기에는 자신과 다른 것, 즉 차이를 용납하지 않는 "폭군적 열망"이 들어 있다. 마치 '신 앞에 영혼의 평등'을 내세우는 자들이 신을 믿지 않는 자들을 사납게 내치듯이, 보편적 가치를 내세우는 자들도 그것에 동의하지 않는 자들에 대한 "징벌의 충동"을 느낀다.

자기 자신이 얼마나 의로운가를 과시하기 위해 말을 많이 하는 자들을 믿지 말라! …… 그들이 자칭하여 '선하고 의로운 자'라고 할 때 그들에게서 권력을 뺀다면 바리새인이 되기에 부족한 것이 하나도 없음을 명심하라. ('타란툴라에 대하여')

하지만 각자가 처해 있는 상황이 다르고 원하는 목표가 다르다면 '좋음과 나쁨'의 기준도 달라질 수밖에 없다. 우리는 어떤 덕을 평등하게 적용하기 전에 왜 덕이 같아야 하는지부터 생각해야 되는 것 아닐까? 자신이 따르는 덕은 자기 몸에 맞는 것인가. 그리고 그 판단은 누가 하는가. 불행히도 현대인들에게는 이러한 물음들이 생략되어 있다.

자기에게 좋은 것이 무엇인지를 판단하지 못하고, 자기에게 좋은 것을 만들어낼 능력도 없다는 것은 위험한 일이다. 그런 사람은 자기 자신을 지킬 수가 없다. 환자들이 그렇다. 환자들은 자기 몸에 대해 알지 못하기 때문에 좋음과 나쁨의 판단을 전적으로 의사에게 맡긴다. 그리고 노예들이 그렇다. 노예들은 처벌에 대한 두려움 때문에 자기 행동을 전적으로 주인의 처분에 맡긴다. 차라투스트라는 말한다. "명령하는 것은 순종하는 것보다 어려운 일"이라고. 왜냐하면 명령한다는 것은 대단한 용기와 능력, 그리고 건강을 필요로 하기 때문이다. 그저 도덕과 관습이 시키는 대로, 또 법과 제도가 규정한 대로 살아가는 일은 환자나 노예들이 사는 방식이다.

차라투스트라 반복 때문에 깊이 병들다

사람들의 병을 치료하려 했던 차라투스트라에게도 큰 병이 닥쳤다. 그는 사람들에게 창조하는 능력과 의지에 대해 가르쳤다. 그것은 천상의 꿈에 사로잡힌 자들에 대한 대지의 가르침이었다. 그런데 그에게 문제가 생겼다. 창조와 생성을 계속한다는 것은 혹시 과거에 대한 원한이 아닐까? 과거에 대한 앙갚음으로써 우리는 새로운 것을 창조하려는 게 아닐까? 만약 그렇다면 그것을 우리가 진정한 구원이라고 부를 수 있을까? 차라투스트라가 이러한 고민에 빠져든 것은 한 무리의 불구자들이 그에게 몰려와서 자기들을 치료하는 기적을 베풀어 달라고 요청했을 때였다('구제에 대하여'). 그는 자기 자신을 포함해서 누군가를 구원한다는 것의 의미를 근본적으로 다시 물어야 한다고 생각했다.

차라투스트라는 그것이 시간의 문제임을 알아챘다. 사실 시간의 중요성은 그의 권력의지에 대한 가르침 속에도 들어 있었다. 그가 불멸의 세계를 비판하고 창조와 생성의 세계를 강조했을 때 그것은 시간에 대해 말하고 있는 것과 같았다. "최상의 비유라고 한다면 마땅히 불멸이 아니라 시간의 흐름과 생성에 대해 이야기해 주어야 한다"('지복의 섬에서'). 그러나 이는 불멸의 세계를 비판함에 있어 시간의 흐름이 갖는 중요성을 이야기한 것일 뿐 시간 자체를 탐구한 것은 아니었다.

하지만 이제 불멸의 세계를 비판하고 창조와 생성으로서 시간의 세계에 대해서 말한 것으로는 충분치 않다는 사실이 드러났다. 시간에는 이미 '지나간 것'과 앞으로 '다가올 것'의 구분이 존재한다. 새로운 것을 창조하는 자는 지나간 시간을 부정하는 게 아닐까? 창조와 생성은 지나간 시간에 대한 원한이 아닐까? 차라투스트라는 권력의지를 창조와 생성으로서 가르쳤지만, 과거는 의지의 대상조차 아니지 않은가?

의지는 이미 일어난 일에 대해서는 무기력하다. 의지는 일체의 과거에 대해 악의를 품고 관망하는 자다. 의지는 과거로 돌아가기를 소망할 수가 없다. …… 시간이 뒤로 흐르지 않는다는 것, 이것이 의지의 통한이다. ('구제에 대하여')

과거는 창조와 생성의 대상이 아니다. 그렇다면 시간의 한쪽인 과거는 의지의 적으로서만 존재하는 것인가? 도대체 시간과 화해할 수 있는 길은 없는가? 차라투스트라는 여기서 갑자기 말을 멈춘다. 사람들 사이에 있으면서 그도 앓기 시작한다. 차라투스트라는 자신이 비탈에 서 있음을 발견한다. 인간들에게 위버멘쉬라는 높은 가르침을 전하러 왔다가 위버멘쉬와 인간 사이에 있는 위험한 자신을.

무서운 것은 산정이 아니라 비탈이다! …… 나의 눈길은 산 정상으로 치닫고, 나의 손은 심연을 잡고 몸을 지탱하고자 한다. 이것이 나의 비탈이며 위험이다! ('처세를 위한 책략에 대하여')

『차라투스트라』의 제2부는 '가장 고요한 시간'과의 대화로 끝이 난다. 차라투스트라는 벗들을 떠나 고독 속에서 '밤'이라는 '가장 고요한 시간'과 대화한다. 시간이 그에게 물었다. "차라투스트라여, 무엇이 걱정인가?" 그러자 차라투스트라가 답했다. "내 말은 산을 옮기지 못한다. 그리고 내가 한 말은 사람들의 마음에 닿지도 않았다. 사람들은 내가 가는 길을 조롱한다." 시간이 말한다. "너는 길을 잃더니 걷는 법조차 잊었구나." 그러고는 부끄러워하는 차라투스트라를 보며 한마디 덧붙인다. "너는 이제 어린아이가 되어야 하며 수치심을 버려야 한다." 차라투스트라는 두려웠다. 그는 물러서기 시작했다. "나는 원치 않는다." 그러자 시간의 웃음 소리가 들렸다. "차라투스트라여, 너는 더 무르익어야 한다. 너는 네 열매를 거둬들일 만큼 익지 않았다"('가장 고요한 시간').

차라투스트라는 제2부의 무대였던 '지복의 섬'을 떠나 다시 동굴로의 귀향에 나섰다. 그는 배를 타고 난 뒤에도 이틀 동안 아무 말도 하지 않았다. 그는 슬픔으로 무감해졌고, 사람들의 눈길에도 물음에도 전혀 반응하지 않았다. 창조와 생성은 부정과 원한을 통해서만 수행되는 것인가? 그렇다면 '이 세계'를 비난하면서 '저 세계'를 찾아 나선 사람들과 다를 것이 무엇인가? 과거에 대한 원한으로 만들어낸 미래가 도대체 어떻게 구원이란 말인가?

　차라투스트라는 아직 긍정의 참 의미를 알지 못했다(이 책 2부 14장 참조). 그는 긍정을 통한 창조와 생성이 가능하다는 사실을 모르고 있었다. 그렇기 때문에 아팠다. 그런 그에게 하나의 실마리를 제공하는 환영이 나타난다. 그것은 그가 풀어야 할 수수께끼 같은 것이었다('환영과 수수께끼에 대하여').

　환영의 내용은 다음과 같다. 차라투스트라가 비탈에서 위를 향해 기어오르고 있을 때 무언가가 그를 저 아래 심연으로 끌어내리고 있었다. 그것은 '반쯤 난쟁이이고 반쯤은 두더지인' 악마 '중력의 영'이었다. 중력의 영이 내뱉는 한마디 한마디는 그렇지 않아도 힘이 없는 차라투스트라를 완전히 지치게 만들었다. 중력의 영인 난쟁이가 뱉는 말들은 모두 이런 식이다. 차라투스트라여, 네가 아무리 발버둥쳐도 너는 그것에서 벗어날 수 없다. 네가 아무리 올라가려 해보아라. 시간은 너를 위해 무한한 높이를 마련해 두었다. 너의 창조와 생성의 노력은 무한한 시간에 직면해서 결국 지치고 말 것이다. 네게는 그것을 그만두라고 설득하는 거대한 피로가 몰려오리라.

　차라투스트라는 이때 자신의 상태를 이렇게 말했다. "모든 것이 나를 짓눌렀다. 나는 몹쓸 병에 지쳐 있는 병자와 같았으며 고약한 꿈에 놀라 깊은 잠에서 깨어난 병자와도 같았다." 그러나 차라투스트라에게는 보통의 병자들에게서는 볼 수 없는 용기가 있었다. 그는 난쟁이에게 정면 대결을 신청한다. "너! 난쟁이여! 너인가, 아니면 나인가!" 인간들은 용기없는 짐승이지만 차라투스트라는 다르다. "용기는 심연에서 느끼는 현기증까지 없앤다. 사람이 있는 곳치고 심연이 아닌 곳이 있던가!" 거의 한 번 붙어보자는 식으로 차라투스트라가 달려든다. "나인가, 아니면 너인가! 그러나 더 강한 것은 나이다."

이때 차라투스트라의 눈에 확 들어오는 것이 있었다. 그것은 성문이었다. 성문에서 두 개의 길이 만나고 있는 것 아닌가. 한 길은 뒤쪽으로 나 있고 한 길은 앞쪽으로 나 있었다. 차라투스트라는 놀라웠다. 어떻게 앞으로 나 있는 길과 뒤로 나 있는 길이 한 곳에서 만날 수 있다는 말인가.

> 뒤로 난 이 긴 골목길. 그 길은 영원으로 통한다. 그리고 저 밖으로 나 있는 긴 골목길. 그것은 또다른 영원이다. 이들 두 길은 서로 모순이 된다. 그들은 서로 머리를 맞대고 있다. 그리고 여기 바로 이 성문에서 만나고 있다. ('환영과 수수께끼에 대하여')

시간도 같은 게 아닐까. 바로 '순간'(Augenblick)에서 과거와 미래가 만나고 있는 것 아닌가. 어떻게 지나간 시간과 다가올 시간이 한 곳에서 만날 수 있는가. 전혀 반대인 두 시간이 만날 수 있다는 것, 그것은 모순이 아닐까? 그러자 난쟁이가 경멸조로 중얼거리며 마치 영원회귀를 가르치듯 고리형 시간에 대해 말한다. "곧은 것은 한결같이 속인다. 진리는 하나같이 굽어 있으며 시간 자체도 일종의 둥근 고리다." 난쟁이는 고리형 시간을 통해 지나간 시간과 다가올 시간의 모순적 관계를 풀고자 했다.

그러나 차라투스트라는 화를 내며 난쟁이에게 문제를 너무 쉽게 보지 말라고 충고한다. 순간을 기준으로 서로 다른 두 개의 영원한 시간이 만나고 있다. 그러나 앞으로도 영원한 시간이 있고 뒤로도 영원한 시간이 있다면, 세계에 존재하는 만물은 앞의 시간에도 있어야 하고 뒤의 시간에도 있어야 하는 것 아닌가? "만물 가운데서 발생할 수 있는 것이라면 이미 언젠가 일어났고 행해졌고 지나가 버렸을 것 아닌가? 만물 가운데서 달릴 줄 아는 것이라면 언젠가 이 기나긴 골목 저쪽으로도 달리지 않을 수 없다." 그렇다면 결국 모든 것들은 영원히 되돌아올 운명을 가진 것 아닌가?

말을 해놓고는 차라투스트라 스스로도 깜짝 놀랐다. 그는 자신이 없었다. 아니 오히려 두려웠다. 모든 것들이 다시 반복된다면 과거의 모든 끔찍한 기억들도 다시 돌아올 것이 아닌가? 반복으로서의 시간. 그의 병은 더욱 심각해졌다. 차라투스트라의 '영원회귀'에 대한 가르침으로 오인된 '동일한 것의 반복'은 사실 중력의 영이 제시한 것이었다. 그리고 그러한 반복은 차라투스트라를 구원한 게 아니라 더 깊은 병으로 밀어넣었던 것이나. 악마는 『즐거운 지식』에서도 같은 말을 지껄인 적이 있다. 니체는 그 상황을 이렇게 적고 있다. "어느 밤 한 악마가 살그머니 다가와 내게 속삭였다."

네가 현재 살고 있고 지금까지 살아온 생을 다시 한 번, 나아가 수 없이 몇 번이고 다시 살아야 한다. 거기에는 무엇 하나 새로운 것이 없을 것이다. 일체의 고통과 기쁨, 일체의 사념과 탄식, 너의 생애의 일일이 열거키 힘든 크고 작은 일이 다시금 되풀이 된다. 모조리 그대로의 순서로 되돌아온다. (『즐거운 지식』)

뿐만 아니라 차라투스트라를 찾아와 항상 힘을 빼는 예언을 했던 예언자도 같은 말은 한 적이 있다. "모든 것이 헛되고 모든 것이 똑같고 모든 것이 지나간 것이다"('예언자'). 동일한 것들이 반복된다. 차라투스트라는 예언자의 말을 듣자 마자 깊은 슬픔에 빠져 이리저리 방황했고 사흘 동안이나 먹지도 마시지도 않았고, 쉬지도 못했으며, 말조차 하지 못했다. 니체는 『즐거운 지식』에서 악마의 속삭임을 듣고 "그의 질문은 가장 무거운 무게로 너희 행위 위에 가로 놓일 것이다"라고 했다. 그 질문은 중력의 영의 마력이 최고치에 달한 것이었다.

창조와 생성이 과거에 대한 원한이 아닐까 고민하는 차라투스트라에게 이제 새로운 문제가 던져진 셈이다. 네가 새로운 창조와 생성이라고 생각한 모든 것들은 이미 시도된 것이다. 네가 아무리 발버둥쳐도 그것은 전혀 새롭지 않으며 너의 노력은 모두 수포로 돌아갈 것이다. 차라투스트라는 좌절했다.

모든 노고는 부질없는 것이 되고 말았다. 포도주는 독이 되고, 사악한 눈길이 있어 우리들의 들녘과 심장을 노랗게 태워버렸다. 우리 모두는 바싹 말라버렸다. 그리하여 불덩이가 우리 위로 떨어지면 우리는 마치 타고 남은 재라도 되듯 먼지처럼 흩어진다. …… 샘물은 모두 말랐으며 바다조차 저만치 뒤로 물러난다. 땅은 모두 갈라지려 하지만 심연은 삼키려 들지 않는다. ('예언자')

중력의 영과 대결하는 기술인 웃음과 춤에 대해서 많이 배웠고, 동굴로 돌아와 건강을 상당히 회복했을 때조차도 차라투스트라는 '동일한 반복'이라는 문제 때문에 찾아오는 구역질을 멈출 수 없었다. 어느 날 차라투스트라는 견딜 수 없는 고통 때문에 소리를 치며 외쳤다. "너, 심오한 사상이여, 나의 심연에서 올라오라! 잠꾸러기 벌레여, 나는 너의 수탉이며 새벽이다. 일어나라! 일어나라! …… 생의 대변자이고 고뇌의 대변자이자 둥근 원환의 대변자인 차라투스트라가 너를, 나의 더없이 심오한 사상을 부르고 있지 않은가!"('건강을 되찾고 있는 자')

그러나 그는 말을 마치자마자 다시 심한 구역질을 해댔고 결국 자리에 쓰러졌다. 다시 정신이 들어서도 그는 창백한 얼굴을 하고 몸을 떨었으며 누워서 도무지 아무 것도 먹고 마시려 하지 않았다. 이런 상태로 그는 일곱 날을 보냈다. 신이 세계를 창조하면서 보낸 일곱 날을 차라투스트라는 자신의 세계를 창조하기 위해 앓아야 했다.

차라투스트라의 비애가 차라투스라에게 말했다. "네가 싫어하는 그 왜소한 인간은 영원히 돌아온다." 난쟁이도 두더지도 모두 돌아올 것이다. 어떻게 할 것인가? "아, 역겹다! 아 구역질이여!" 차라투스트라는 한숨을 쉬며 몸을 떨었다. 그의 병이 머리에 떠올랐던 것이다('건강을 되찾고 있는 자').

차라투스트라 권력의지를 묻다

흥미로운 점은 차라투스트라의 병이 깊어질수록 그것에 대한 치료법도 점차 부각되기 시작한다는 사실이다. 우리는 특히 차라투스트라가 문제를 풀어나가는 과정에서 보인 '용기'에 대해 주목할 필요가 있다. 용기는 중력의 영이 던진 무거운 물음들을 받아치는 강력한 무기였다('환영과 수수께끼에 대하여'). "용기는 최상의 살해자다. 특히 공격적인 용기는." 난쟁이가 "하늘을 향해 던져진 모든 돌들은 네 머리 위에 떨어질 수밖에 없다"며 차라투스트라에게 무거운 말을 던졌지만 차라투스트라의 용기는 "그것이 생이던가. 좋다! 그렇다면 한 번 더" 하고 맞섰다. 그때 난쟁이는 차라투스트라의 어깨 위에서 내려왔고 덕분에 차라투스트라는 훨씬 가벼운 존재가 될 수 있었다.

더구나 "나인가, 아니면 너인가!"라는 차라투스트라의 말 속에는 권력의지에 대한 물음이 들어 있다. 누구의 사상이 더 센가. 너의 것인가, 아니면 나의 것인가? 영원회귀의 문제를 풀기 위한 열쇠가 권력의지와 관련이 된다는 것은 매우 중요한 사실이다. 지금까지 차라투스트라는 권력의지에 대해 말해 왔지만 영원회귀를 다루면서 이제는 권력의지에도 상이한 질이 있음을 암시하는 것이다. 너의 권력의지인가, 나의 권력의지인가? 시간이 영원한 원환을 이루고 있다고? 시간은 반복에 대해서 가르치고 있다고? 하지만 어떤 영원성인가? 어떤 반복인가? 『즐거운 지식』에는 이 서로 다른 권력의지가 선명하게 대비되어 있다.

> 고정되고 불멸하고자 하는 욕망, 존재하고자 하는 욕망이 원인인가, 아니면 파괴, 변화, 새롭고 기묘함, 미래, 생성의 욕망이 원인인가? …… 영원화의 의지도 이중의 해석을 필요로 한다. 그것은 감사와 사랑으로 추진될 수도 있고, 깊은 병에서 나온 것일 수도 있다. (『즐거운 지식』)

똑같이 영원성에 대해 말한다고 해도, 그것이 고정되고 불멸하는 욕망을 드러낸 것인지, 아니면 창조와 생성의 영원성을 욕망하는 것인지에 따라 전혀 다르다. 또 무언가를 파괴하고 부인할 때조차도 부정과 원한에서 비롯된 것인지, 아니면 감사와 사랑에서 비롯된 것인지에 따라 전혀 다르다. 우리는 앞에서 긍정과 부정에 대해 자세히 살펴 본 바 있다(이 책 2부 14장). 관건은 차라투스트라가 '세계를 사랑하고 긍정하기 때문에 그것을 새로운 것으로 창조하는' 긍정의 권력의지에 대해 배울 수 있느냐에 있다.

영원회귀와 관련해서 차라투스트라에게 찾아온 첫번째 환영이 난쟁이가 던진 무거운 질문과 관련된 것이라면 두번째 환영은 분명 긍정의 권력의지에 관계된 것이다. 두번째 환영이란 입 속으로 들어오는 검고 무거운 뱀 때문에 경련을 일으키던 목동 이야기다(자세한 내용은 이 책 2부 12장 참조). 목동은 입 속으로 들어온 뱀 대가리를 물어뜯었을 때 비로소 환하게 웃을 수 있었으며, "더 이상 양치기나 사람이 아닌, 변신한 자, 빛으로 감싸인 자"가 될 수 있었다. 차라투스트라는 이 수수께끼를 풀 수가 없었다. "내가 본 이 수수께끼를 풀어달라!" 차라투스트라는 간절히 말했다. 무거운 뱀을 물어뜯는 것은 무엇이고 환하게 웃는 것, 변신하는 것은 무엇인가?

이 이야기는 긍정의 권력의지에 대한 시험대로 보인다. 너는 과연 이런 고통을 견딜 수 있는가? "나는 어떻게 나의 삶을 견딜 수 있는가?" 그러나 진정한 긍정은 그것을 묵묵히 참고 견디는 것을 의미하지 않는다. 다시 말해서 진정한 긍정은 낙타의 인내력을 요구하지 않는다. 무한히 참고 견디기만 해서는 자기 삶을 사막으로 만들 뿐이다. 그렇다면 진정한 긍정은 무엇을 요구하는가? 그것은 과감한 실천을 요구한다. "물어뜯어라!" 네 삶을 진정으로 사랑한다면 그것을 그대로 두지 말고 재창조하라. 긍정은 그렇게 말한다.

물론 그 실천은 원한이나 부정이 아니라 사랑과 긍정에서 나와야 한다. 세계와 자기 삶을 아름답게 창조하는 일을 즐기지 않으면 그것은 긍정이 아니다. 따라서 긍정은 삶에 대한 다른 감수성을 요구한다. 똑같은 것이 고통의 원인이 아니라 기쁨의 원인이어야 하므로 긍정은 신체의 변신을 요구한다. 자기 삶을, 그리고 그것을 바꾸는 실천을 모두 고통으로 여기는 자에게는 쉽게 피로가 찾아올 것이다. 손에 든 망치가 원한에 사무친 파괴의 도구가 될지, 아니면 새로운 건설을 위한 기쁨의 창조 도구가 될지는 알 수 없다. 그것은 어떤 권력의지 아래서 수행되느냐에 달린 문제다(이 책 2부 14장 참조).

'해가 뜨기 전' 아침 하늘을 바라본 차라투스트라는 하늘과 대지가 선사하는 축복을 이해하기 시작한다. 그는 세계에 대한 긍정을 배우면서 점차 회복기에 접어든다. 순진무구한 하늘을 보며 그는 세계의 '주사위 놀이'를 생각했다.

> 내게 있어 너는 신성한 우연을 위한 무도장이며 신성한 주사위 놀이를 하는 신의 탁자다. 내게는 그것이 바로 너의 깨끗함이다. ('해 뜨기 전에')

주사위 놀이는 영원회귀의 상징이다. 위로 던져진 주사위는 아래로 떨어진다. 그것은 끊임없이 돌아오는 놀이이다. 물론 이 주사위 놀이에서도 두 개의 권력의지를 확인할 수 있다. 먼저 난쟁이가 던지는 주사위를 보자. "오, 차라투스트라여, 너 지혜의 돌이여! 너는 위를 향해 네 자신을 높이 던졌다. 그러나 높이 던져진 돌은 하나같이 떨어지기 마련인 것을. …… 너는 그 돌을 멀리 던졌지만 그것은 네 머리 위로 떨어지고 말 것이다"('환영과 수수께끼에 대하여'). 난쟁이는 이렇게 말한다. 던져봤자 헛수고다. 그것은 다시 제자리로 오며, 계속해서 던지면 이전에 나왔던 눈 중의 어떤 것을 반복할 뿐이다. 똑같은 눈이 다시 돌아오리라.

그러나 차라투스트라의 주사위를 보자. "오, 내 일찍이 행위의 긴 천둥에 불평하면서도 온순하게 뒤따르는, 저 창조적인 번개의 웃음으로써 웃었다면. 내 일찍이 신들의 탁자인 이 대지에 앉아 이 대지가 요동하고 터져 불길을 토하도록 신들과 주사위 놀이를 했다면. 이 대지가 신들의 도박대이고, 창조적인 새로운 말들과 신들의 주사위 놀이로 떨고 있기 때문이다." 이 말은 차라투스트라가 영원회귀의 의미를 사실상 거의 다 깨달았을 때 한 말이다. 그는 자신이 주사위 놀이에 들어 있는 '번개의 웃음'을 더 일찍 알아차리지 못했음을 아쉬워하고 있다.

그는 하늘과 대지를 주사위 놀이가 이루어지는 두 개의 바닥으로 이해한다. 하늘에 던져진 주사위는 순진무구한 우연을 나타낸다. 그리고 땅에 떨어지는 주사위는 새로운 말들, 새로운 의미들을 결정하는 필연이다. 주사위는 던져질 때마다 우연을 갖는다. 우연은 필연적이다. 하지만 그것은 흩어진 단순한 파편들도 아니고 무질서한 아나키 상태도 아니다. 의미는 사라진 것이 아니라 새로 만들어진다. 세계도 망가진 것이 아니라 새로 만들어진다. 주사위가 떠났던 대지는 주사위가 도착한 대지와 다르다. 주사위가 떨어진 순간 대지는 불길을 쏟아내며 새로운 대지로 변신한다. 주사위를 돌려받은 차라투스트라는 예전의 차라투스트라가 아니므로 이전보다 더 높이 주사위를 던진다.

이제 난쟁이를 대하는 차라투스트라의 태도에 한결 자신이 있다. 너는 왜 그렇게 생각하는가? 너는 왜 피로한 말들을 뱉는가? 너는 왜 동일한 것만이 반복된다고 생각하는가? 그것은 바로 너의 부정의 권력의지 때문이다. 세상을 모두 피로한 자들로 만들어서, 세상을 모두 약자로 만들어서 지배력을 확보하는 너의 권력의지가 그렇게 명령하기 때문이다. 그러나 주사위 놀이에서 반복되는 것은 '던지기'일 뿐 동일한 '눈'이 아니다. 동일한 눈이 나왔다 해도 그것은 이전과 전혀 다른 의미를 가지며 전혀 다른 세계를 만들어낸다. 주사위는 다시 내게 돌아오지만 그것은 나에게 다시 던져달라고 말하기 위해서다. 그러나 그것을 다시 던지고 있는 나는 이전의 내가 아니다. 반복하라! 그러나 그것은 명사가 아니라 동사이다. 그것은 이름의 돌아옴이 아니라 행위의 돌아옴이다.

차라투스트라 반복으로 위대한 건강을 얻다

하나 잊혀진 물음이 있다. 과거는 어떻게 되었을까? 창조와 생성은 과거에 대한 원한을 갖고 있는 게 아니냐는 차라투스트라의 걱정은 어떻게 되었을까? 물론 그것은 완전히 해결되었다. 주사위 놀이에서 알 수 있듯이 차라투스트라는 주사위가 던져지는 대지를 긍정하고 사랑한다. 그는 아무 데서나 주사위를 던지는 것이 아니라 자신이 서 있는 곳에서 주사위를 던진다.

그러나 과거에 대한 긍정의 모습은 니체의 다른 저작, 특히 '역사'의 문제를 다루고 있는 「삶에 대한 역사의 공과」에서 더 잘 나타난다. 그는 시간상으로 가장 늦게 연회에 참석한 손님인 현재가 자신보다 먼저 온 과거보다 상석에 앉는 법을 가르치면서 이렇게 말했다. "가장 위대한 일을 하라! 그러면 비록 네가 늦게 왔다 해도 너를 위한 자리가 마련될 것이다." 분명한 것은 "미래를 건축하려는 자만이 과거를 심판할 권리가 있다는 것이다". 현재 입장에서 부당하게 과거를 단죄해선 안 된다. 과거는 미래의 기획 속에서 다뤄져야 한다. 아마 차라투스트라는 '심판'이라는 말을 제외하고는 니체의 말에 100퍼센트 동의할 것이다. 사실 미래를 건설하려는 자는 과거를 심판할 필요가 없다. 사랑하면 된다. 그는 과거 속에서 미래를 위한 건축 소재를 발견한다. 과거 속에서도 미래를 찾아내는 사람, 백투더퓨처(Back to the Future)할 수 있는 사람은 과거에 원한을 갖지 않는다.

'일곱 개의 봉인'은 영원회귀에 대한 찬가이다. 그것의 부제는 "'그렇다'와 "아멘"의 노래'라고 되어 있는데, 이는 영원회귀가 긍정의 권력의지와 통해 있음을 잘 보여준다. 차라투스트라는 일곱 개의 노래에 다음과 같은 후렴구를 달고 있다.

오, 내 어찌 영원을, 반지 가운데서 결혼 반지인 회귀의 반지를 열망하지 않을 수 있으리오? 내 아들을 낳아줄 만한 여인을 나는 아직 발견하지 못했다. 내가 사랑하는 이 여인말고는. 나, 너를 사랑하기 때문이다. 오, 영원이여! 나, 너를 사랑하기 때문이다. 오, 영원이여! ('일곱 개의 봉인')

차라투스트라는 영원회귀를 결혼 반지에 비유하고 있다. 그것은 사랑과 생식을 나타내기 위해서일 것이다. 계속해서 새로운 미래를 낳는 것, 그것이 영원회귀다. 그래서 영원회귀를 거칠 때마다 새로운 내가 만들어지는 것이다. 차라투스트라는 자신의 아들인 '새로운 자신'을 낳는다.

'지복의 섬'에서 차라투스트라는 이렇게 말한 적이 있다. "진실로 나는 백 개나 되는 영혼을 가로질러 나의 길을 걸어왔으며 백 개나 되는 요람과 해산의 고통을 겪으며 나의 길을 걸어왔다. 나는 이미 허다한 작별을 경험하기도 했다"('지복의 섬에서'). 어떻게 보면 차라투스트라는 영원회귀를 통해 '지복의 섬'에 다시 도달했는지도 모른다. 영원회귀란 지금의 나와 이별하면서 새로운 나를 만드는, 다시 말해서 수백 개의 나를 만드는 일이기 때문이다(이는 니체가 『즐거운 지식』에서 말했던, 그리고 『차라투스트라』를 이해하기 위한 전제로 제시했던 '위대한 건강'과 같다. 이 책 1부 1장 참조).

차라투스트라가 '보다 높은 인간들'에 대한 연민을 끊고 떠남으로써 위버멘쉬가 되는 마지막 장면은 매우 인상적이다. '떠나는 자'만이 '새로운 곳'에 도달한다. 하나의 건강 상태에 매이는 것이 아니라 수백 개의 건강을 갖는 것, 이것이 위대한 건강이다. 이 점에서 보면 영원회귀는 '인간적인 것'이라 규정된 하나의 정체성으로부터의 '떠남'이며, 그 '떠남'을 통해서 새로운 건강의 신체를 얻는, 일종의 치료법이다.

우리는 차라투스트라의 여정을 이렇게 재구성해 볼 수도 있을 것이다. 차라투스트라는 신이라는 인간적 질병을 치유하는 과정에서 영원회귀를 발견했고, 그것을 통해 위버멘쉬라는 위대한 건강에 이르렀다고.

"'신'은 생의 반대 개념이며 해롭고 유독한 개념이다. '영혼'이나 '정신', '불멸의 영혼'이란 개념은 신체를 경멸하고 병들게 한다. 그것은 생에 있어 중요한 많은 것들, 가령 영양, 주거, 정신적 식사, 질병의 치료, 청결, 기후 등의 문제를 섬뜩할 정도로 경솔히 다룬다. 건강 대신에 '영혼의 구원'을 외치는 것은 조울증적 광기라고 할 수 있다."(『이 사람을 보라』)

우리가 『차라투스트라』를 니체——그는 자신을 종종 철학하는 의사라고 불렀다——가 쓴 의학서로 읽는 것은 얼마든지 가능한 일이다.

3. 『차라투스트라』의 스타일

위대한 작가치고 자기 스타일(문체)이 없는 사람은 드물다. 스타일이란 작가의 이름보다도 훨씬 그 작가에 대해 많은 것을 알려준다. 어느 광고 문구처럼 요즘은 누구나 '자기만의 스타일'을 갖겠다고 난리지만 정작 스타일 자체가 무엇을 의미하는지, 자신이 그러한 스타일을 통해서 표현하고자 하는 게 무엇인지 고민하는 사람은 드물다.

니체의 스타일

니체는 스타일 자체를 깊이 고민했다. 그는 글을 쓸 때마다 그 글의 내용에 적합한 스타일을 찾았다. 그는 『인간적인 너무나 인간적인』에서 최고의 스타일이란 어떤 것인지 소견을 피력하기도 했다.

우선 스타일(문체)이란 독자나 청중에게 전달된 각각의 감흥에 따라 표현을 구하는 일이다. 따라서 스타일은 인간이 갖는 것 중 가장 바람직한 가치가 있는 감흥의 표현뿐만 아니라 그것의 전달과 번역에 있어서도 가장 바람직한 표현을 찾는 일이다. 이것이 최고의 스타일이 될 것이다. (『인간적인 너무나 인간적인』)

최고의 스타일이란 자기 감흥을 가장 잘 표현하고 가장 잘 전달할 수 있는 것이다. 교과서 같은 말씀이라고? 하지만 중요한 건 다음이다. 그런데 이 괴물 같은 작가는 자기를 하나로 생각지 않는다. '위대한 건강'을 다루면서 말했듯이(이 책 1부 1장 참조), 니체는 자신이 수백 개 정체성을 가졌다고 믿으며 그것을 표현한다. 자기만의 스타일이라고? 니체는 웃음을 짓는다. 나처럼 수백 개로 존재하는 사람은 어떤 스타일을 구사하지?

이제 나의 스타일에 대해 말할 차례다. 기호의 템포를 포함하여 기호라는 수단을 통해 하나의 상태, 파토스의 내적 긴장을 전달한다는 것, 그것이 모든 스타일이 뜻하는 바이다. 그런데 내 경우에는 예외적으로 내적 상태의 다양성이 크다. 따라서 나는 아주 많은 스타일의 가능성을 가지고 있다. 나는 이제까지 한 인간이 가질 수 있는 가장 다양한 종류의 스타일을 가지고 있다. (『이 사람을 보라』)

그래서인지 니체는 자기 모든 작품들을 다 다른 스타일로 썼다! 논문이나 에세이 형식의 글이 있는가 하면 시집 형식을 빌린 것도 있고, 희곡으로 쓰여진 것도 있으며, 서평의 형식을 취하고 있는 것도 있다. 설교 형식이 등장하는가 하면 노래가 나오고, 몇 십 쪽에 달하는 주제가 있는가 하면 단 한 줄로 된 아포리즘 형식도 있다. 한 작품 씩만 놓고 본다면 다른 작가들에게도 비슷한 작품을 찾을 수 있겠지만, 한 작가에게서 이렇게 다양한 스타일을 발견할 수는 없는 노릇이다. 핑크(E. Fink)는 이렇게 말한다.

> 니체는 온화하고 미묘한 가락에서 귀를 찢는 듯한 팡파르에 이르기까지 모든 음역을 구사한다. 그는 언어의 자연적 선율에 대하여 뚜렷한 감수성을 가지고 있다. 그는 어떤 점층적 템포를 가지고, 그리고 감흥에 따라 낱말 하나하나를 바른 자리에 배치하면서 섬세한 문장을 기법에 적합한 종합문으로 구성한다. 그러나 그는 섬광과 같은 효과를 지닌 짧고 간결한 문장의 단음적 리듬도 똑같이 구사한다. 그의 스타일[문체]에는 짜릿한 정신적 긴장의 전기가 충전되어 있다. (핑크, 『니체의 철학』)

그렇다면 니체는 왜 이렇게 다양한 스타일을 구사하는 것일까? 물론 작품마다 구사된 스타일에는 그만의 전략이 숨어 있을 것이다. 가령 아포리즘들로 이루어진 『인간적인 너무나 인간적인』에 대해 핑크는 이렇게 말한다. "당시 눈병에 시달리던 니체는 장시간 동안 글을 쓸 수 없었을 것이고 따라서 그런 형식을 취하는 것이 당연해 보인다. 하지만 그것은 외면적인 사정일 뿐이다. 그가 여기서 구사한 아포리즘의 스타일은 니체의 사색 양식에 적합한 것이기도 했다. 그것은 간결하고 대담한 공식화를 가능케 한다. 니체는 말하자면 사상의 번득임 속에서 사색한다. 그는 직관적, 구상적으로 사색하는 자이고 사물을 구체화하는 일찍이 듣지 못한 어떤 힘을 갖추고 있다"(『니체의 철학』).

핑크의 말처럼 니체는 자기의 사색에 적합하고 그것을 표현하는 데 가장 적절한 스타일을 찾았을 것이다. 그래서 어떤 때는 논문 형식을, 또 어떤 때는 시나 아포리즘 형식을 취했을 것이다. 하지만 니체의 스타일에는 또다른 중요한 측면이 있다. 그것은 바로 독자를 선택하는 기능이다. 독자를 선택한다? 독자가 저자를 선택하는 것이 아니고? 그렇다. 니체는 독자들을 낚기 위해 낚싯대를 드리고 있다는 말을 자주 했다. 그는 아무에게나 자기 글을 읽어달라고 말하지 않는다. 오직 '들을 수 있는 귀'만이 자기 말을 들어야 하며, '읽을 수 있는 눈'만이 자기 글을 읽어야 한다.

훌륭한 스타일〔문체〕은 항상 그 스타일을 읽을 만한 귀가 있다는 것, 즉 자기와 같은 파토스를 지닐 능력이 있고 지니기에 알맞은 사람이 있다는 것, 자기 자신을 전달할 사람이 없지 않다는 것을 전제한다. 나의 차라투스트라는 그런 자들을 찾을 것이다. 그러나 아! 오랫동안 찾아야만 할 것이다. 차라투스트라의 말을 듣는 자들은 그럴 만한 자격이 있어야 한다. 그런 자들을 찾을 때까지는 여기서 구사된 기법을 이해한 자가 아무도 없으리라. (『이 사람을 보라』)

그래서 그는 자신이 아포리즘을 구사한 것에 대해서도 이렇게 말했다. "산맥 중에서 가장 가깝게 가는 길은 산봉우리에서 산봉우리까지다. 그러나 그러기 위해서는 긴 다리를 가지고 있어야 한다. 아포리즘은 산봉우리여야 한다. 그리고 그 아포리즘을 듣는 자는 몸이 크고 키가 큰 자여야 한다"(『이 사람을 보라』). 즉 아포리즘은 가장 빨리 진리에 도달하는 형식이다. 그것은 번개처럼 진리에 도달한다. 하지만 동시에 아포리즘은 그것을 바로 깨우칠 수 있는 사람만을 선택한다. 그래서 니체의 스타일은 자신과 비슷한 파토스를 지닌 자들을 매혹시키고 자신이 싫어하는 저속한 무리들을 쫓아내는 기능을 한다.

『차라투스트라』의 스타일

니체는 1882년 여름에 「스타일(문체론)을 위해」라는 제목으로 10개의 아포리즘을 작성한 적이 있다. 『차라투스트라』를 집필하기 얼마 전에 작성된 이 메모는 스타일에 관한 그의 정리된 생각을 잘 보여주고 있다.

1. 가장 필요한 것은 생명이다. 스타일(문체)은 살아 있어야 한다.

2. 스타일은 네가 의사를 전달하고자 하는 바로 그 사람을 고려해 항상 너에게 적합해야 한다(이중적인 관계의 법칙).

3. 이제 우리는 쓰기 전에 정확히 알아야 한다. "나는 이것을 이러이러하게 말하고 강연할 것이다"를. 쓰기는 단지 하나의 모방이어야 한다.

4. 쓰는 자에게는 말하는 자가 가지고 있는 많은 표현 방법이 결여되어 있기 때문에, 일반적으로 그는 아주 풍부한 방법을 가지고 있는 말을 모범으로 삼는다. 말의 모방으로 쓰여진 것은 필연적으로 너무나 창백하게 된다.

5. 삶의 풍요는 제스처의 풍요를 통해 드러난다. 우리는 문장의 장단, 구두법, 단어의 선택, 중간 휴지, 논증의 순서 등의 모든 것을 제스처로 느끼는 법을 배워야 한다.

6. 마침표를 신중하기 다루기를! 말할 때 호흡이 긴 인간만이 마침표를 사용할 권리를 가진다. 대부분의 사람들에게 마침표는 허세와 같다.

7. 스타일은 그가 자신의 사상을 믿고 있으며 사고할 뿐 아니라 느끼기도 한다는 것을 증명해야 한다.

8. 가르치려는 진리가 추상적이면 추상적일수록 감각을 진리에 끌어들여야 한다.

9. 훌륭한 산문가의 재치는 시에 가까이 다가가되 결코 시로 넘어

가지 않는 데 있다. 시적인 섬세한 감정과 재능 없이는 이 재치를 가질 수 없다.

10. 가볍게 반대할 수 있는 기회를 미리 빼앗는 것은 정중하지도 영리하지도 못한 짓이다. 자신의 지혜의 최후 핵심을 말하는 몫을 독자에게 남기는 것이 매우 정중하고 영리한 행동이다.

(『유고, 1882~1883/4』)

그렇다면 『차라투스트라』의 스타일은 어떨까? 그는 자기 스타일론의 전형을 보여주었다. 풍부한 표현, 시에 가까이 다가가면서도 시로 넘어가지 않는 산문, 감정에 대한 섬세한 처리, 독자를 적극적으로 참여시킴으로써 독자의 변신을 꾀하는 교묘한 장치들. 그 스스로도 믿기지 않는다는 듯 니체는 『차라투스트라』의 스타일을 "전대 미문의 예술"이라고 치켜세웠다.

그 누구도 『차라투스트라』보다 더 새로운 기법을 사용할 수 없었고, 그 누구도 이보다 더 전대 미문의 예술적 기법을 구사하지 못했다. 모든 언어 중에서 독일어로 이것이 가능함을 보여주지 않고서는 믿을 수 없는 일이다. …… 나 이전에 아무도 독일어로 할 수 있는 것이 무엇이 있을까에 대해 알지 못했다. …… 숭고하고 위대한 위버멘쉬적 열정의 거대한 상승과 하강을 표현하기 위해 사용된 '위대한' 리듬의 기법, 종합문이라는 '위대한' 스타일의 기법은 오직 나에 의해서만 발견된 것이다. (『이 사람을 보라』)

크게 보면 『차라투스트라』는 훌륭한 드라마적 구성을 하고 있다. 번개처럼 내리치는 말투와 우수에 젖은 노래, 환희에 찬 주신찬가. 설교와 대화, 독백, 노래 등이 모두 독자들의 감흥을 끌어내도록 치밀하게 배치되어 있다. 그러나 『차라투스트라』는 하나의 장르로 환원할 수 없는 다양한 형식들을 차용하고 있다. 특히 『성경』을 비롯한 여러 경전과 플라톤을 비롯한 여러 작가들의 작품에 대한 패러디는 그 구성을 더욱 복합적인 것으로 만들었다.

또한 표현에 있어 다양한 은유와 상징의 활용도 주목할 부분이다. 지형의 높낮이, 건강과 질병, 계절, 여러 동물들의 이미지가 모두 활용된다. 그것들은 정서작용(affection)을 표현하는 중요한 방식이다. 그가 평등의 설교자들을 '독거미'라 하고, 순수한 인식을 꿈꾸는 자들을 '도둑 고양이'로, 시장에 모인 사람들을 '파리떼'라고 한 것은 자신에게 일어난 정서작용을 직접 표현하기 위한 것이다. 일반적인 철학 개념들도 처음에는 이런 정서작용을 표현하는 것들이었을 것이다. 그러나 그 은유적 기원이 망각되면서 개념들은 점차 생명력이 없는 화석화된 문자들로 돌변한 것이다(「비도덕적 의미에서의 진리와 거짓」). 코프만(S. Kofman)이 『니체와 은유』에서 지적한 것처럼 고정 불변하는 진리에 대한 철학의 잘못된 꿈은 생명력을 상실한 화석화된 문자와 깊은 관련이 있으며, 니체는 은유와 상징의 사용을 통해 이것을 공격했다. 사실 정서작용을 직접적으로 표출하는 은유와 상징의 사용은 우리 일상에서도 쉽게 발견할 수 있다. 가령 술만 먹으면 개가 되는 사람들이 있는데, 우리가 그를 '개'에 연결시키는 것은 그에게서 받은 정서작용이 '개'의 그것과 통하기 때문이다. 니체라면 이런 표현을 쓰지 않았을까 싶다. 나는 그날 '개'와 술을 마셨는데, 그 개는 내 앞에서 밤새 짖어댔다.

이런 상징을 통한 정서의 표현은 생성(-되기)의 적극적인 가능성을 열어주기도 한다. 가령 독거미와 동일한 정서작용을 일으킨 사람은 순간적으로 '독거미가 된' 사람이다. 이를 단순한 비유로 이해해서는 안 된다. 누군가를 보고 독거미를 봤을 때와 똑같은 정서작용이 일었다면 그 작용은 실제적인 것이다. 바다 위에 떠있는 태양도 마찬가지다. 그것은 차라투스트라에게 서로 애무하고 있는 연인들의 정서작용을 일으킨다. 물론 이것 역시 실제적인 것이다. 그것은 고대 그리스의 디오니소스 축제에 참여한 사람들이 '가면을 쓴 배우'가 아닌 실제의 디오니소스를 느낀 것과 마찬가지다. 니체는 『차라투스트라』를 썼을 때의 자신의 '영감'에 대해 이렇게 말한다.

사람들은 무엇이 상징이며 무엇이 비유인지를 더 이상 알지 못한다. 모든 것은 가장 가까우면서도 가장 명백하고 단순한 표현으로 나타난다. 실제로 차라투스트라가 말한 것을 보면 암시를 얻을 수 있다. 모든 사물은 스스로 접근해 와서 스스로 비유가 되어버리는 것처럼 보인다. 여기서 모든 것들은 너의 말이 있는 곳으로 다가와 아첨한다. …… 모든 생성은 너에게서 말하는 법을 배우고 싶어한다. (『이 사람을 보라』)

앞서 지적한 것처럼 패러디도 『차라투스트라』의 중요한 특징 가운데 하나다. 차라투스트라는 역사적 인물 '차라투스트라'(조로아스터)의 행동을 흉내내기도 하고 어떤 때는 예수처럼 행동하기도 한다. '시인들은 너무 많은 거짓말을 한다'는 차라투스트라의 강연은 플라톤의 『국가』에서 소크라테스가 했던 말을 패러디한 것이다. 니체는 여러 텍스트들을 새로 배치함으로써 전혀 다른 효과를 낸다. 그것은 하나의 조롱일 수도 있지만 동시에 자유로운 글쓰기를 표현하는 것일 수도 있다. 똑같은 단어들로 이루어진 문장이지만 다른 곳에 배치됨으로써 그것의 의미가 전혀 달라진다는 것을 보여주었다고나 할까. 물론 이런 패러디들을 즐기는 데는 꽤 많은 독서가 요구된다. 그것은 패러디 영화와 마찬가지다. 영화를 많이 본 사람들은 배꼽을 잡지만 그렇지 않은 사람들에겐 싱거운 코미디처럼 보이는 게 패러디 영화 아닌가.

니체의 언어적 재능에 대해서는 그 자신의 자랑이 아니더라도 많은 사람들이 감탄하는 대목이다. 그는 자주 말들의 유희를 즐긴다. 몇 개의 철자만 바꾸어 발음은 비슷하지만 의미는 전혀 다른 말을 쓰기도 하고, 생각지도 못한 단어들을 서로 연결해서 엉뚱한 연상을 불러오기도 한다. 어느 니체 연구가가 든 좋은 예가 있다. 니체는 '다수를 위한 디저트: 고르곤-졸라(Gorgon-Zola)'라는 말을 쓴 적이 있다. 고르곤은 그리스 신화의 괴물이고 졸라는 프랑스의 유명한 작가이다. 그런데 이 둘을 연결해서 발음하면 냄새가 고약한 치즈의 이름을 연상시킨다는 것. 그는 졸라를 그런 식으로 비꼰 것이다.

『차라투스트라』에도 말들의 유희가 많이 나타난다. 가령 처음에 하산하는 장면을 보자. "나는 이제 사람들을 만나기 위해 저 아래로 내려가려 하거니와 나 또한 그들이 하는 말대로 너(태양)처럼 몰락하지 않으면 안 된다." 여기서 '몰락하다'(untergehen)라는 말은 그의 '하산'을 뜻하면서 동시에 인간으로의 '몰락'을 뜻하기도 한다. 차라투스트라가 결혼이 사랑을 왜곡할 우려가 있음을 지적하면서 하는 말을 보자. "우리는 서로 사랑한다. 이 사랑이 변치 않도록 조심하자! 아니면 우리들의 약속(Versprechen)은 실수(Versehen)가 아닐까?" 'ver-'란 접두사에 각각 '말하다'(sprechen)와 '보다'(sehen)를 붙여 결혼이라는 사랑의 약속이 실수일 수 있음을 지적한 것이다. 차라투스트라는 가치 평가와 가치 창조의 중요성을 매우 강조했다. 다음의 말을 보자. "너희 창조하는 자들이여, 들어보라. 평가하는 것(Schätzen) 자체가 평가된 사물에게는 가장 소중한 보물(Schatz)이다." 단어를 합쳐 새로운 의미에 도달하는 경우도 있다. 차라투스트라의 그림자가 내뱉는 말을 보자. "오 차라투스트라여, 그대는 알고 있지 않은가. 나의 고향(Heim)을 향한 이러한 추구(Suchen)가 나의 불행(Heimsuchung)임을." 고향이나 기원을 찾는 것의 문제점을 단어의 조합을 통해 너무도 간단히 보인 것이다. 고향+추구→불행.

끝으로 『차라투스트라』의 음악적 성격에 대해 말해야 할 것 같다. 니체는 『이 사람을 보라』에서 다음과 같이 말했다. "나는 『차라투스트라』에서 이 세상에 대한 한 징후로서 나의 취향, 특히 음악에 있어서의 돌연하고도 심오한 결정적 변화를 발견할 수 있다. 아마 『차라투스트라』의 전부는 음악으로 생각할 수 있을 것이다. 확실히 '듣는' 예술이 나에게 다시 태어났다는 것은 이 사상에 대한 하나의 전제 조건이었다"(『이 사람을 보라』).

앞서 핑크도 지적했지만 『차라투스트라』에는 '언어의 선율'이라 부를 만한 것이 있다. 시적 형식을 많이 차용하고 있는 차라투스트라의 말과 노래는 독자들의 정서를 유도하고 자극하는 가락(때론 급격히 고양시키고, 때론 차분히 가라앉히는)과 사유를 가속화하는 리듬(때론 짧고 간결하게 끊어지면서, 때론 완만하고 부드럽게 이어지는)을 가지고 있다. 그것들은 그리스의 디오니소스 축제 때 불려졌다는 주신찬가를 떠올리게 한다. 니체 스스로도 그것을 명백히 했다. "나는 주신찬가의 창시자다."

그런데 니체의 『비극의 탄생』에 따르면 그 축제에 참여한 사람들은 디오니소스를 찬양하는 노래를 부르면서 일상에서와는 전혀 다른 신체로의 변신을 경험한다고 한다. 차라투스트라의 말과 노래 역시 그것을 읽는 독자들의 변신을 강하게 자극한다. 가끔은 차라투스트라의 말에 답변하면서, 가끔은 그의 말을 흉내내면서 독자들은 자신에게 새로운 말투와 몸짓, 그리고 새로운 생각이 달라붙기 시작함을 느낄 것이다. 그래서 용기있는 독자가 아니라면 매혹적이면서도 위험해 보이는 차라투스트라의 노래를 사랑은 고사하고 견디기도 힘들 것이다. 『차라투스트라』를 읽는 것은 독자에게도 하나의 모험이다.

니체는 묻는다. 당신에게 자기극복의 용기가 있느냐고. "영혼의 운명은 바뀌고 바늘은 앞으로 움직여가며 비극이 시작되리라." 이 말은 니체가 『차라투스트라』를 읽겠다고 달려든 독자들의 건강을 테스트하기 위해 던진 말이다. 당신 영혼의 운명이 바뀌고 당신 생의 시계 바늘이 바뀌며, 지금의 당신이 몰락하는 비극을 기꺼이 체험하려 하는가. 『차라투스트라』를 읽겠다며 달려든 당신은 어떤가. 두려운가, 아니면 새로운 희망이 생기는가.

하지만 『차라투스트라』를 즐겁게 읽는 당신이라면, 또 위대한 희극을 시작하기 위해 비극의 경험조차 즐기는 당신이라면 분명 알 수 있을 것이다. 애당초 비극은 존재하지도 않았다는 것을. 그것은 단지 행복을 두려워하는 사람들이 가진 편견이었음을.

차라투스트라 바위 | 수를라이 근처의 피라미드처럼 솟은 바위 옆을 지날 때 나는 걸음을 멈추었다. 이 사상〔영원회귀〕이 내게 떠오른 것은 바로 그때였다. (『이 사람을 보라』)

니체를 알고 싶을 때 도움이 되는 책들

 니체가 우리나라에 소개된 지 거의 백 년이 다 돼 간다. 하지만 우리는 여전히 니체라는 이름과 몇 가지 소문들만을 알고 있을 뿐이다. 니체 이해가 어렵다는 건 어디나 마찬가지라고는 하지만, 유행과 이해의 괴리가 우리만큼 큰 곳이 또 있을까. '제대로 된 오해라도 하고 싶다!' 니체에 관심이 있으면서도 철학이라는 영토에 거주하지 않는 주민이라면 누구나 드는 생각이 아닐까.
 재작년 니체에 관한 책(『니체─천 개의 눈, 천 개의 길』)을 낸 후로 니체를 읽고 싶은 사람들로부터 질문을 자주 받는다. 니체 읽기를 어떻게 시작해야 하느냐, 도대체 무슨 책부터 읽어야 하느냐. 하지만 내가 그 분야 책들을 쫙 꿰고 있는 것도 아니고, 마땅히 기막힌 입문서를 발견한 경험도 없는지라 대부분의 경우 그냥 니체 책들을 직접 읽는 게 좋다고 해왔다. 나 역시 어떤 입문서를 읽고 니체를 접한 게 아니었다. 우연히 『도덕의 계보학』을 읽다가 '감전'된 터라, 그저 감전될 기회를 기다리라고, 그리고 거기가 니체라는 성에 진입하는 길이라고 말할 수밖에 없었다. 하지만 그렇게 말하는 나도, '그럴 수밖에 없겠죠?'라고 말하는 당사자도 찜찜하기는 마찬가지. '그래도'라고 누가 고집스럽게 묻는다면 내가 권하는 책은 오이겐 핑크와 알렉산더 네하마스의 책 정도였다.

니체에 관해 쉽고 간단한 해설서임을 자처하는 책들은 많다. 특히 외국에서 출간된 문고본을 번역한 책들이 최근 많이 출간되고 있다. 하지만 대개의 경우 '쉽고 간단하다'는 미덕은 '지나친 단순화'라는 악덕을 딛고 서 있다. 어느 정도의 희생은 불가피하겠지만, 적어도 나열하고 있는 사실들이 하나의 니체상을 그릴 수는 있어야 할 것이다. 그러나 지금 나와 있는 문고본에서 그 어떤 니체를 발견하는 건 쉽지 않아 보인다.

- 오이겐 핑크(E. Fink), 『니이체의 철학』*Nietzsches Philosophie* (하기락 옮김, 형설출판사, 1984)
- 알렉산더 네하마스(A. Nehamas), 『니체—문학으로서의 삶』 *Nietzsche–Life as Literature* (김종갑 옮김, 책세상, 1994)

핑크 책과 네하마스 책은 아주 오래 전에 출간된 책들이다. 핑크 책은 1960년에 출간되어 국내에 1984년에 번역·소개되었고, 네하마스 책은 1985년에 출간, 번역은 1994년에 이루어졌다. 특히 핑크 책은 절판되어 도서관이 아니면 구하기가 쉽지 않다. 게다가 학술 서적 읽는 것에 능숙하지 않은 사람들은 이 책의 내용이나 문체에 많은 어려움을 느낄 것이다. 그럼에도 이 책들을 추천하는 건 크게 두 가지 이유에서다. 하나는 이 책들이 니체의 저서들을 두루 섭렵하면서,

부조가 아닌 환조로서 니체의 상을 조각하고 있다는 점이고, 다른 하나는 그렇게 조각된 얼굴이 독특한 표정을 지니고 있다는 점이다.

핑크는 원래 하이데거의 제자였다. 그러나 그는 하이데거의 니체 해석에 동의하지 않는다. "존재와 생성이 유희로서 파악될 때, 니체는 이미 형이상학에 붙들려 있지 않다." 유희하는 어린아이를 형이상학자로 볼 수 있는가. 핑크의 주장은 그의 스승인 하이데거의 "니체는 최후의 형이상학자이자 형이상학의 완성자다"라는 평가와 상반된다. 핑크는 니체의 세계관이 그 스승의 우려대로 '세계와의 대결과 투쟁'을 부추기는 것이 아니라고 본다. 핑크가 그리는 위버멘쉬의 이미지가 그것을 잘 말해준다. "내 머릿속에 떠오르는 위버멘쉬의 얼굴은 온화한 놀이꾼이지, 폭력을 휘두르거나 기술을 남용하는 거인이 아니다."

그에 따르면 유희 속에서 니체 사상을 이해하지 못할 때 권력의지와 영원회귀는 대립과 긴장의 관계로 포착된다. 이때 권력의지는 무언가를 의욕함으로써 무언가를 배제하는 방식으로 작동한다. 따라서 그것은 어떤 사물을 다른 사물과 구별시켜 주는 개별화 원리이자, 사물을 유한하게 만들어 주는 원리가 된다. 또한 마찬가지 이유에서 대립과 투쟁을 야기하는 원리이기도 하다. 반면 영원회귀는 이 모든 개별적 형식들을 분쇄한다. 그것은 모든 유한한 것들 속에 들어 있는 무한성이고, 개별적 존재자들을 관통하는 세계이다. 니체는 권력의지와 영원회귀 사이의 긴장을 더 높은 원리인 디오니소스의 유희 속에서 해소한다. 인간이 그 자신의 개별성과 유한성을 극복하고, 자신을 세계를 향해 개방할 때, 비로소 그는 자신도 우주적인 유희를 공연하는 존재임을 깨닫게 된다는 것이다.

변증법적 종합을 통해 핑크가 얻게 된 니체의 모습이 우주 교향곡을 사물들과 공연하는 연주자라면, 네하마스의 니체는 자신의 책을 읽는 독자들을 끌어들여 공동의 세계를 창조하고 싶어하는 말 그대로의 '작가'이다. 그는 읽는 사람들을 자꾸 동료로 끌어들인다. 이야기를 듣는, 책을 읽는 너의 입장은 무엇인가? 너라면 어떻게 할 것인가? 내 생각은 이렇다. 그렇다면 네 생각은 어떤가? 그것은 니체 자신의 물음이면서, 동시에 세계가 그 속에 살고 있는 인간들에게 던지는 물음이다. 네하마스는 해석을 강조하는 니체에 주목한다. 작가로서 니체는 세계를 하나의 텍스트로서 해석하는 사람이면서, 동시에 해석 행위를 통해 자신만의 세계를 구축하는 사람이다.

니체의 투시법(Perspektivismus ; 관점주의)은 해석의 창조적 측면을 잘 드러내고 있다. "세계에 대한 해석이 있을 뿐"이라는 니체의 말은 "해석자로서 각 개인은 창조하는 자이다"라는 말과 겹친다. 사람들은 각자 보는 지점과 방법에 따라 어떤 사물을 크게, 다른 사물을 작게 본다. 누군가 달려들며 말할지 모른다. 그렇다면 니체의 말도 마찬가지 아닌가. 그렇다! 니체는 그것을 거부해 본 적이 없다. 니체의 주장 역시 그의 투시법의 결과물이다. 그래서 묻는 것 아닌가. 당신 생각은 어떠냐고.

네하마스는 말한다. "우리가 어떤 견해에 동의하는 것은 자유로운 선택의 문제라고 해도, 그 선택은 결코 쉽지 않다. 왜냐하면 선택은 특정의 전제를 받아들이는 데 그치는 게 아니라 삶의 양식을 변화시키는 문제이기 때문이다"라고 말한다. 우리가 니체의 견해에 수긍한다면 우리는 그에 따라 삶을 창조해야 하고, 거기에 동의하지 않는다면 우리는 나름의 독자적 견해를 구축하고 그에 따른 삶을 창조해야 한다. 어떤 경우든 우리는 니체로부터 삶의 창조에 대한 요구를 받는다. 그래서 네하마스는 니체의 영원회귀에 대한 주장조차 하나의 물음으로 전환시킨다. "당신은 이 세계가, 그리고 당신의 삶이 그대로 반복되기를 원하는가?" 만일 '예'라고 답한다면 당신은 훌륭한 삶을 살고 있는 거라고.

외국 원서를 직접 읽을 수 있는 사람이 아니라면, 핑크나 네하마스의 것에 견줄 수 있는 책들을 발견하기가 쉽지 않음을 알 것이다. 물론 이들 책에도 아쉬움은 있다. 핑크의 책은 번역 문장들이 너무 예스럽고 오역이 제법 있는 편이다. 게다가 구하기까지 어려우니 누군가 재번역을 했으면 싶다. 네하마스 책은 영미 철학의 전통 때문인지, 지식의 상대주의와 절대주의 문제에 너무 많은 지면을 할애하고 있고, 그 입장도 다소 어정쩡하다는 느낌을 갖게 한다.

몇 가지 주제를 가지고 니체를 읽어보고 싶다면 고병권의 책을 권하고 싶다. 각 장이 주제별로 뚜렷이 분리되어 있으면서도, 각각의 개념들이 서로 깊은 연관을 맺고 있어 하나의 니체를 구성한다. 니체의 철학에 대한 입장, 도덕과 계보학, 진리에 대한 해석학, 근대 정치 비판, 각 저서들을 통해서 본 니체의 변신 등 여러 주제들이 다루어지고 있다. 저자의 색깔이 강하게 드러나고 있으나 그것을 감추기 위해 니체로부터 직접 인용의 형

• 고병권, 『니체—천 개의 눈, 천 개의 길』 (소명, 2001)
• 박찬국, 『해체와 창조의 철학자, 니체』 (동녘, 2001)

식을 많이 취하고 있는 것도 흥미롭다. 이 책에서 니체는 예수, 에피쿠로스, 스피노자, 맑스, 비트겐슈타인, 들뢰즈 등과 소통한다.

고병권의 니체가 강조하는 것은 '사랑법'이다. 진정한 사랑은 맹목적 복종도 아니고 폭력을 동반한 지배도 아니다. 사랑은 그 대상을 아름답게 창조해 주는 것이다. '삶을 사랑하라'는 니체의 말은 '삶을 아름답게 재창조해야 한다'는 해석으로 이어진다. 철학이 '지혜를 사랑한다'는 뜻의 학문이라면, 진리에 대한 숭배나 진리를 내건 폭력에서 벗어나 더 많은 진리들을 창조해야 할 것이다. 이렇듯 고병권이 강조하는 니체 사랑법의 핵심에는 창조와 생성이 들어 있다. 창조와 생성은 세계를 더욱 다양하고 풍요롭게 한다. 선악의 잣대를 내세우는 도덕이나 참과 거짓의 잣대를 내세우는 진리에 대한 해석학, 그리고 동일성을 강제하는 근대 정치는 니체의 사랑법과 정반대편에 위치한다. 니체에 대한 고병권의 해석 또한 이러한 사랑법과 깊은 관련이 있다. 그는 자신의 해석이 갖는 의미를 이렇게 말한 바 있다. "니체를 해석하는 일은 그를 재현하는 일이 아니다. 또한 그

가 말하고자 했던 바, 그 진정성을 찾아내는 일도 아니다. 니체를 해석하는 일은 니체를 창조하는 일이다." 사족처럼 달자면, 이 책의 제2부로 들어간 글들은 부록으로 처리되어야 하는 게 아닌가 하는 생각이 든다.

니체 원문의 맛을 느끼면서 그 해설을 듣고 싶으면 박찬국의 책을 보는 게 좋다. 박찬국은 니체의 책에서 뽑은 잠언들을 주제별로 묶어, 간략하면서도 꼭 필요한 해설들을 달고 있다. 그리고 중간중간 그 잠언들이 니체 전체 사상과 어떻게 관계된 것인지도 밝혀 두었다. 저자 말대로 그 동안 '니체 잠언록'이란 이름으로 여러 권의 책들이 나온 게 사실이지만, 대부분이 단순한 모음집이어서 독자들이 니체를 이해하는 데 아무 도움도 되지 못하며, 심지어는 황당한 편견까지 조장해 온 게 사실이다. 책에 인용된 니체의 잠언들도 적절하지만, '오버' 하지 않으면서 차분히 인정할 수 있는 사실들만을 기록한 점에서도 높이 평가할 만하다. 때문에 책은 무척 검소한 느낌을 준다.

니체 사상이 차지하고 있는 위치, 그리고 그와 관련된 논쟁들의 지도가 필요한 사람들에게는 니체 사후 100년을 기념해서 나온 『니체가 뒤흔든 철학 100년』과 『니체 이해의 새로운 지평』을 권하고 싶다. 이 책들은 또한 니체와 니체 해석자들에 대한 국내 연구자들의 이해 수준이 얼마나 높아졌는지를 가늠해 볼 수 있는 자료이기도 하다(여기에 글을 실은 저자들이 요즘 본격적으로 니체 관련 저서들을 출간하고 있으니 이 책들은 그에 대한 맛보기가 될 것이다). 과거를 함부로 말하는 게 현재의 오만이긴 하지만, 어떻든 과거 수십 년보다 최근 몇 년 동안 쏟아져 나온 성과들이 더 양질의 것이라는 생각이 든다. 무엇보다 반가운 것은 자신감 있는 어투다. 그 동안 우리는 니체의 사상이 어떤 것인지는 고사하고, 저자가 니체를 어떻게 생각하는지조차 알 수 없는, 그런 작품들을 접해왔던 것이다.

• 김상환 외, 『니체가 뒤흔든 철학 100년』 (민음사, 2000)
• 성진기 외, 『니체 이해의 새로운 지평』 (철학과 현실사, 2000)

『니체가 뒤흔든 철학 100년』은 모두 3부로 구성되어 있다. 제1부는 니체 생애, 니체 이후의 니체 연구사, 니체 철학의 주요 개념들이 니체를 전문적으로 파고든 연구자의 수고를 거쳐 세심하게 정리되어 있다(친절하고 꼼꼼한 해설이 미덕, 약간의 흠은 문투가 딱딱하다는 것). 제2부는 현대 사상에 미친 니체의 영향력을 확인하는 곳이다. 니체 해석자로 등장한 주인공들은 이미 그 자체로 각 흐름들의 대표자가 된 하이데거, 들뢰즈, 푸코, 데리다 등이다. 특히 하이데거의 존재의 철학과 니체의 권력의지 철학의 유사점과 차이점을 깔끔하게 정리한 박찬국의 글과, 니체로부터 새로운 해석학의 가능성을 찾아낸 데리다의 생각이 갖는 독특함이 잘 드러나고 있는 김상환의 글이 압권이다. 제3부는 '니체와 더불어 철학하기'라는 제목이 붙었지만 '철학하기'가 무엇인지는 잘 드러나지 않는다. 다만 김진석의 랩을 구사하듯 톡톡 튀는 문장, 영원회귀하듯 계속 처음으로 돌아오는 질문들이 흥미롭다.

메뉴로 보면 『니체 이해의 새로운 지평』이 훨씬 다양하다. 제1부에선 니체 철학을 어떻게 읽을 것인가의 문제를 제기하고 있고, 제2부에서는 니체와 칸트, 헤겔, 포이어바흐, 맑스 등을 비교해 보고 있으며, 제3부는 비판이론과 정신분석학 측면에서 니체 사상을 검토한다. 제4부는 자유주의나 페미니즘 등 현대 철학의 주제들을 니체 사상과 관련지어 검토하고 있으며, 제5부는 노장사상이나 불교 등 동양 철학과 니체를 관련지어 보고 있다. 저자들의 색깔은 『니체가 뒤흔든 철학 100년』보다 덜 두드러지고 문체도 전형적인 학술 논문투다. 하지만 제기된 문제들로 보면 이 책이 훨씬 풍성하다. 각 부마다 짤막하게 번역된 외국 저자들의 글도 아주 인상적이었다. 개인적으로는 토마스 만의 「우리의 경험에 비추어 본 니체 철학」과 뤼스 이리가레의 「이 여자를 보라」를 재밌게 읽었고, 맑스와 니체의 관계에 대한 물음——사실 물음이기보다는 니체 철학에 대한 대안으로서 새로운 유물변증법을 구성해 보자는 제안——을 던진 안드라스 게되의 「왜 맑스 아니면 니체인가」에서도 깊은 인상을 받았다.

* * *

본격적으로 중요한 니체 해석가들의 글을 직접 읽어보고 싶다면, 특히 1960년대 이후 '새로운 니체'에 관해 알고 싶다면 하이데거, 들뢰즈, 푸코, 데리다 등의 글을 직접 읽어보는 게 좋다.

하이데거의 책은 1936년부터 1940년까지 프라이부르크 대학에서 행한 강의들과 그 이후에 쓴 연구 논문들을 모은 것으로 모두 두 권으로 출간되었다. 그것들은 각각 네 개의 주제로 나누어져 있는데, '예술로서의 권력의지' '동일자의 영원회귀' '인식으로서의 권력의지' '니체 : 유럽의 니힐리즘' 등이 그것이다. 국내에는 『니체 철학 강의 I』(김정현 옮김)이라는 제목으로 '예술로서의 권력의지'가 번역되었고, 『니체와 니힐리즘』(박찬국 옮김)이라는 제목으로 '니체 : 유럽의 니힐리즘'이 번역되었다.

• 마르틴 하이데거(M. Heidegger), 『니체』*Nietzsche* (김정현 옮김, 『니체 철학 강의 I』, 이성과 현실사, 1991 / 박찬국 옮김, 『니체와 니힐리즘』, 지성의 샘, 1996)

대가들의 특징이긴 하지만, 하이데거는 니체를 통해 자신의 사상을 펼친다. 물론 데리다가 우려했듯이 하이데거는 그것이 '진정한' 니체라고 우긴다. 어떻든 하이데거의 사상에 취약한 사람들로서는 그가 말하는 니체도 쉽지 않다. 나 역시 그랬다. 때론 하이데거의 해석을 따라가며 무릎을 치다가도 어떤 곳에서는 니체가 이렇게 골치 아픈 사상가였던가 하고 한숨을 내쉬기도 했다. 그래도 하이데거의 책엔 큰 미덕이 있는데, 꼼꼼하고 친절하다는 점이 그것이다. 그는 '반복'해서 설명해 준다!

'존재망각의 역사'로서 서구 형이상학의 역사를 바라보는 하이데거. 그에게 니체는 최초로 형이상학을 극복하고자 했던 철학자이자, 형이상학과 가장 철저하게 대결한 사상가다. 그는 '신의 죽음'이나 '가치 상실'로 표현되는 유럽의 허무주의에 대한 니체의 진단을 받아들인다. 하지만 니체의 처방에는 반대한다. 허무주의를 극복하기 위한 니체의 전략은 오히려 허무주의를 완성시킬 것이다. 그게 하이데거의 생각이다. 왜 그럴까.

니체와 하이데거의 처방은 이렇게 구분된다. 니체는 인간을 비롯한 모든 존재자들에게 자신을 강화시키고자 하는 권력의지가 존재하며, 이러한 권력의지를 강화시킴으로써 가치 상실의 위기를 돌파할 수 있다고 믿었다. 그러나 하이데거가 보기에, 존재자 자신이 지배하는 자로 군림하려 하는 권력의지야말로 자신이 딛고 서 있는 기반인 세계에 대한 망각이자 존재에 대한 망각에 다름 아니다. 왜 자꾸 세계를 지배하려고만 하는가. "니체에겐 세계에 대한 대결의식과 원한이 있다." 그래서 하이데거는 유럽 문명의 위기를 극복하려는 니체의 전략은 그 의도와 관계없이 위기의 절정이자 완성이라고 말한다(현대 과학기술의 병폐는 이것의 적나라한 표현일 것이다). 하이데거는 인간에게 가르칠 것은 자기극복과 강화가 아니라 세계에 대한 감사와 경외심이라고 주장한다(박찬국, 「권력에의 의지의 철학과 존재의 철학」).

하이데거 사상의 난해함이나 그 엄청난 분량을 생각하면 도저히 권하고 싶지 않은 책이지만, 중요성을 놓고 보면 읽지 않으면 안 될 책이 분명하다. 하이데거에 동의하든 그렇지 않든, 그리고 니체를 연구하든 하이데거를 연구하든, 그것은 피할 수 없는 사실이다.

들뢰즈의 『니체와 철학』은 개인적으로 제일 좋아하며 최고로 꼽는 책이다. 1962년 이 책이 출간되자 프랑스에서는 니체에 대한 관심이 크게 일었을 정도다. 국내에는 『니체, 철학의 주사위』(신범순·조영복 옮김, 인간사랑)라는 제목으로 1993년에 번역·소개되었고, 1998년에 『니체와 철학』이라는 제목으로 다시 번역되었다.

• 질 들뢰즈(G. Deleuze), 『니체와 철학』 Nietzsche et la philosophie (이경신 옮김, 민음사, 1998)

들뢰즈의 니체 해석에서 우선 눈에 띄는 것은 질적인 차이에 따른 힘의 유형화다. 그는 니체가 말하고 있는 다양한 힘들을 그 질적인 차이에 따라 능동적인(active) 힘과 반동적인(reactive) 힘으로 구분한다. 능동적인 힘은 먼저 '시작하는' 힘이고 '생성하는' 힘이고 '공격하는' 힘인 반면, 반동적 힘은 능동적 힘에 대해 '비난하는' 힘이고, 능동적 힘을 '상쇄시키는' 힘이고, 능동적 힘의 능력을 '박탈하는' 힘이다. 여기서 능동적 힘이 우선한다는 사실이 중요하다. 벗어나고 변신하는 힘이 먼저이고, 그것을 막으려 하는, 그게 안 되면 새로운 양식으로 그것을 다시 가두려 하는 힘이 다음이다. '왠지 난 이렇게 하고 싶어!' 아니 그렇게 말하기 전부터 능동적 힘은 움직인다. 능동적 힘은 무의식적이다. 그것을 의식했을 때는 이미 반동적 힘도 움직인다. 망설임, 후회, 설득. '야! 그거 해봐도 안 돼. 나도 다 해봤어. 네 나이 때는 다들 그렇게 생각하지. 하지만 나중에 후회할 거야. 그런 건 다 공상이야.' 힘들에는 이렇게 상반된 의지가 실려 있다. 힘들의 내면의지. 바로 그것이 권력의지다. 권력의지는 힘들의 질을 결정하는 원칙이다.

둘째로 들뢰즈는 니체의 비판이 갖는 급진성을 부각시킨다. 그는 오성과 이성의 올바른 사용을 법정에 세웠던 칸트의 비판 기획과 법정 자체를 법정에 세우는 니체의 비판 기획을 대비시킨다. 칸트의 '비판'이나 니체의 '비판' 모두 입법의 의미를 갖지만 그것이 표현하는 권력의지는 전혀 다른 것이다. 칸트에게서 입법하는 것은 우리들의 능력 중 하나인 오성과 이성이다. 우리는 이 능력을 제대로 사용하는 한에서만 입법가이고 어른일 수 있다. 그래서 칸트는 말한다. 애들은 가라! 여자도 가라! 칸트는 또 말한다. 왜 네가 만든 법을 네가 지키려 하지 않는가! '법을 만드는 건 우리'라고 할 때 칸트는 꼭 덧붙인다. '우리가 만든 거니까 우리 꼭 지키자.' 그는 준법을 위해서만 입법을 말한다. 들뢰즈의 니체는 말한다. 이 위선자! 네 말은 입법가의 것이 아니라 사법가의 것이다. 들뢰즈의 니체는 말한다. 준법이 아니라 입법이다! 전체로서 네 능력이 원하고 또 할 수 있다면 너는 그 법을 바꿀 수 있다.

셋째로 들뢰즈는 니체의 사유를 헤겔의 사유, 특히 변증법과 대립시키고 있다. "헤겔적 테마들은 니체의 저작 속에서 투쟁하는 적으로 설정되어 있다." 변증법은 각각의 힘들이 갖는 고유한 차이들을 알지 못한다. 변증법은 차이 그 자체를 알지 못하기 때문에 항상 보편적인 것 속에서 그것을 해소시켜 버린다. 들뢰즈는 변증법의

'부정의 부정'과 다른 니체의 '긍정의 긍정'을 발견한다. 니체는 차이 그 자체를 긍정하고, 또 차이의 생산을 긍정한다. 긍정에 바탕을 둔 니체의 '차이의 놀이'는 부정에 바탕을 둔 헤겔의 '부정의 노동'과 선명하게 대비된다. 물론 니체도 공감한다. 헤겔이 근대 문화를 노예의 역전 드라마로 묘사하는 것을. 하지만 헤겔의 자부심에는 동의하지 않는다. 그래 너 승리한 노예다!

넷째로 들뢰즈는 차이의 긍정과 그 생산의 긍정 속에서, 들뢰즈 자신의 철학 개념인 '차이와 반복'을 발견해낸다. 능동적 힘과 그 내면의지인 긍정의 권력의지가 적극적으로 차이를 생산하는 힘과 의지라면, 영원회귀는 그렇게 차이를 생산하는 행위의 반복을 나타낸다. 따라서 니체가 말한 '동일한 것의 영원회귀'는 완전히 새로운 의미를 갖게 된다. 동일한 것 즉 반복되는 것은 '긍정'이라는 권력의지이자 차이를 생산해내는 행위 자체이고, 반복의 결과물은 차이, 즉 다양성이 된다. 반복하면 달라진다!

니체의 계보학에 대한 설명으로는 푸코의 짧은 논문, 「니체, 계보학, 역사」가 단연 뛰어나다. 이 글은 1971년에 출간된 「장 이폴리트에 대한 헌정」*Hommage à Jean Hyppolite*에 실린 논문으로, 이광래가 쓴 『미셀 푸코』라는 책의 부록에 번역문이 있다. 푸코의 글을 통해 우리는 계보학자와 역

• 미셀 푸코(M. Foucault), 「니체, 계보학, 역사」*Nietzsche, la généalogie, l'histoire*(이광래, 『미셀 푸코』, 민음사, 1989)

사학자가 과거의 사실들을 다룸에 있어 얼마나 다른 태도를 견지하는지 확인할 수 있다.

역사학자들은 기원을 찾기 위해 과거로 거슬러 간다. 그들은 "사물은 탄생의 순간이 가장 진귀하며, 그때 그것은 본질을 드러낸다"는 믿음을 가지고 있다. 기원에 대한 신성시. 철학자들이 진리를 찾기 위해 오류의 베일들을 벗겨내듯, 역사가들은 기원을 찾기 위해 시간의 베일을 벗긴다. "기원에 관한 이야기는 항상 찬송가다." 단군이여! 오 위대한 건국자여! 그러고 나면 '기원'은 곧바로 반대편 끝에 있는 '목적'이 자신의 짝임을 알아챘다. 찬송가는 현재를 위해서도 울려 퍼진다. 지금 우리는 이렇게 훌륭한 기원을 가진 민족이다! 우리는 순수 혈통을 가졌다. 조금 달리 변주되기도 한다. 목적을 찬미하기 위해서라면 아무리 사소하고 보잘것없는 기원에서도 신성한 미래의 씨앗을 찾아야 한다. 아메바로부터 인간을 향한 여정을 시작하고, 고대 원시사회로부터 자본주의를 향한 여정을 시작하기.

역사학자들은 자기 주장을 깔끔하게 만들기 위해 부스러기처럼 튀어나온 것들을 보편이라는 이름의 대패로 밀어낸다. 그들은 자기 가설에 위험을 주는 요소들을 '예외'로 처리한다. 그러고는 말한다. 역사적 사실을 다룸에 있어 가치를 개입시켜서는 안 된다. 사실들로 하여금 말하게 하라! 하지만 사실들을 택하고 배열하는 것은 바로 그들이지 않은가. 논란의 여지가 있으면 버려라! 그러나 푸코는 말한다. "역사가들의 침착함은 예외적인 것을 회피하고 모든 것들을 가장 저급한 공통 분모로 축소키는 데서 오는 것이다." 그들은 항상 "얼굴 없는 익명성"으로만 자신을 나타내고, 자신은 항상 보편적인 눈을 통해서만 보는 사람이라며, "보편적 기하학이라는 허구" 속으로 숨는다.

역사학자들이 빠뜨린, 혹은 깎아버린 조각들을 알아보기 위해서 계보학자들은 박식해야 한다. "계보학은 인내와 세부적 지식을 요구하며, 원 자료들의 광범위한 축적을 기반으로 한다. 계보학자에게는 쉼 없는 박학이 요구된다." 계보학자들도 역사학자들처럼 '기원'을 향해 간다. 하지만 그것은 어떤 숭고한 본질이나 목적을 찾기 위함이 아니다. 떨어져 있는 조각들을 주우며 기원으로 나아갈 때, 그들이 발견하는 비밀은 "시간을 초월한 본질은 없다는, 사물들은 그런 본질을 갖고 있지 않다는 사실이다". 니체가 지식이나 도덕 감정의 '기원'을 파헤칠 때, 그는 그것들의 숭고한 기원을 밝히려는 게 아니다. 그는 그런 게 없음을 밝히고자 한다. "그것은 지배계급의 고안품이지 인간의 본성이 아니다. 사물들의 역사적 시초에서 발견되는 것은 신성불가침의 동일성이 아니라, 이질적인 사물들의 질서이다." 기원에는 단단한 원자가 보석처럼 반짝이는 게 아니라, 수많은 사물과 사건들이 "직물처럼 엮여 있다".

그래서 푸코는 니체의 '기원'에 대한 탐구가 사실상 '기원'이 아닌 '유래'와 '발생'에 대한 탐구라고 말한다. 유래를 탐구하는 것은 혈통이나 가계를 분석하는 것이다. 그러나 그것은 우리네 족보처럼 핏줄의 순수한 뿌리를 찾는 일이 아니다. 어떤 혈통이나 집단의 유래를 분석해 들어가면 우리는 수많은 이민족들을 만나게 되고, 그들이 경험한 숱한 이질적 사건들을 확인하게 된다. 순수한 할아버지는 없다! 할아버지는 이미 혼혈이고 그의 몸에는 그가 이민족의 아버지로부터 물려받은 질병의 유전자들이 숨어 있다. 따라서 유래를 탐구하는 과정은 '잃어버린 사건', 잊혀진 이민족들을 해방하는 과정이다. 육체는 그 흔적들을 추적할 수 있는 최고의 장소다. 아버지로부터 상속된 것들은 신체 속에 남는다. 유전의 형태로, 습관의 형태로 신체는 잃어버린 사건들을 기억하고 있다. 그래서 계보학자들은 역사의 과정을 폭로하기 위해 먼저 육체를 드러낸다.

유래에 대한 분석이 흔적과 새겨짐에 대한 분석이라면, 발생에 대한 분석은 출현에 대한 분석이다. "당신은 형벌이 본보기를 보이기 위해 생겨났다고 믿는가?" 계보학자는 형벌의 역사를 뒤적이며 형벌과 관련된 다양한 욕구들을 끄집어낸다. 형벌에는 본보기를 보이기 위한 욕망 외에도 다른 욕망들이 함께 있다. 잔인한 형벌은 많은 사람들의 눈을 즐겁게 하기 위해 축제에 없어서는 안 될 요소였다! 당신의 눈은 실험 과정을 응시하고 있는가? 그러나 "눈은 응시만 하는 게 아니다. 눈은 처음에는 수렵과 전투의 필요 조건들 가운데 하나였다". 레이다처럼 그것은 전투 필수장비였다. 지금 이 순간에도 눈은 보기만 하는 게 아니다. 공장 감독의 눈은 종업원들에게 명령을 내리며, 애인의 눈은 나에게 사랑을 보낸다. 계보학자가 어떤 사물 어떤 사건의 발생에 대해 다룰 때, 그는 거기에 관여하고 있는 다양한 힘과 욕망들을 함께 출현시킨다. 유래에 대한 분석이 육체에 새겨진 흔적을 찾는 분석이었다면, 발생에 대한 분석은 다양한 힘과 욕망들을 등장시키고, 그들간의 투쟁을 이끌어낸다.

푸코는 니체의 계보학에서 전쟁 냄새를 맡고 있음에 틀림없다. 그가 묘사한 계보학자는 그저 박식한 고고학자와는 전혀 다르다. 푸코는 어느 대담에서 "계보학은 전쟁과 같은 역동적 모델"이라고 말한 적이 있다. 화약 냄새도 없고 포성도 없는 전쟁. 그러나 그 차분한 전쟁이 가져오는 결과는 어느 전쟁보다도 무시무시한 것이다. 니체가 말하지 않았는가. 폭풍을 불러오는 건 가장 고요한 말이라고. 비둘기 걸음으로 오는 사상이 세계를 이끌어 간다고. 푸코는 『말과 사물』의 서문을 그 전쟁의 무시무시함을 암시하는 것으로 맺고 있다. 고요한 말이 다이너마이트처럼 세계를 울릴 것이다. 그때 우리가 딛고 서 있던 그 익숙한 대지가 꿈틀대기 시작할 것이다. 모든 익숙한 것들이 갑자기 낯설어지고, 역사의 바깥에 있는 것으로 보였던 그 낯선 존재가 어느 날 우리의 얼굴이 될 것이다. 푸코의 니체는 니체의 여러 얼굴 중 내가 가장 전율하는 얼굴이다.

데리다는 참 가볍고 경쾌하다. 무게로만 따지면 데리다의 니체가 제일 가벼워 보인다. 심각한 철학자는 쉽게 그의 놀림감이 될 것이다. 그 중 하이데거가 '딱' 걸렸다. 데리다의 니체 해석은 하이데거를 겨냥한다. 앞서 우리는 하이데거의 니체가 '신의 죽음', '가치 상실'이라는 위기 상황 속에서 인간을 강화시키는 전략을 구사했다고 했다. 하이데거는 이것이 근대 인간중심주의의 완성이자 존재 망각의 절정이라고 보았다. 그러나 데리다가 생각한 니체의 위버멘쉬는 인간의 강화라기보다는 인간의 죽음이다. 데리다는 오히려 인간에게 존재의 이해에 특권적 지위를 제공하는, 그래서 존재가 드러나는 곳에 인간을 위치시키는 하이데거의 현-존재(Da-sein) 개념이야말로 '인간에 대한 사유'이자 '인간을 위한 사유' 아니냐고 묻는다.

사람의 표정은 그의 말보다 더 많은 것을 말해준다. 철학자의 경우도 예외는 아니다. 차이는 얼굴에 있다. 하이데거의 얼굴과 니체의 얼굴. 위기 의식은 같은데 진단이 다르다고? 천만에! 둘의 표정을 봐. 하이데거는 존재 망각 문제로 심각하지만, 니체는 신의 죽음을 기뻐하며 환하게 웃는다. 하이데거는 회상 속에서 고향 상실을 슬퍼하는 데, 니체는 망각 속에서 "우리 고향을 잃은 자들"을 자랑스러워한다! 데리다는 하이데거에게 묻는다. 오히려 존재의 의미와 진리에 대한 해석을 인간됨의 목적으로 간주하는 사상가, 진정성 상실을 슬퍼하고 고향을 그리워하는 사상가야말로 형이상학자가 아닌가.

데리다의 「에쁘롱」은 『오늘날의 니체』*Nietzsche aujourd'hui*에 기고되었던 논문인데, 1978년 단행본으로 출간되었다. 국내에는 데리다의 여러 논문을 편역한 『해체』(김보현 편역, 문예출판사, 1996)라는 책의 한 장으로 번역된 적이 있고, 이후 『에쁘롱』이라는 제목의 단행본으로 다시 번역되어 출간되었다. 번역 상태는 『에쁘롱』이 훨씬 나으니 데리다의 다른 글들을 읽을 게 아니라면 굳이 『해체』를 찾을 필요가 없다. 물론 번역이 괜찮다고 해서 『에쁘롱』이 쉽게 읽히는 것은 결코 아니다. 데리다의 다른

- 자크 데리다(J. Derrida), 『에쁘롱―니체의 문체들』*Eperons, Les Styles de Nietzsche* (김다은·황순희 옮김, 동문선, 1998)

글들처럼 이 책도 상당한 집중력을 요한다. 데리다는 상당히 빨리 도망친다! 다행히 좋은 해설이 있으니 그를 잠시 잡아둬 보자. 『니체가 뒤흔든 철학 100년』에 실려 있는 김상환의 글, 「새로운 해석학의 탄생 2」가 그것이다. 문장도 깔끔하고 내용 정리도 잘 되어 있어 『에쁘롱』과 함께 읽으면 이해에 도움이 될 것이다.

『에쁘롱』은 부제처럼 '문체의 문제'를 다루지만, 동시에 '여자의 문제'를 다루며, 또한 '진리의 문제'를 다루고 있다. '에쁘롱'이란 말은 '돛을 단 범선의 충각'이나 '박차'처럼 뾰족하게 튀어나온 것을 의미한다. 문체[스타일]란 말 또한 뾰족한 펜 끝을 나타낸다. 그래서 데리다는 말한다. "문체에 관한 문제는 항상 날카로운 사물에 대한 검토이다." 뾰족하고 날카롭게 튀어나온 것들은 어떤 역할을 하는가. 그것들은 어떤 대상을 공격해서 거기에 어떤 흔적을 남길 뿐 아니라, 그 자신을 단숨에 파악해 점령하려는 맹목적인 공격으로부터도 방어하는 역할을 한다(마치 고슴도치의 가시처럼). 그래서 문체란 저자가 대상을 날카로운 펜 끝으로 공격함으로써 새긴 고유의 흔적이지만, 동시에 저자의 본뜻을 곧바로 이해할 수 없게 만드는 위장

이기도 하다.

데리다는 니체의 문체와 여성, 진리에 대한 언급들을 모아 절묘하게 연결시킨다. 베일을 벗기면 진리를 얻을 수 있다고 믿는 철학자들은 여성들의 화장 아래 진짜 얼굴이 있다고 믿는 남성들만큼이나 순진한 사람들이다. 남성들은 표면 아래 깊숙한 곳에 진리가 숨어 있다고 믿지만, 여성들은 그런 진리 자체가 존재하지 않음을 알고 있다. 남성들이 생각하는 여성이 여성에 대한 하나의 이미지이고 환상에 불과하듯이, 철학자들이 생각하는 진리 역시 하나의 허깨비에 불과하다. 존재하는 것은 '거리'(Distanz)뿐이다. 현상과 실재의 거리가 사라지면 현상도 실재도 사라지듯이, 거리가 사라지면 여성도 진리도 존재하지 않는다. 여성이나 진리는 거리의 원격효과를 통해 남성과 철학자들을 애 달게 만든다. 데리다는 묻는다. 혹 하이데거의 존재도 저기 멀리서 유유히 미끄러져 가는 유령선처럼 하이데거에게 손짓하고 있는 여성이 아닐까?

니체가 말했다. "여성들은 복종을 통해 지배권을 확보한다." 데리다가 말한다. 남자는 여자를 소유했을 때조차 그런 방식으로 여자에게 지배받는 것은 아닐까. 니체가 말했다. "여자는 내맡김으로써 소유의 지배력을 위장하고 그것을 확실시한다." 그렇다면 누가 누구를 소유하고 누가 누구를 지배하는 것일까? 데리다는 단언한다. "소속화의 과정은 존재론적 결정 가능성을 벗어난다." 주기-취하기, 소유하기-소유되기를 명확히 결정하는 것은 불가능해 보인다. "줌

(Gift)은 독(Gift)과 같은 의미이고", 파르마콘(Pharmakon)은 약과 독을 동시에 의미하는데, 우리에게 항상 베풀고 있는 세계에 감사하고 경의를 표하라는 하이데거의 말은 어떻게 받아들여야 하는가. 세계는 우리가 갚아야 할 빚을 꾸어준 것인가, 아니면 그 자체로 즐겨도 좋을 무상의 선물을 제공한 것인가. 도대체 우리는 어떤 감사를 어떻게 표해야 하는가.

데리다는 니체의 유고집에 맥락도 없이 출현한 한 줄짜리 인용 문장, "나는 내 우산을 잃어버렸다"를 놓고 이렇게 말한다. 이 문장은 어디선가 인용한 것일 수도, 누군가로부터 들은 말일 수도 있다. 설령 니체의 필체가 분명하다고 해도 그때 '나'는 니체일 수도 있고 아닐 수도 있다. 문장 자체는 이해하기 쉬워 보인다. 나는 우산을 가지고 있었다. 그것은 나의 것이다. 그러나 나는 그것을 잃어버렸고 지금은 더이상 가지고 있지 않다. 나는 지금 우산 생각이 난다. 정신분석학자라면 조금 더 나아갈지도 모르겠다. 접혀진 우산은 남근을 나타내니 우산의 분실은 남근의 상실이다. 아니면 펼쳐진 우산이 자극에 대한 방어를 나타내니 그 상실은 방어 기제의 상실을 의미한다. 하지만 데리다는 묻는다. 그저 맥락도 없이 출현한 한 줄짜리 문장에 온갖 의미를 투사하고 그것을 강요하는 이유가 무엇이냐고. 왜 우산의 주인을 찾아주지 못해 안달이냐고. 혹시 특정한 해석으로 그 문장의 의미를 가두려는 것은 아니냐고.

다시 날카로운 단검이 우상화된 해석을 뚫어야 한다. 데리다는 니체 텍스트 전부가 "나는 내 우산을 잃어버렸다"는 문장과 같다고 말한다. 그것들은 "무한히 터져나오는 웃음의 번개와 벼락에 노출되어 있다". 그것을 덮을 지붕은 없다. 텍스트는 외부로 무한히 열려 있다. 니체의 텍스트들은 항상 새롭게 해석될 수 있다.

　　　　　＊　＊　＊

『차라투스트라』를 이해하는 데 도움이 될만한 책들은 어떤 게 있을까. 찾아보니 국내 저자가 출간한 책 중 본격적으로 『차라투스트라』를 분석하거나 해설한 책은 없다시피 했다. 이상한 일이다. 누구나 들어봤을 정도로 유명한 책, 지금도 그 어떤 서양 고전보다도 많이 팔리는 책, 그래서 번역본 수만 해도 열 개 가까이 되는 책. 번역자들은 열심히 번역하고 소비자들은 열심히 사는데, 연구자들은 왜 쓰지 않을까.

뤼드거 쉬미트의 책은 지금 이 책과 전체적으로 비슷한 구성을 하고 있다. 그리고 상당히 쉽게 쓰여졌다. 독일어 원제목이 말해주듯 『차라투스트라』를 매개로 해서 니체의 사상을 초보자에게 맞게 풀어 썼다. 이 책은 이학사에서 계속 나오고 있는 '쉽게 읽는' 시리즈 중의 하나여서, 지금 우리가 기획 출간하고 있는 '리라이팅 클래식'(re-writing classic)과도 통하는 면이 있다.

　이 책의 미덕은 확실히 니체에 관한 다른 어떤 책보다 쉽다는 것. 그리고 설명도 균형이 잡혀 안정감을 준다. 적은 분량에도 상당히 다양한 메뉴를 준비했다는 것도 장점이라면 장점이다. 간단한 니체의 생애부터, 니체의 주변 사람들, 니체 전집의 성격, 문체, 그리고 차라투스트라의 내용과 구성, 권력의지, 위버멘쉬, 영원회귀와 같은 핵심 개념들까지 조금씩은 다 다루었다.

- 뤼드거 슈미트(R. Schmidt) & 코르드 슈프레켈젠(C. Spreckelsen), 『쉽게 읽는 니이체 짜라투스트라는 이렇게 말했다』 Nietzsche für Anfänger-Also sprach Zarathustra (김미기 옮김, 이학사, 1999)
- 안네마리 피퍼(A. Pieper), 『니이체의 짜라투스트라에 대한 철학적 해석』 Ein Seil geknüpft zwischen Mensch und Tier-Philosophische Erläuterung zu Nietzsche erstem "Zarathustra" (정영도 옮김, 이문 출판사, 1996)

하지만 적은 분량에 많은 메뉴는 장점보다는 약점이 될 가능성이 크다. 각각의 글들이 말 그대로 메뉴판에 실려 있는 설명 같은 느낌이 든다. 호흡이 짧은 것은 철학책을 읽는 게 서투른 독자들에겐 미덕임에 분명하지만, 어쩐지 허전한 느낌이다. 『차라투스트라』를 위한 '포켓용 콘사이스 사전' 같다고나 할까. 용어설명 있고 용례 있고 하는 식으로.

『차라투스트라』의 문장 하나하나를 뜯어보고 싶은 사람은 안네마리 피퍼의 책을 보는 게 좋을 것 같다. 500여 쪽에 이르는 두툼한 책이지만, 독일어 원제목이 말해주듯 『차라투스트라』의 제1부만을 분석 대상으로 삼고 있다. 원래 『차라투스트라』 제1부에는 '1부'라는 말이 없었다. 이는 니체가 제1부를 전체로 생각했을 수도 있다는 이야기다. 자신이 제1부만을 분석한 이유를 피퍼는 이렇게 말하고 있다. "『차라투스트라』의 전체를 해석할 수도 있고, 일부만을 해석할 수도 있지만, 나는 후자의 가능성을 택했다. 그랬을 때 우리는 내재적인 맥락과 테마의 연속을 감지할 수 있기 때문이다." 즉 그에게는 체계적인 분석을 위해 하나의 잘 짜여진 구조로서 『차라투스트라』가 필요했던 것이다. 원래 계획되지 않은 채 쓰여졌던 제2부에서 제4부에 이르는 글들을 제외한 것은 『차라투스트라』에 대한 저자의 접근 태도를 보여준다. 『차라투스트라』에 사용된 단어들, 비유와 상징, 문체와 구조 등을 어느 것 하나 놓치지 않고 분석하는 정성과 솜씨는 대단하지만, 과연 『차라투스트라』가 그런 체계를 갖추고 있는 책인지, 아니 과연 체계를 갖고 싶어하는 책인지는 생각해 볼 일이다.

니체 생애에 대해서는 이보 프렌첼의 책이 도움이 될 것이다. 니체의 편지나 주변 사람들의 증언을 통해 그의 생애를 그려보는 것도 흥미로운 일임에 틀림없다. 하지만 누군가의 생애를 어떻게 기술해야 하는가는 참으로 어려운 문제다. 모든 시간, 모든 사건이 그 인물의 생애를 똑같이 잘 보여줄 수 있는 게 아니기 때문이다. 우리가 니체가 살았던 50여 년을 똑같이 경험할 수 없다면 결국 어떤 것은 취하고 어떤 것은 버려야 한다. 사상이 사물에 대한 단순화라면, 전기는 생애에 대한 단순화다.

이렇게 보면 프렌첼의 책이 다루는 시기나 내용엔 불만스러운 점이 없지 않다. 프렌첼은 니체의 성장기에 지나치게 많은 지면을 할애하고 있다. 그가 소개하고 있는 생애는 사실상 어린 시절부터 『차라투스트라』를 집필하기 이전까지다. 또 니체 생애 자체의 특이성 (singularity)에 주목하기보다 그것을 니체 사상의 배경으로 처리하고 있는 것도 이 책을 평범하게 만드는 요인이다(본래 이 책은 니체 생애에 대해 가볍게 기술한 작은 문고본이었다. 출판사의 편집 기술로 제법 두툼해지긴 했지만 생애를 본격적으로 다루기에는 지면이 좁은 느낌이다. 가볍게 니체의 생애를 전하겠다는 취지나 좁은 지면을 생각하면, 이 같은 불만은 이 책이 지향하는 바와 맞지 않다는 생각도 든다).

• 이보 프렌첼(I. Frenzel), 『니체』 Nietzsche
(강대석 옮김, 한길사, 1997)

니체의 생애와 관련해서 꼭 권하고 싶은 책은 니체 자신이 쓴 『이 사람을 보라』이다. 니체를 본격적으로 읽기 전이라고 해도 이 책은 먼저 읽어 볼 필요가 있다. 이 책은 많지 않은 분량임에도 그의 전 생애와 전 작품을 담고 있다. 자신의 성장기는 어떠했고, 운명적인 사건은 무엇이었는지, 그의 주변 사람들은 그에게 어떤 존재였는지, 자신의 저서들은 어떤 의미를 가지며, 그것을 낳을 때 산고는 어떠했는지. "나는 나 자신을 내보이지 않은 적이 한 번도 없다." 전기란 이렇게 써야 하지 않을까. 인물이나 작품의 배경 지식을 알려주는 게 아니라 그 자체로 하나의 작품이어야 하지 않을까. '나는 왜 하나의 운명인가' '나는 왜 이렇게 좋은 책을 쓰는가' '나는 왜 이렇게 영리한가' 등 다소 낯간지러운 표현들에 거부감만 없다면, 자기 생애를 이렇게 재치있고 감동적으로 그린 자서전은 없음을 느낄 것이다.

* * *

지금까지 몇 권의 책을 소개했지만 훨씬 많은 책들이 소개되지 않은 채로 남아 있다. 지금 이 순간에도 몇 권의 책들이 머릿속에 떠오른다. 니체의 질병과 관련해서 재미있게 읽은 『니체 신드롬』(자크 로제, 이끌리오), 사회학 논문을 쓰면서 좋은 참고 대상이 되었던 『니체의 몸철학』(김정현, 문학과 현실사), 프랑스 니체 연구의 흐름을 한 눈에 보여주었던 『니체와 해석의 문제』(앨런 슈리프트, 푸른숲) 등. 최근에는 더 많은 책들, 더 좋은 연구서들이 출간되고 있다는 소식도 들린다. 하지만 어떻든 최종적으로는 독자들의 식성과 소화력에 달렸다. 어떤 책을 소화해서 어떤 건강을 얻을 것인가. 그건 누구도 대신해 줄 수 없는 일이다.

바라는 건 그저 니체라는 콘센트에 플러그를 꼽는 순간 전기가 통하는 것뿐. 니체가 동료로서 독자를 구하기 위해 낚싯대를 드리우듯 독자들도 낚싯대를 드리우는 것이다. 거기서 니체라는 물고기가 걸리면 좋은 것이고. 하지만 걸려들지 않는다고 초조해 할 필요는 없다. 그저 편안히 즐기시라. 아무런 입질도 없다면 그냥 자리를 뜨시라. 니체의 말처럼 그 물에는 물고기가 살지 않는 것이니.

『차라투스트라는 이렇게 말했다』의 원목차

차라투스트라의 머리말

제1부

세 가지 변신에 대하여 / 덕의 교사에 대하여 / 저편의 또다른 세계를 신봉하고 있는 사람들에 대하여 / 신체를 경멸하는 자들에 대하여 / 희열과 열정에 대하여 / 창백한 범죄자에 대하여 / 읽기와 쓰기에 대하여 / 산허리에 있는 나무에 대하여 / 죽음의 설교자들에 대하여 / 전쟁과 전사들에 대하여 / 새로운 우상에 대하여 / 시장터의 파리들에 대하여 / 순결에 대하여 / 벗에 대하여 / 천 개의 목표와 하나의 목표에 대하여 / 이웃 사랑에 대하여 / 창조하는 자의 길에 대하여 / 늙은 여자와 젊은 여자에 대하여 / 살무사에 물린 상처에 대하여 / 아이와 결혼에 대하여 / 자유로운 죽음에 대하여 / 선사하는 덕에 대하여 /

제2부

거울을 갖고 있는 아이 / 지복의 섬에서 / 연민의 정이 깊은 자에 대하여 / 성직자에 대하여 / 도덕군자에 대하여 / 천민들에 대하여 / 타란툴라에 대하여 / 이름 높은 현자에 대하여 / 밤의 노래 / 춤에 부친 노래 / 만가(輓歌) / 자기 극복에 대하여 / 고매한 자에 대하여 / 교양의 나라에 대하여 / 순수한 인식에 대하여 / 학자들에 대하여 / 시인에 대하여 / 크나큰 사건에 대하여 / 예언자 / 구제에 대하여 / 처세를 위한 책략에 대하여 / 더없이 고요한 시간

제3부

방랑자 / 환영과 수수께끼에 대하여 / 뜻에 거슬리는 행복에 대하여 / 해뜨기 전에 / 왜소하게 만드는 덕에 대하여 / 감람산에서 / 그냥 지나쳐 가기에 대하여 / 배신자에 대하여 / 귀향 / 세 개의 악에 대하여 / 중력의 영에 대하여 / 낡은 서판과 새로운 서판에 대하여 / 건강을 되찾고 있는 자 / 위대한 동경에 대하여 / 춤에 부친 또다른 노래 / 일곱 개의 봉인

제4부

꿀 봉납 / 구조를 간청하는 외침 / 왕들과의 대화 / 거머리 / 마술사 / 실직 / 가장 추악한 인간 / 자발적으로 거지가 된 자 / 그림자 / 정오에 / 환영인사 / 만찬 / 보다 높은 인간들에 대하여 / 우수의 노래 / 과학에 대하여 / 사막의 딸들 틈에서 / 각성 / 나귀제 / 명정의 노래 / 신호

※『차라투스트라는 이렇게 말했다』Also sprach Zarathustra는 '차라투스트라의 머리말'과 '차라투스트라의 가르침'으로 구성되어 있으며 가르침은 다시 4부로 구성되어 있다.

니체의 위험한 책, 차라투스트라는 이렇게 말했다

초판1쇄 펴냄 2003년 3월 25일
초판27쇄 펴냄 2025년 8월 8일

지은이 고병권
펴낸이 유재건
펴낸곳 그린비
주소 서울시 서대문구 이화여대2길 10, 1층
대표전화 02-702-2717 | **팩스** 02-703-0272
홈페이지 www.greenbee.co.kr
원고투고 및 문의 editor@greenbee.co.kr

편집 이진희, 민승환, 문혜림 | **디자인** 심민경, 조예빈
독자사업 류경희 | **경영관리** 장혜숙

저작권법에 의해 한국 내에서 보호를 받는 저작물이므로 무단전재와 무단복제를 금합니다.
책값은 뒤표지에 있습니다. 잘못 만들어진 책은 구입처에서 바꿔 드립니다.
ISBN 978-89-7682-930-2 04160 978-89-7682-928-3 (세트)

學問思辨行: 배우고 묻고 생각하고 판단하고 행동하고
독자의 학문사변행을 돕는 든든한 가이드 _그린비 출판그룹

그린비 철학, 예술, 고전, 인문교양 브랜드
엑스북스 책읽기, 글쓰기에 대한 거의 모든 것
곰세마리 책으로 통하는 세대공감, 가족이 함께 읽는 책